Georg Naundorfer
Das Männelspiel

AF223152

Satire ist gut, Kabarett ist besser, aber Realsatire schlägt beide um Längen. Literatur ist Weitererzählen. Ab und zu empfiehlt es sich also, manches aufzuschreiben, um es nicht zu vergessen.

Dieses Buch vereinigt eine Reihe satirischer Abhandlungen zur Benutzeroberfläche Deutschland. Sie waren ursprünglich als Gebrauchsanweisung zur Eingewöhnung in die neue Welt für die gedacht, welche man nach dem Wenden ans Ganze angeflickt hat.

Diese Abschrift sehr deutscher Märchen, Fehlinszenierungen, Deregulierungen, Lächerlichkeiten, Grotesken und Blähungen des neueren Deutschlandgeschehens dürften aber auch allgemein interessieren, weil sie einem im Alltag oft gar nicht mehr auffallen, weil wir inzwischen an sie gewöhnt sind oder in ihnen ganz selbstverständlich mitspielen.

GEORG NAUNDORFER

Das Männelspiel

Versemmeltes,
Verdaddeltes und Aufgespießtes

Satiren

Neu durchgesehene Ausgabe 2017

Bibliografische Information der Deutschen Nationalbibliothek:
Die Deutsche Nationalbibliothek verzeichnet diese Publikation in der
Deutschen Nationalbibliografie; detaillierte bibliografische Daten sind
im Internet über http://dnb.d-nb.de abrufbar.

© 2017 Georg Naundorfer
Herstellung und Verlag: BoD - Books on Demand, Norderstedt
ISBN 978-3-8370-8730-7

INHALTSVERZEICHNIS

Das Männelspiel
Anstelle eines Vorwortes

Sie kennen bestimmt das schöne Würfelspiel „Mensch, ärgere dich nicht." Da haben Sie ein Spielbrett mit vier oder sechs Anfangsdepots und darin je vier Spielfiguren. Jeder Spieler bekommt normalerweise eines dieser Depots. Alle zusammen benutzen ein Spielfeld und einen gemeinsamen Würfel. Gespielt wird nacheinander. Bei der Reihenfolge hält man sich entsprechend der vorgegebenen Spielrichtung praktischerweise an den Uhrzeigersinn. Es ist ein etwas verwinkelter Rundkurs. Jeder darf anfangs bis zu dreimal würfeln, um eine Sechs zu erzielen. Wer als erster eine Sechs wirft, darf beginnen.

Das Ziel ist, seine vier Spielfiguren als erster komplett nacheinander um den Rundkurs zu würfeln und dann an einem genau bezeichneten Ort am Ende der Spielfeldrunde in Sicherheit zu bringen. Unterwegs drohen den Spielfiguren die schrecklichsten Gefahren, denn jeder Spieler versucht jeden anderen, also dessen Figuren zu schlagen und aus dem Rennen zu werfen. Jedem dieser „Männel" genannten Spielsteine geht es dabei nur um das nackte Überleben.

Man kann keine Bonuspunkte sammeln, Schnäppchen ergattern oder irgendwelche schützenden Eigenschaften erwerben, auch keine Besitztümer für die Ewigkeit sammeln. Lebend ankommen ist alles. Da gibt es Abwarte- und Lauerstrategien, Flucht-Taktiken und Überrollungsmanöver, Bereitstellungen, Angriffe aus dem Hinterhalt und auch sorglos einfach ihre Bahn ziehende Männel, denen ihr Schicksal anscheinend egal ist. Wer geschmissen wird, darf wieder neu beginnen. Gewonnen hat der Spieler, der, wie schon erwähnt, als erster alle seine Männel in Sicherheit gebracht hat.

Das ist ein Spiel für Kinder, aber kein Kinderspiel. Ein tiefsinniger Mensch hat mir einmal erklärt, was die Grundidee dieses Spieles ist und dass es das Leben abbilde, jedoch im buddhistischen Sinne aus der Sicht dieser Lehre. Das war mir neu und ich ließ es mir genauer erklären. Nun bin ich kein Buddhist und der es mir erklärte war es auch nicht. Dass uns der blutigste fanatische Anhänger dieser Religionsrichtung an Hand seines Glaubenskatalogs der Häresie anzuklagen vermöchte, muss ich hinnehmen. Es wird jedoch behauptet, dass der Buddhismus eine sehr friedliche Religion sei und die Buddhisten auch friedfertig, sofern man sie nicht reizt.

Das mit dem Spiel läuft jedenfalls folgendermaßen: Der jeweilige Spieler, also der, welcher gerade würfeln darf, ist zwar vergleichsweise ein Gott im Sinne der Herrschaft über seine Männel und damit auch über die seiner Mitgötter. Damit ist er auch der momentane Übergott des Würfelschicksals, denn er bestimmt schicksalhaft, welches seiner Männel er in den Kampf schickt, aber wann und mit welchem Erfolg für sich oder welchem Schaden für seine Gegner, darauf hat er wenig Einfluss, denn der Zufall des Schicksals bindet ihn an die nicht beeinflussbare Augenzahl, die der von ihm geworfene Würfel am Ende zeigt. Würfeln muss er aber, auch wenn er ansonsten diese gottähnlichen Verfügungsgewalten hat.

Mit seinem Wurf endet allerdings diese Allmacht, denn die Augenzahl des Würfels ordnet nun alles zwangsläufig nach den vorher festliegenden Spielregeln, die nun schicksalhaft wirken. Im Anschluss daran besetzt der nächste Gott den obersten Thron, um das blinde Schicksal in das Chaos zu werfen. Der Würfel ist bei diesem Spiel der einzig Unbeteiligte. Er bestimmt zwar mit der Anzeige der geworfenen Punktzahl alles, aber er hat keinen Einfluss auf diese Anzeige. Er ist blind und kann sich immer mit seiner Unschuld aus allem herausreden, es sei denn er wäre „gezinkt", also bestochen.

Die Männel des Spielers sind die Menschen, die somit seiner Willkür als Gott und dem alles überschattenden Zufall des Schicksals ausgeliefert sind. Diese Männel können geworfen werden, mehrmals oder auch überhaupt nicht, dürfen aber immer wieder von vorn neu beginnen. Jedes taucht bei Beginn des Spieles in den Zyklus der Wiedergeburten mit allem Drum und Dran ein.

Es ist ausgeliefert: Der Willkür des Gott-Spielers, dem Schicksal des Würfel-Ergebnisses, den Zufällen seiner Konfrontation mit anderen Männeln und den Machenschaften von deren Gott-Spielern, was sich im Verhalten von deren Männeln ihm gegenüber zeigt. Sein Ziel ist das Nirwana, der ewige Frieden am Ende des Kreises der Wiedergeburten und mancher erreicht es und die meisten erst sehr spät und nach vielen Rausschmissen und Wiedergeburten. Die Chance auf das Nirwana hat aber jedes Männel.

Den Männeln kann das eigentlich alles egal sein, denn im Endeffekt geht es um den Kampf der Gott-Spieler und wer von denen da verliert, der hat tatsächlich verloren. Ein Spiel, in dem man nicht Gott sein möchte ... und bei dem es einem aber auch als Spielfigur ziemlich dreckig gehen kann.

Dieser Reiz der extremen Mischung von absoluter Herrschaft bei gleichzeitigem Ausgeliefertsein an die blinde Gewalt des Zufalls, das hilflose Zusehen müssen, während andere einem das Fell über die Ohren ziehen dürfen, verbunden mit der Aussicht, das bei etwas Glück alles wieder zu seinen Gunsten wenden zu können, das macht den Reiz dieses Spieles aus. Es heißt deshalb Spiel, weil man wählen kann, ob man mitspielt und auch, ob, bzw., wie hoch man den Einsatz wagt.

Dieses „Mensch, ärgere dich nicht" gibt es auch in Großausführung. Der Spielplan ist die Erdoberfläche. Die Spieler sind die Regierungen der Länder, aber in den letzten Jahren und Jahrhunderten sind noch andere Gott-Spieler dazugekommen. Eigentlich nur einer, und zwar der Besitz und da vor allem das Kapital, am deutlichsten verkörpert durch das sogenannte „Geld". Damit das aber nicht zu vordergründig wirkt, hält man das lieber etwas im Ungewissen. Diese neue Unübersichtlichkeit hat schon immer ablenkende Namen gehabt und jetzt das schöne Etikett „Globalisierung" gekriegt. Da gibt es nun den etwas entlarvenden Begriff des „Global-Player", aber eins hat sich nicht geändert, die „Männel", das sind wir, Sie und ich und die anderen ... Immer war das so.

Dann gibt es in diesem auf den Globus erweitertem Spiel über- und untergeordnete Spiel-Strukturen, wo auch oft Männel direkt mit Männeln gegen Männel spielen und sich dabei göttliche Rechte anmaßen. Das geht in der Familie los, setzt sich fort, ist schon im Kindergarten und in der Schule präsent, geht über Verwaltung, Vereinsmeierei und Arbeitsstelle, verliert sich dann in die Leitungsstrukturen der Wirtschaft und tritt überraschend ganz oben bei denen, die wir uns als Herrscher erwählten, oft unerwartet wieder ins Rampenlicht der Öffentlichkeit. Gerichtsverhandlungen sind noch eine der durchsichtigsten Varianten des Spiels, obwohl gerade da nie klar ist, was herauskommt, trotzdem dort besonders auf die Einhaltung der Spielregeln geachtet wird.

Warum alles aufzählen. Sie sind nicht nur in einem Spiel, sondern in vielen, meist unbeabsichtigt und ungewollt, und die meisten Spiele, in denen Sie nur Spielfigur sind, kennen Sie sowieso nicht und werden es nur ab und zu erfahren, immer dann, wenn es Sie wieder mal anscheinend aus heiterem Himmel eiskalt erwischt hat. Beim Großspiel ist das aber so, dass die Geworfenen nicht in jedem Fall immer wieder neu beginnen dürfen und meist auch nicht mehr können. Das echte Spielfeld ist auch nicht genormt oder gleichmäßig eingeteilt, schon gar nicht gerecht. Die Würfel sind manipulierbar und jeder hat seinen eigenen, sie sind gezinkt und mancher zeigt nur Sechsen und andere haben welche nur mit Einsen. Es gibt auch welche mit Nullen und solche mit Zahlen in Wunschgröße, ähnlich dem Spielkarten-Joker. Es wird ohne Regeln gewürfelt und auch nicht nacheinander, sondern zugleich. Wer nicht mag, kann aussetzen, wann er will, hat aber dann meist den Schaden. Es gibt auch kein Ziel und man kann sich auch nicht in Sicherheit bringen. Jeder hat nur eine Chance und die heißt: *„Kein Pech haben dürfen"*. Sicher ist in diesem Spiel nur eins, der Kampf Männel gegen Männel und das ewige Gequassel vom Glück, dessen Schmied man selbst sei. Von Wiedergeburt und Nirwana keine Spur, obwohl die Glücksverheißungen der Religionen uns das seit Jahrtausenden versprechen.

Auch ich kam als Männel auf die Welt und das Spielfeld, auf dem ich mich befand, war sehr genau abgegrenzt. Es wurde versucht, innerhalb dieser Begrenzung nach festgelegten Regeln zu spielen und auch keine gezinkten Würfel zu benutzen. Heraus kam eine Spielvariante, bei der auch wieder, aber nur anders beschissen wurde als sonst üblich. Der Fortschritt ist nicht aufzuhalten.

Das konnte also nicht gut gehen und nach vierzig Jahren wurde diese spezielle Variante des Männelspieles auch als totgespielt mangels neuer Spielideen und auch durch gemeinsame Übereinkunft aufgegeben. Die damit meist verbundene gewaltsame Zerstörung des Spielfeldes unter Teilvernichtung der Spielfiguren fand diesmal nicht statt. Man warf einfach nur die nicht mehr benötigten Spielregeln in den Müll und spielte dann mit den anderen deren altbewährtes Spiel nach den schon überkommenen alten Regeln, wie sie vorher gegolten hatten einfach wieder mit weiter, als ob es zwischenzeitlich gar nichts anderes gegeben hätte.

Sie merken schon, dass es hier um die zeitweilige Spielvariante DDR geht, der auch ich zugeordnet war. Ganz gleich, wo ich mich auch befand, einer war immer da, der über mich gewürfelt hatte und mich zu setzen versuchte. Ich sollte rauswerfen und man wollte mich rauswerfen. Das Spiel war aber selbst oft für die jeweiligen Götter zu kompliziert, so dass es meist unklar war, wessen Männel ich sei. Meine Farbe wechselte mit der Beleuchtung und ich war schon frühzeitig allseits abgeschliffen und abgegriffen, oft zu unansehnlich, um zum Einsatz zu kommen und fiel auch manchmal von alleine um, woraufhin es sogar ab und zu zum Streit zwischen den Spielern kam, denn ich war ja nicht geschmissen worden, aber mein richtiger Standplatz war hinterher auch nicht mehr feststellbar.

Ich blieb im Spiel, weil das die Vollständigkeit erforderte, wurde aber meist nicht verwendet oder nur zum Schluss, wenn es überhaupt nicht anders ging. Auch mal als Zielscheibe zuerst aufgestellt, mit der Absicht, mich als erstes Opfer dem Feind zum Fraß vorzuwerfen, entrann ich mit diversen Tricks der Vernichtung und als ich selbst Schicksal spielen musste, hatte ich meist keine Lust zu würfeln. Da gibt es für mich zwischen Vorher und Nachher keine prinzipiellen Unterschiede. Eine Beule tut immer weh. Das ist die einzige absolut gültige Erfahrung, die ich aus dem ganzen Zirkus gewonnen habe. Da kann mein Spielführer sein, was und wer er will.

Um den aktuellen Bezug herzustellen und zu beweisen, wie gezielt das kollektive Unterbewusstsein eines Volkes intuitiv auf dem richtigen Wege ist, nur ein Entwicklungsbeispiel: Zum Ende der DDR begannen sich aus den örtlichen Karnevalsvereinen heraus Klubs zu bilden, die nicht nur vom 11. 11. des Vorjahres bis zum Faschingsdienstag des folgenden Jahres Narrenfreiheit beanspruchten, sondern auch für das viel größere Sommerhalbjahr. Diese Klubs begannen mit Turnierspielen im „Mensch-ärgere-dich-nicht" und mieteten in der karnevalsfreien Zeit Gasthofsäle auf dem Lande für ihre Turniere an, in denen sie dann gegen andere Klubs zum Kampf antraten. Da war an alles gedacht. Es gab

Klubfarben, Klubmützen, Klubschaals, Bierseidel, Buttons und was man sich an Fan-Artikeln vorstellen konnte. Vereinsfahnen und Fanklubausweise. Die Turniere liefen immer sehr dramatisch, emotional, feuchtfröhlich und lautstark ab. Sprechchöre feuerten die Spieler an und es gab Temporunden und auch mal Buh-Rufe bei einem Foul. Die Männel hatten Namen und persönliche Fans, wurden vor dem Spiel angespuckt oder beschworen, bedroht oder gesegnet, je nachdem man glaubte, das Glück zu befördern. Den Würfeln ging es auch nicht anders. Die Spieler setzten gegeneinander Alkohol als Anti-Doping ein, es wurden Nebelkerzen geworfen und Stinkbomben gezündet. Es gab auch ganze Fanlubs, die sich mit Knoblauch parfümierten und die gegnerische Mannschaft damit zum Rückzug oder zur Aufgabe zwangen. Es waren zähe Kämpfe, Männel gegen Männel, beim Männelspiel Männel gegen Männel. Das war der Beweis dafür, wie man aus einer simplen Spielidee heraus ohne irgendwelchen größeren Aufwand selbst unter den Bedingungen einer Mangelwirtschaft etwas ganz groß aufziehen kann, was sich zur Unterhaltung eignet. Das Prinzip Ehrgeiz, wie es sonst bei solchen Dingen wie beispielsweise Mannschaftssportarten auftritt, was dann zu Entartungen wie Starrummel und Machtgerangel unter Sportfunktionären wie im Fußball führt, war hier ausgeklammert. Spielen konnte jeder und Training nützte absolut nichts. Wo der Würfel alles entscheidet, wird Ehrgeiz zur Lächerlichkeit.

Der Staat sah dem Treiben mit gemischten Gefühlen zu. Und wenn er sonst immer versuchte, immer die Spitze unliebsamer Vereinigung mit seinen Leuten zu besetzen, hier tat er es wohl nicht. Es war Klamauk der besten Sorte. Bei Karneval, da war es etwas anderes. Der Karneval war eine aus der christlichen Tradition heraus gewachsene Blüte, ein Ventil, welches man noch gelten lassen konnte.

Bei diesem neuen Spiel handelte es sich auch um eine Narretei, aber ohne sofort erkennbaren Hintergrund. Bei solchen Dingen gerät die Ideologie schnell in Widerspruch zum Vorgang. Da kann es ohne ausreichend ernste Analyse des Gesamtbildes schnell zu Lächerlichkeiten kommen, die staatsschädigend wirken. Man war also vorsichtig. Ulbricht hatte beispielsweise nach der gezielten Diffamierung amerikanischer Tanzmusik auch etwas gegen den Beat, und unter Honecker brachten dann parteikonforme Bands sogar Lizenzplatten mit bekannten internationalen Rock'n-Roll-Titeln heraus, weil sich die mittels der Medien über die Mauer schwappende Musik nicht verbieten ließ. Wer weiß, worauf diese neue Spielwut abzielte. Abwarten bot sich also an.

Dabei hatten die Abwarter ganz oben völlig vergessen, dass sie sich selbst auch in diesem Männelspiel befanden. Als dann die Wende kam, wechselten auf einmal ganz oben an der Staatsspitze die, welche die Würfelgewalt hatten. Die waren auch, ohne das für sich so registriert zu haben, über das Würfeln und über ihre Partei ins Amt gekommen. Man merkte es allerorten. Manchmal war selbst der Würfler nur eine Finger-puppe im Dienst höherer Interessen Anderer gewesen. Das Spiel ging weiter, bekam zwar einen anderen Namen, blieb aber Männelspiel. Die Regeln waren für die neu Hinzu erbeuteten noch ziemlich unbekannt, weil schon nicht mehr gewöhnt, aber das machte nichts. Man kann schließlich alles lernen. Viel wichtiger ist doch in solchen Zusammen-hängen, wie man nach den neuen Regeln am besten bescheißt. Zwangs-läufig eignen sich dafür konkrete Fallstudien und Beispiele.

Ich habe mal so etwas gesammelt. Es sind Abschriften aus dem All-tag der verschiedenen Varianten des Männelspieles. Die Juristen machen das auch so. Selbst die begreifen oft nur anhand solcher Beispiele die Gesetze, nach denen sie dann die ihnen Ausgelieferten verdonnern. Es ist nicht alles lustig, aber vielleicht doch ab und zu ganz amüsant.

Ich fange da mal ganz sachte an, wie der Sachse so sagt und beginne bei der Basis, dem Privaten, komme dann zum Prinzipiellen, von da ausgehend ins Großflächige, Globale und gerate zuletzt ins Allumfas-sende. Es ist auch nicht alles selbst erlebt und ich bürge auch nicht für die Berichte derer, die mich informierten. Nur weil etwas stimmig ist, muss es noch nicht wahr sein und ob sich meine Interpretationen dann mit Ihren decken, bezweifle ich sowieso. Persönlich bedingt ist das alles sehr an dieser Nahtstelle der deutschen Wende angesiedelt. Ich habe schließlich auch oft hinter die Kulissen dessen geschaut, was man Ihnen und mir vorspielt und vieles, was Ihnen selbstverständlich erscheint ist für mich manchmal unannehmbar, lachhaft oder sogar lächerlich. Per-sönlich bedingt ist alles, was ich Ihnen bringe ziemlich medienorientiert, aber für mich sieht die Welt eben so aus, wie ich sie Ihnen hier be-schreibe.

Die Szene wechselt für Sie vielleicht auch manchmal zu abrupt, aber vergessen Sie nie das Motto des Spieles: „Mensch, ärgere dich nicht ...‘‘

Georg Naundorfer

Eingewöhnung
Ein Versuch über die Benutzeroberfläche eines Landes

Im Jahr des Heils 2000 begab ich mich trotz aller Vorhersagen des Weltunterganges durch Nostradamus mit meinem Zweier-Golf, Baujahr 1991 zu meiner letzten Fahrt gen Westland auf die Autobahn. Es war dies eine Besuchsfahrt und mir war so, als würde es meine letzte sein, ich war mir nicht mehr ganz sicher im Straßenverkehr. Das Alter. So ist das mit der Zeit und wie mein Lieblingsdichter Wilhelm Busch schrieb: *„Erst trägt sie dich, dann trägst du sie, und wenn's vorüber, weißt du nie."* Es war ein runder Geburtstag, nicht meiner, diesmal der eines noch älteren Westverwandten, und eingeladen hatte ich mich selbst, weil ich wusste, dass ich auf diese Weise alle dortige Verwandtschaft noch einmal bei einer gemeinsamen Feier treffen würde. Schließlich muss man auch seine Erinnerungen auf eine solide Basis stellen. So kann alles in einem Aufwasch erledigt werden, keiner fühlt sich bevorteilt oder benachteiligt wegen eines vorher oder nachher liegenden Besuches und alle wissen, was man gesagt hat, was nachträglichen Verschwörungsgerüchten den Wind aus den Segeln nimmt.

Ich fuhr also los. Erst die Autobahn entlang. Da kann man sich kaum verfahren. Dann ging es auf die Straße. Wie das so kommt, man verfährt sich, weil man vorher nie dahin durfte. Und wenn die Straßenkarte schon über zwei Jahre alt ist, gibt es meist schon wieder neue Straßenverlegungen, Ortsumfahrungen oder anders gestaltete Kreuzungen, die nicht immer die Fahrt nach den gewohnten Himmelsrichtungen zulassen, weil der immer angestrebte kreuzungsfreie Verkehr auch mal eine Kleeblattkurve mit Über- oder Unterquerungen mit sich bringt, die noch nicht in die Karte eingezeichnet sind. Das waren die Nachteile einer ständig am Leben gehaltenen Straßenbaupolitik, solange es noch keine Satellitennavigationsgeräte gab.

Nach Nordrhein-Westfalen hatte ich mich gefunden, auch in die Nähe der gesuchten Ortschaft, aber dann war ich ratlos. In einer uniformen Einfamilienhaussiedlung mit schmalen Straßen fuhr ich mit dem rechten Räderpaar auf den Bürgersteig, um anzuhalten und nach dem Weg zu fragen. Alle Autos standen hier so abgestellt, um die Straße nicht für den Durchgangsverkehr zu blockieren. Da macht man das auch so. Der Versuch, jemand zu fragen, der auf der Straße herumlief war aussichtslos, weil in einer solchen Siedlung weit und breit niemand zu Fuß unterwegs ist. Hier standen wenigstens noch Autos auf der Straße. Ich kenne inzwischen Siedlungen, da fahren nur Autos aus sich automatisch öffnenden und schließenden Garagentoren aus und ein. Da ist der Mercedes die fahrbare Verlängerung der Couch. Eine so vornehme Gegend war es jedenfalls damals noch nicht. Eine alte Dame stand da vor ihrer Haustür auf einer kurzen, aber breiten Treppe, so zwischen Rasen, Rosen und Koniferen. Die winkte, als ich auf sie zuging, um sie nach der von mir gesuchten Straße zu fragen. Das Winken entsprach mehr dem, wie man Fliegen verjagt, also mehr Wedeln. Sie hob dabei den Kopf und blickte mich hoheitsvoll und sehr abweisend sichtlich gewollt von oben herab an, sagte aber nichts.

Da kam plötzlich noch eine jüngere Dame mit bösartig verkniffenem Gesicht hinter ihr aus dem Haus herbei gehuscht, die mich giftig anblickte, mir sofort unmissverständlich sagte, dass ich verschwinden sollte, vor allem mein Auto, worauf sie sich der alten Dame zuwandte und sie mit den liebevollen Worten: „Komm, Mutter …", ins Haus führte. Dann flog die Tür zu. Ich hatte eigentlich nur: „Guten Tag" gesagt.

Ich versuchte es noch an einer anderen Stelle mit fast gleichem Erfolg. Da kam ich nicht erst zum Aussteigen, denn ein ca. 80jähriger Giftzwerg stürzte sofort mit hochrotem Kopf wütend auf uns zu, als wir vor seinem Haus anhalten wollten und drohte mit sofortigem Abschleppen und der Polizei, falls wir nicht sofort verschwinden würden. Die lange Heckenschere, die er dabei vor meiner Windschutzscheibe schwenkte, ließ mir geraten sein, ihm zu folgen. An dem Schlaganfall, den er oder der Golf sich bei meiner Weigerung bestimmt holen würden, wollte ich keinen Anteil haben und auch nach einer eingeschlagenen Frontscheibe war mir eigentlich nicht sehr und ich fuhr beschleunigt weg. Auch wenn schon die Bulldogge sich hinter dem Zaun auf die Hinterbeine stellt und einem auf Augenhöhe entgegen bellt, falls sie merkt, dass man anhalten will, verkneift man sich den Wunsch zur orientierenden Frage sowieso. Ich fand mich trotzdem dahin, wohin ich wollte, auch wenn es länger dauerte, als geplant. Die Straßenbeschilderung in Deutschland ist gut. Einheimische finden sich damit gut zurecht, weil sie schließlich wissen, wo sie sich befinden.

Die Verwandtschaft brachte sofort mein Auto in Sicherheit und zwar in der in unserer Erwartung bereits vorher beräumten Zweitgarage. Das geschah wohl nicht nur aus Gründen des Diebstahlsschutzes. Die Nachbarn sah man nicht, weil sie wohl hinter den Gardinen lauerten und bestimmt schon gleich die Polizei anrufen würden, wenn sie das alte Auto dieser niederen Preisklasse, wenn auch einer deutschen Marke, mit dem ihnen unbekannten Nummernschild in ihrer Straße erspäht hätten.

Wir wurden sehr herzlich begrüßt und tauschten unsere Erfahrungen und Ratschläge aus und was man noch so redet, wenn man sich lange nicht gesehen hat. Von der Wiedervereinigung, die nun schon zehn Jahre dauere und wie frei sich doch jetzt für uns atmen müsste, auch wenn wir arbeitslos wären. Ich hatte es ganz schwer mit der Lunge und bezog auch schon Invalidenrente, gerade dass ich diese Fahrt noch am Stück geschafft hatte. Meine Frau hatte genau wie ich, noch andere Sorgen, die sie auch nicht gleich jedem auf die Nase binden wollte. Was soll man da sagen ...

Abends wollten wir in den Nachbarort fahren, weil wir da in einer Pension mit Übernachtung und Frühstück eingemietet waren. Ich wurde nach den Erfahrungen des Vormittags sicherheitshalber geleitet und fuhr also der breiten und langen ehemaligen Geschäftslimousine meines Onkels hinterher, die er trotz seines hohen Alters noch immer und auch furchtlos fuhr. Die Hauptstraße bestand aus einem drei Meter breiten Asphaltband, welches rechts und links von abgerundeten breiten Bordsteinen begrenzt wurde. Daran schloss sich jeweils rechts wie links ein gepflasterter Streifen von ca. einem Meter Breite an. Dann rechts und links außen je ein Streifen Gestrüpp und dahinter vielleicht die Fußwege vor den Geschäften. Irgendwo dazwischen dann noch der Fahrradweg. Der Straßenraum war jedenfalls ausreichend breit geplant worden, infolge seiner Aufteilung und Bewirtschaftung aber furchtbar knapp geworden, so dass es nun nicht mehr überall für zwei Fahrbahnen reichte. Von den Pollern und Stahlrohrabweisern, vor unmotiviert im Verkehr auftauchenden Bäumen rede ich jetzt noch nicht, und auch nicht, was mir da sonst noch in der Düsternis so begegnete oder vor mir unverhofft und sorglos die Fahrbahn kreuzte. Mit dem sogenannten Großstadtdschungel hatte das wohl nichts zu tun. Das ist auch nach eigener Anschauung etwas anderes.

Anfangs fuhren wir auf dem schmalen Mittelstreifen, aber dann kam Gegenverkehr. Das Geleitfahrzeug vor mir scherte nach rechts aus, fuhr über den abgerundeten Bordstein auf den höher liegenden Pflasterstreifen, was ich mit schlechtem Gewissen dann auch tat. Am Vormittag hatten mich schließlich alle von diesem Streifen wieder runter gejagt. Der Gegenverkehr benutzte neben dem Asphaltband mit zwei Rädern den Pflasterstreifen auf der Gegenseite. Irgendwie war das hier jetzt richtig. Anschließend fuhren wir wieder auf den Mittelstreifen und beim nächsten Entgegenkommer rumpelte man zwangsläufig wieder schief mit zwei Rädern auf dem holprigen rechten Pflasterstreifen.

Dann kamen wir in einen Kreuzungsbereich. Da gabelte sich die Mittelstreifenfahrspur plötzlich vor einer Rabatte mit Gestrüpp und spaltete sich in zwei Fahrbahnen auf. Allein, so in der Dunkelheit, wäre ich voll in die Rabatte geknallt, trotz der auf 30 km/h begrenzten Geschwindigkeit. Dieses straßenbauliche Überraschungsmoment halte ich im Rahmen der Arbeitsbeschaffung für örtliche Grobschmiede und Autowerkstätten für eine empfehlenswerte und überall nachnutzbare Idee. So erreichten wir den Kreuzungsbereich, der auch das Überqueren eines leicht erhöht gepflasterten Streifens aus grau und rostrot abgesetztem Fußgängerübergang und Radweg erforderte. Wir hüpften hinauf und wieder hinunter, und nach Überquerung der Kreuzung auf der anderen Seite lief das Hüpf-Ritual in umgekehrter Reihenfolge ab. Radweg,

Fußweg, einspurige Straße und nach Ende der Gestrüpprabatte wieder das Asphaltband mit den zwei seitlichen Pflasterstreifen und dem Aufsteigen bei Gegenverkehr. So ging das länger als eine Viertelstunde. Bei 30 km/h ist ein Kilometer schon sehr lang, aber wir waren noch langsamer. An diesem Tag hatte ich fast sechshundert Kilometer Straße und Autobahn zurückgelegt und es war nichts passiert, aber auf diesen zehn Kilometern bürgerinitiativ-beamtet-beruhigten Stück Scheiß-Straße schlug ich mir bei etwas mehr als zwanzig Stundenkilometern an meiner Rostlaube einen Stoßdämpfer und den Auspuff kaputt.

Am nächsten Morgen musste ich mich allein wieder zurückfinden. Das ging besser als ich dachte. Man muss es nur gewöhnt sein, wollen und keine Angst haben. In der Gegend der großen Kreuzung, die ich oben beschrieben hatte, ergatterte ich die letzte Parkbucht und setzte mich da hinein, denn meine Frau wollte unbedingt noch etwas besorgen. Es ist ja bekannt, dass man, wenn man zu Besuch weilt, nie in einen Laden kommt, um noch etwas zu kaufen, weil das unhöflich ist. Man fährt doch die weite Strecke wegen des geselligen Beisammenseins mit der Familie und nicht wegen Einkaufen, oder der schönen Gegend, oder, um etwas zu erleben. Auch darf man als Einheimischer nicht überall kaufen, weil nicht alle Geschäfte seriös sind. Das sind Dinge, die man als Besuch natürlich erst beigebracht bekommen muss. Geschäftsleute trafen sich nach der Wende im Westen noch nicht so gern gegenseitig zufällig beim Einkaufen bei Aldi. Inzwischen soll sich das auch in den Altbundesländern etwas geändert haben. Das war und ist zu allen Zeiten immer so gewesen, dass sich alles langsam entwickelt. Daran ändert man auch mit Ungeduld nichts. Das sind Lernprozesse. Die brauchen ihre Zeit.

Wie ich so im Auto sitze und mir die Gegend um meine Parkbucht besehe, merke ich plötzlich, dass das eine Ampelkreuzung ist. Da bin ich ehrlich erschrocken. Auf der Hinfahrt am Abend war mir das gar nicht aufgefallen. Die vier Eck-Gebäude der Kreuzung waren eine Apotheke, eine Drogerie, eine Bank und eine Kneipe. Jeder hatte seine Leuchtreklame in bunter Form und blinkend. Dazu standen überall Straßenlampen mit starken Strahlern und Reflektoren, Bäume, Sträucher, Poller, Straßenverkehrsschilder und Wegweiser. Die dazwischen angebrachten Ampeln hatte ich einfach übersehen. Da gab es Ampeln für Autos, für Fußgänger und für Radfahrer. Wie das mit der Verkehrsführung und der Beampelung für die Radfahrer geregelt war, habe ich an dem Tag an dieser Kreuzung nicht herausbekommen. Dazu habe ich nicht lange genug da geparkt. Ich machte es immer den Einheimischen nach. Wenn in Fahrtrichtung rechts, links oder oben eine grüne Lampe aufleuchtet: Gas geben und Hochstart, sonst fährt einem noch der Folgeverkehr hinten rein.

Der Deutsche kennt nur den Autofahrer und den Fußgänger, denen man auf der Straße mit Schildern zeigen muss, wie der Hase läuft. Dabei ist zu beachten, dass der Fußgänger an sich ein Autofahrer ist, der sich rein zufällig auf dem Wege von seinem Auto, oder zu seinem Auto befindet. Es gibt also nur den Autofahrer, zwar in verschiedenen Ausführungen, den zu Fuß und den im Auto, aber sonst nichts. Jetzt kommt der Fahrradfahrer ins Spiel. Der passt nicht in das Schema. Das ist keine Behauptung, sondern Tatsache und knallharter Fakt. Das ist daran erkennbar, dass Radfahrwege den Verkehrsablauf ganzer Kreuzungen stören können und auch eine Umfrage eines großen Meinungsforschungsinstitutes hat ergeben, dass der überwiegende Teil der deutschen Fahrradfahrer infolge der Einrichtung von Fahrradwegen der Meinung ist, dass die Straßenverkehrsordnung für sie nicht verbindlich ist. Soweit so gut. Schwerer zu interpretieren war jedoch, dass ein noch größerer Anteil der Fußgänger der gleichen Meinung war und die Verbindlichkeit der StVO für sich selbst verneinte (sofern sie nicht als Fahrer im Auto säßen). Ob die Fußgänger das auch auf die Radfahrer bezogen, oder ob hier verkappte Radfahrer in der Tarnung als Fußgänger auftraten, weiß wahrscheinlich nur der Redakteur, der diese amtliche Aussage in seinem Artikel so unzulässig und missverständlich verkürzte.

Ich habe versucht das zu begreifen, aber es gelang mir nicht. Die Schnittmenge zwischen Radfahrern und Fußgängern gibt keine Auskunft über die Schnittmenge von Autofahrern und Fußgängern. Es soll sogar eine Schnittmenge zwischen allen dreien geben (Das ist Mengenlehre. Kennen Sie doch? Alles in der Schule gehabt. 3. Klasse Grund- oder Hauptschule. Steht jedenfalls so im Lehrplan ...). Wenn Sie einen definieren wollen, kann er sich sofort als ein anderer tarnen.

Zurück zur Kreuzung: Es war ein Spätherbstmorgen und schon windig und kühl und auch früh noch spät dunkel, so dass ich das alles, wie gerade beschrieben, in seiner wahren und blinkenden Pracht in mich aufnehmen konnte.

Die Kinder begannen in die Schule zu gehen und ich sah, was sie alles bei sich trugen. Was da kam, waren zwei Mädchen, die etwa so reichlich zehn Jahre alt waren. Eine telefonierte mit einem Handy. Das mit dem Gepäck war ziemlich einheitlich, ging bei einem Tornister los, der höher als die gestrickte bunte Pudelmütze in die Höhe ragte, mit aufgeschnallter eingerollter Gymnastikmatte gekrönt, dann hing dem Kind der Turnbeutel an der einen Seite, die Brottasche an der anderen, um den Hals hing an einem Schlüsselgurt etwas, was die Busfahrkarte sein konnte, aber wohl ein Ausweis war. Eingemummt in buntgemusterten Anoraks und mit Strickhandschuhen, trug die zweite in Papier eingepackt noch irgendetwas Gebasteltes bei sich oder etwas, was vielleicht ein Kuchen war. Eine Hausaufgabe oder auch nur ein Geschenk von Mutti an den/die LehrerIn(nen).

Als sie an meiner in dieser Gegend so auffälligen altgolfenen Rost-karre vorbeikamen, schaute die eine zu mir herein. Also, dieser Blick, das war wie Stahl. So hat mich das letzte Mal ein Karatekämpfer aus dem Fernseher heraus angesehen. Vielleicht hatte sie das gerade beim Abschreckungstraining gegen Kinderschänder gelernt, bzw. in einem dieser einschlägigen Selbsthilfesonderkurse mütterlicher Initiativgruppen alleinerziehender geschiedener Frauen, oder auch nur ihrer Mutti abge-schaut, wie sie Papa anguckt, wenn er wieder mal besoffen ist. Es war mir ziemlich egal, aber die Zunge hätte sie mir nicht noch he-rausstrecken müssen, ehe sie weiterging. Weiß der Teufel. So ausgerüstet und bepackt wie diese Kinder müssen damals so vor 2000 Jahren die römischen Legionen des Varus gepäckmarschmäßig nach Germanien eingefallen und dann im Teutoburger Wald oder in den Sümpfen um Osnabrück verlorengegangen sein. Das hier so nördlich in der Nähe des Ruhrgebietes war übrigens so ungefähr die Gegend. Tradition bleibt Tradition. Das Praktische der feldmarschmäßigen Verpackung und des Transportes seines Eigentums auf dem Rücken war jedenfalls überlie-fert, für gut erkannt, nutzbar und also auch noch heute in Gebrauch.

Dann kamen zwei Jungen in gleicher Verkleidung wie diese Mäd-chen, aber auf ihren BMX-Rädern und mit Fahrradhelmen. Die fuhren ganz vorsichtig und leise dicht von hinten an diese Mädchen heran und nun bekamen die jeweils eins auf die Mütze und den Tornister, worauf die eine ohne Besinnen mitten zwischen die vorbeifahrenden Autos auf die Straße sprang und nach ihrem dorthin gefallenem Handy haschte und die andere sofort laut schreiend hinter den beiden flüchtenden Rad-fahrer-Jungen herlief. Die flüchtenden Jungen stürzten sich nun mit ihren Rädern ohne irgendwelche Rücksicht mitten auf die Kreuzung und querten sie diagonal zur nächsten Ecke, wo sie auch gut ankamen. Abgesehen von dem quietschenden Geräusch, was die auf der Kreuzung befindlichen und abrupt bremsenden Autos erzeugten war nichts pas-siert. Das eine Mädchen hatte sein Handy wieder und telefonierte das Passierte empört und entsetzt sofort in alle Welt und das andere kam zurück, schaute in die Verpackung seines heruntergefallenen Paketes und weinte nun leise aus seinen stählernen Augen. Hoffentlich war es kein von ihr gebasteltes Geschenk gewesen.

Von Mutti exzessiv bunt gemustert bekleidet und ausgerüstet, an je-dem freien Fleck mit Lichtreflexstreifen bepflastert bewegten sich diese Kinder so unauffällig getarnt durch die Stadt, dass sie mit der ganzen Reklame völlig verschmolzen. Es war, wie in einem großen Lärm in einer großen Menschenmenge. Da hört man auch nicht, ob da noch jemand zu Recht und aus Schmerz schreit, oder nur aus Wut, bzw., um seinem Protest Ausdruck zu verleihen oder auch nur, um sich hervorzu-tun. Die Masse des erzeugten Lärms nivelliert alles.

Ich bewundere diese junge Generation. Statt wie unsereiner überall Vorschriften, Hinweise oder Strafbestimmungen zu vermuten, die sich damit befassten, sie zu gängeln, ignoriert sie einfach alles, was um sie herum geschieht und erwartet, dass schon nichts passieren wird. Es geht sie einfach nichts an. Der schmale Fußweg. Der schmale Radweg daneben, die Parkbuchten, die eisernen Poller, die abgrenzenden Blumenrabatten, die zwischen jeweils mindestens drei Abweisern aus verzinktem Eisenrohr dahinsiechenden mickrigen Straßenbäumchen in ihren Rindenmulchgevierten, die Pollersprungschanzen an den Kreuzungen, die abgerundeten Bordsteine, das komplizierte gemusterte Granitsteinpflaster der Fußwege, auf dem man sich alle Knochen brechen konnte, die massengrabartig gestalteten Mittelrabatten mit ihrem verwahrlostem Buschgestrüpp auf der Mitte der Straße, die Verkehrsregelung durch die Ampeln, es ging sie nichts an. Es interessierte sie nicht. Wenn sich die Polizei mit ihnen beschäftigte, gäbe es nur Ärger mit den Eltern. Sie waren schließlich noch nicht strafmündig. Man konnte ihnen gar nichts. Das bildet dann den Charakter.

Meine Gute kam wieder. Sie hatte bekommen, was sie gesucht und sogar billiger, als sie gedacht hatte. Wir fuhren zur Geburtstagsfeier.

Als wir ankamen war schon einiger Trubel, denn die offiziellen Gratulanten waren im An- und Abmarsch. Das Telefon schrillte sofort wieder los, wenn der Hörer aufgelegt war, denn der Nächste aus der Telefon-Warteschlange wollte nach einem Jahr seine Glückwünsche anbringen und zugleich die familiäre, die allgemeine und auch die politische Großwetterlage umfassend und breit ausgewalzt dabei erörtern. So kam es in der Stube zu einem Stau von Besuchern, die alle erst einmal mit Kaffee und mit Keksen ruhiggestellt werden mussten, bis sich auch für sie die Gelegenheit ergab, das Geburtstagskind beglückwünschen zu können. Es gab auch Likör und Wasser, je nach Wunsch. Ein ehemaliger nun im Ruhestand befindlicher Geschäftsmann hat zwangsläufig einen größeren Bekanntenkreis und da gehört die Pflege dieses Umfeldes auch später noch mit dazu. Die Abgesandte des Pfarramtes unterhielt sich derweil mit der Schwester des Apothekers, der nicht kommen konnte und ein Nachbar tauschte da ganz gemütlich mit dem Abgesandten der Handwerkerinnung Erfahrungen bei der Aufzucht einer edlen und sehr empfindlichen Zierhunderasse aus. Der Onkel telefonierte und bekam den Gratulanten auch mit Lautstärke nicht aus der Leitung. Es war auch noch ein Kind da, was man dem einen Gratulanten mitgegeben hatte, damit man es zu Hause los war. Das schrie ununterbrochen: „Opa, ich will Cola!" Man hatte es wohl damit zum Mitgehen geködert. Niemand hörte darauf. Die Betschwester hatte sich an der Kaffeekanne festgesaugt, die Tante raufte sich die Haare, weil sie keine Cola im Haus hatte. Jemand hatte die ganzen Kekse aufgegessen und an der Haustür klingelte es. Die nächsten Gratulanten ...

Wir, als Familiengäste saßen in der Küche, hörten uns das Theater hinter der angelehnten Verbindungstür an, verhielten uns ruhig und versicherten mehrmals ernsthaft und auch glaubwürdig die Tatsache, dass wir schon gefrühstückt hätten und auch nur darauf warteten, unsere Glückwünsche anzubringen, was auch stimmte. Sie möchten sich bitte nicht durch uns gestört fühlen. Uns mit unter die Gratulanten in der Stube zu mischen fanden wir unpassend. Schon am Dialekt wären wir als Bewohner der ehemaligen „Zone" erkannt worden und das hätte wohl dem Ansehen des Geburtstagskindes geschadet, so viel Ostverwandtschaft zu haben. Diese pikierte Abstandshaltung, die dann sofort entsteht, wenn man nach dem Wohnort gefragt wird und sie den nicht kennen, auch noch nie davon gehört haben. Sibirien ist schließlich sehr geräumig und geht bekanntlich auch gleich hinter Erfurt los ... Wir hatten es andernorts schon so erlebt.

Das an der Haustür hatte sich inzwischen geklärt. Eine Kiste Wein wurde geliefert, als Ergebnis der Sammlung irgendwelcher Geschäftsfreunde und sie wurde auch gleich geöffnet. Da sah man in der Holzwolle zehn Literflaschen von irgendeinem Müller-Thurgau in denen die Schimmelschlieren durch den Transport wieder aufgerührt herumschwammen, während noch jemand, der stellvertretend für die Sammler gekommen war, dem Beschenkten mit glänzenden Augen den Text auf dem Etikett vorlas. Den Wein hatte ich in unserem Getränkemarkt auch nicht genommen, obwohl er im Angebot war und die Literflasche nur noch eine Mark fünfzig gekostet hatte. Da war schon etwas los, bei diesem Geburtstag im Westen. Wir waren wohl etwas zu zeitig gekommen, denn die restliche Verwandtschaft kannte das Protokoll besser als wir. Die richtigen Geburtstagsgäste, also meine Cousinen und Cousins, Neffen und Nichten, die kamen erst kurz vor Mittag, als sich der Vormittagstrubel gelegt hatte. Mir wurde deutlich, wie schwierig es ist, selbst als Eingeborener im Westen die eingeschliffenen Rituale der gesellschaftlichen Konventionen selbst bei einer solchen Gelegenheit, wie einem Geburtstag, alle zugleich unter einen Hut zu kriegen.

Dann waren wir alle zusammen „Beim Chinesen" essen. Das beschreibe ich nicht. Das kennt jeder, wie das ist. Da kommt man zur Ruhe und ich bin gern da. Man wird für sein Geld immer satt, und es schmeckt auch. Wir haben in aller Ruhe gefeiert. Es war wirklich sehr gemütlich und jeder kam auf seine Kosten. Nichts gegen ein Familienzusammensein, wenn man für sich feiern kann und alles was man als Wunsch äußert von höflicher Bedienung gleich gebracht wird. Ich dachte daran, wie das mit den Familienfeiern bei uns früher immer gelaufen war, an die Schwierigkeiten bei der Reservierung und dem Angebot der meist überfüllten Gaststätten, dass man das dann lieber zu Hause ausrichtete mit dem Fest, trotzdem es harte Arbeit war die entsprechenden Zutaten rechtzeitig und vollständig dazu heranzuschaffen, und dann selbst kaum zum Feiern kam, weil man doch nicht gleichzeitig kochen, Getränkenachschub holen die Gäste bedienen, sie dabei unterhalten und auch noch selbst das ganze feiernder Weise genießen kann.

Als wir uns nach diesem Besuch auf die Heimreise machten, verfranzte ich mich wieder. Diesmal wollte ich niemand fragen. Irgendwann trifft man, wenn man aus dem Münsterländischen immer stur nach Süden fährt auf das Ruhrgebiet, da immer auf eine beliebige Autobahnauffahrt und dann findet man sich schon irgendwie. Als wir aber mit dem alten Golf durch ein ziemlich zugewachsenes Stück grüner Lunge zwischen der A 1, der A 44 und der A 2 tasteten, immer eingedenk der Tatsache, dass die Holzpoller im Grünland plötzlich mitten auf der Straße stehen könnten, kamen wir an einen Kreisverkehr. Der war durch herein gewachsene Äste und Zweige vom Gebüsch zwar ökologisch vorbildlich, naturbelassen und dadurch sehr gesund im Bewuchs, aber infolge dieser Tatsache auch sehr unübersichtlich für jede Art von Teilnehmern am öffentlichen Straßenverkehr. Ich halte also, obwohl anscheinend alles frei zu sein scheint, vorsichtshalber an und pliere nach links, ob da etwas kommt. Es kommt nichts und ich will gerade versuchen loszufahren, da erhält der Wagen von vorn einen Schlag. Es scherbelt unwahrscheinlich, so, als ob mir einer mit einem Handwagen voller Blechschüsseln vorn rein gebrummt wäre. Im letzten Moment sehe ich noch etwas von vorn rechts kommend, nach links über meine Kühlerhaube fliegen, da krachte es auch schon scheppernd in das Gebüsch links von mir hinein. Nachdem ich meinen Schock überwunden hatte, sehe ich da so einen drahtigen Typ, in Alter und Aussehen so eine Kreuzung zwischen Reinhard Mey und Rüdiger Nehberg in alternativer Naturburschenverkleidung wortlos und ohne uns auch nur eines Blickes zu würdigen seinen verbeulten Drahtesel aus dem Gebüsch zerren und beschleunigt damit verkehrt in die Einbahnstraße hinein, aus der ich gerade vorschriftsmäßig herausgekommen war, das Weite suchen. Der Stoßdämpfer vorn rechts an meinem Golf und der Auspuff, die waren schon kaputt. Jetzt hatte ich noch einen eingeschlagenen Scheinwerfer und endlich die schon lange erwartete und angekündigte Beule in der Motorhaube, die Kratzer im Lack nicht gerechnet. Erst der Schaden und dann noch Fahrerflucht des Radfahrers. Das war mir zu viel. Da hatte dieser Knilch ganz einfach, um nicht ganz um den Kreisverkehr fahren zu müssen, im vollen Tempo die schnellste Abkürzung genommen und war links eingebogen. Ich wollte nun nur noch nach Hause und strebte danach rücksichtslos zur Autobahn, um mich in Sachsen in Sicherheit zu bringen. Das habe ich dann auch geschafft.

Ich wollte so gern auch ein vollwertiger Bundesbürger sein, aber anfangs habe ich manches nicht begriffen. Ich dachte immer: Das kann doch nicht alles von der vielen Freiheit kommen. Ist das vielleicht so ein Problem wie das mit der Benutzeroberfläche, dieser berühmten Schnittstelle zwischen Computer und Mensch, wo sich die Kontrahenten auf eine Sache einigen, die sie beide nicht verstehen, was aber die Zusammenarbeit erst ermöglicht? Wenn man als Mensch mit einer solchen Benutzeroberfläche auskommen muss, dann ist es doch höchste Zeit nachzusehen, was denn am Bürokratencomputer kaputt sein könnte. Dann fiel mir aber ein, dass auch beim Computer der Normalmensch keine Wahl hat, sondern an das gewöhnen muss, was ihm der Computer bietet, wenn er mit ihm auskommen will. Dabei bin ich noch nicht einmal offiziell mit der Staatsmacht direkt in Berührung gekommen und ich gebe zu, noch lange solchen Sprüchen angehangen zu haben, wie sie die Kabarettistin Gisela Oechelhaeuser verbreitete, die in einem Sketch die rhetorische Frage stellte: „ ... *Was denn, das soll ooch Westen sein? – Das hätten die uns aber vorher sach'n müssen!*" Man hat eben anfangs so seine Schwierigkeiten mit der Eingewöhnung.

Es scheint sich damals bei dem Radfahrer allerdings weder um Mey, noch um Nehberg gehandelt zu haben, denn ich habe später von dem einen keinen Song über eine solche Begebenheit gehört, und der andere hat auch kein Buch über ein derartiges Abenteuer geschrieben. Schade.

Das ist nun schon einige Jahre her. Als ich neulich zu Hause beim Spazierengehen über den neu gestalteten Untermarkt ging und über das da jetzt verlegte Kleinpflaster stolperte, zählte ich voller Behagen und innerlicher Freude alle die neuen verzinkten Stahlrohre, die einzeln in Betonfundamenten im Boden verschraubt waren, die Verkehrsschilder, die Zeitbegrenzungstafeln für das Parken, die Wegweiser und Vorwegweiser einschließlich ihrer Aufhängungen und Stellgerüste. Die Poller habe ich nicht gezählt. Dass da mindestens drei Bäume mehrfacher Größe ihr Leben lassen mussten, um als Holzpfosten die neu angepflanzten Bäumchen zu stützen, das nimmt man eigentlich schon gar nicht mehr wahr. Ich glaubte da sogar eine neu da aufgestellte futuristische Plastik zu erblicken, aber es stellte sich dann heraus, dass es sich um ein solar gespeistes Ensemble aus Parkscheinautomat, integriertem Papierkorb, Entsorgungsbox für Hundekot und Hydrant handelte. Wenn es nicht für einen selbst bedrohlich oder schädlich ist, so soll man diese Dinge wenigstens ignorieren dürfen. Ich werde mich jedenfalls redlich darum bemühen. Gewöhnt habe ich mich schon daran und ich glaube, irgendwann werde ich es auch begreifen. Bis dahin werde ich stolz darauf sein, denn lieben lernen werde ich das bestimmt nicht mehr.

Hinweis: Versuchen Sie niemals, einem Altbundesbürger gegenüber den leisesten Zweifel über durch amtliche Veranlassungen oder durch Verordnung geregelten Unsinn zu äußern. Er fühlt sich sofort in seinem Freiheitsbegriff verletzt. Sie verletzen damit seine Intimsphäre in Hinsicht auf sein Verständnis, was seine Staatsbürgerschaft und seine diesbezüglichen Mitwirkungspflichten und Rechte ausmacht, auf denen er eisern besteht.

Ein steuerrechtlich ganz klarer Fall
Das Grimmige Märchen

Es war einmal ein Vater, der war Witwer und als er starb hinterließ er seinen zwei Kindern sein Erbe. Er hinterließ ein gültiges Testament in welchem er jedem die Hälfte zusprach. Die Kinder erbten, teilten sich das Erbe friedlich, ehrlich und ohne jeden Hintergedanken. Sie zahlten ihre Erbschaftssteuer und dann lebten sie in Frieden bis an ihr Lebensende. Jetzt könnte die Geschichte schon zu Ende sein. Es ist ein Märchen. So etwas mag es früher gegeben haben.

Eine Geschichte, die so abläuft, grenzt sowieso schon ans Unglaubwürdige und gehört entweder in den Bereich der Märchen oder der Wunder. Eine absichtliche Lüge würde ich es aus moralischen Gründen nicht nennen, denn mit solchen Geschichten wird Klein-Fritzchens Geist frisiert, damit er einmal ein guter regierungstreuer und autoritätsgläubiger Staatsbürger wird.

Gründe für die Unglaubwürdigkeit der Geschichte: Beim Tode des Vaters gab es etwas zu erben. Es gab ein Testament. Das Testament war gültig. Die Erben nahmen die Testamentsfestlegungen an. Die Erben teilten sich in die Erbschaft ohne Zank und Streit. Die Familien der Erben hielten auch nach dem Erbfall weiter zusammen. Das ist doch eine unwahrscheinliche Reihung von Wundern und absolut unglaubwürdig. Das ist aber die Wahrheit gewesen.

Jetzt kommt die Geschichte, wie sie weiterging. Sie spielt nämlich nicht irgendwo, sondern in Deutschland, und da ist das Leben nicht so einfach wie anderswo. Wenn es schon rein zwischenmenschlich und auch gesetzlich keine Schwierigkeiten gibt, dann gibt es da noch das Amtsgericht, das Finanzamt, Steuerberater vereidigte Gutachter, Notare und Rechtsanwälte. Wie das so geht, stellte man fest, dass die Erben nicht bei ihrem Vater gelebt hatten. Für den Vater waren das Amtsgericht und das Finanzamt seines Wohnortes zuständig. Die Erben wohnten im Einzugsbereich verschiedener und vor allem anders unterstellter Finanzämter. Da brauchten sie, weil sie vergessen hatten sich rechtzeitig vorher anzumelden, schon mal zwei Anläufe, um beim zuständigen Amtsgericht das da hinterlegte Testament ausgehändigt zu bekommen.

Das war anfangs nicht sehr wichtig. Wichtiger war, dass nach der Testamentseröffnung ein Erbschein zu beantragen war. Das taten die Erben. In dem Antrag musste aber der Wert des Erbes mit angegeben werden und den kannten die Erben nicht. Das Testament enthielt nur eine pauschale Zuteilungsklausel. Ergo: Es kann kein Erbschein erteilt werden. Es wird nicht geerbt. Das kann nicht sein. Durch einen dummen Zufall stellt sich heraus: Das zuständige Amtsgericht kennt den

Wert des Erbes, den Erben darf man es aber nicht sagen. Die Wertangabe unterliegt dem Datenschutz. Beim Datenschutz bekommt der Unbefugte keine Auskunft. Befugter Erbe ist man aber erst nach der Erteilung eines Erbscheines. Es war die gleiche Situation wie die des Schusters Voigt. Kennen Sie nicht? Aber den „Hauptmann von Köpenick" kennen Sie doch. Ohne Wohnungsnachweis keine Arbeit und ohne Arbeit keine Wohnung. Neudeutsche Lösung: Man beauftragt einen Rechtsanwalt mit der Ermittlung. (Der zuständige Amtsrichter war sowieso schon sauer, weil die Erben bei ihm nur mit dem Testament und auch ohne Rechtsanwalt aufgekreuzt waren. Wie sollte er denen begreiflich machen, was er von ihnen wollte. Die verstanden doch kein Amtsdeutsch.)

Der Rechtsanwalt geht nun zum Amtsgericht, lässt sich vertraulich die Daten geben, übermittelt sie vertraulich den Erben. Die schreiben das in ihren Antrag auf Erbscheinerteilung und geben den beim Amtsgericht ab. Woher sie das wissen, müssen Sie nicht nachweisen. Das kommt, weil nur der beauftragte Rechtsanwalt das Akten-Einsichtsrecht hat. Das ist mit dem Datenschutz eben so. Daraufhin ermittelt das Amtsgericht anhand dieser Werte eine vorläufige Höhe der Erbscheingebühr und berechnet sie den Erben. Das dauert seine Zeit. Nach Zahlungseingang dieser Gebühr erteilt das Amtsgericht den Erbschein für die Erbengemeinschaft.

Bis jetzt hat es schon etliches gekostet, erst hält der Rechtsanwalt die Hand auf und dann das Amtsgericht aber was sein muss, muss sein, auch wenn es mehrere Monate gedauert hatte. In dieser Zeit rutschte gehässiger Weise die Börse ziemlich ab. Solche Sachen passieren nun einmal und sind eigentlich ziemlich egal. Sie fragen sich, was das hier soll. Sie erfahren es gleich.

Sein Geld hatte der verstorbene Vater zum überwiegenden Teil, wahrscheinlich auf Anraten seiner Bank, denn er verstand nichts von der Börse, in hochspekulativen Aktien, wie der Telecom oder in Derivaten einer sicheren amerikanischen Investmentbank angelegt, deren Wert allerdings während der Wartezeit der Erben auf die Freigabe der Erbschaft auf eine marginale Stufe gefallen waren und die nun fast wertlos geerbt werden konnten. Als noch etwas zu retten gewesen wäre, kam man an das Geld nicht ran. Siehe Vorstehendes. Man hätte es wissen müssen, aber Datenschutz ist Datenschutz, siehe oben. Man hat es nicht gewusst und nun war es zu spät. Das Erbe war angenommen und die Annahme jetzt auch gerichtlich genehmigt.

Jetzt geht die Erberei los. Die Erben teilen sich das restliche Geld und einigen sich auf die Teilung von Gebäuden sowie Grundbesitz. Weil sie schon seit der Wende zumindest wegen der Nichtveranlagungsbescheinigung eine Steuererklärung machen mussten, der Vater auch, aber aus anderen Gründen, und da schon mehrfach die Pferde kotzen sahen, trauen sie dem Ganzen nicht und holen sich Rat bei ihren jeweiligen Steuerberatern. Von denen hat schon jeder einen anderen Vorschlag, wie sie das mit der Erbschaft angehen sollen, um das Finanzamt zufrieden zu stellen. Man einigt sich (!) darauf, alles, was die Erbschaft betrifft, über den Steuerberater abzuwickeln, der am nächsten am zuständigen Amtsgericht dran ist.

Der Vater hatte übrigens mit seinem Tode einen verwaltungstechnisch ungünstigen Moment gewählt, und zwar irgendwann im Jahr und dazu noch mitten im Monat.

Merke: Es ist für die Administration wegen der Steuerabgrenzung am günstigsten, zu Silvester mit dem Glockenschlag zwölf zum neuen Jahr zu sterben. Da ist die zeitliche Abgrenzung mit dem Steuerjahr gegeben und auch die sachliche Abgrenzung viel einfacher, weil doch die Steuergesetzgebung in Deutschland sich auch stets mit dem Jahreswechsel ändert. Falls Sie das mit dem Selbststerben nicht anders regeln können, dann erschießen Sie sich nur zu Silvester. Ihre Erben werden es ihnen danken.

Das hatte er nicht gemacht. Folgende Situation entstand: Der Vater hat seine Steuern im Sterbejahr noch bis zum Sterbedatum zu zahlen. Die Erben zahlen danach als Erbengemeinschaft Steuern bis zum Tage der tatsächlichen Erbteilung je zur Hälfte und von da an jeder für sich, gemäß ihrem steuerpflichtigen Einkommen und zugehörigem Steuersatz. Da nun jeder Erbe bei einem anderen Finanzamt steuerpflichtig war, konnte das nicht so gemacht werden. Jedes der Finanzämter versuchte den Gesamtvorgang an sich zu ziehen. Die Steuerberater protestierten im Auftrag der Erben. Man fand eine Lösung. Das Erbe wurde notariell rückwirkend zum Todestag des Erblassers geteilt. Die Sache mit der Steuererklärung der Erbengemeinschaft war rein prinzipiell vom Tisch.

Der Ratschlag zu dieser Lösung war aber von einem Rechtsanwalt gekommen, der ihn sich wie gehabt bezahlen ließ. Wenn immer das voraussichtliche Gesamterbe zur Basis aller Vorgänge genommen wird, sind auch niedrige Prozentsätze für Beratungsgebühren nicht billig. Die Sache wurde dadurch teurer, aber nun soweit vereinfacht, dass sie sich dadurch endlich überhaupt bearbeiten ließ. Ein Finanzamt ist aber vorübergehend ausgebootet und grollt heimlich, was niemand ahnt.

Jetzt geht es mit frischem Mut an die Erbschaftssteuererklärung. Hier sind die Werte per Erbdatum anzugeben. Das Geld ist zwar weg, aber es war noch da, als der Vater starb. Der Steuersatz ergibt Werte, die höher als das verbliebene Restgeld sind, welches man aus dem Panikverkauf der letzten noch nicht völlig verfallenen Aktien und Wertpapiere erlöste. Da hat man schon einmal nichts geerbt, sondern nur der Fiskus. Das ist zumindest für die Erben nicht so erfreulich.

Nun geht es an die Immobilien. Das sind teuer eingekaufte Eigentumswohnungen, die über Vermietung Geld bringen sollten. Der Fachmann nennt das „vollfinanziert", was bedeutet, dass der Käufer kein Eigenkapital hatte. Der Kredit wird mit der Miete abgezahlt und am Ende hat man so angeblich kostenlos eine Wohnung, die auch noch Geld abwirft, hatte es jedenfalls geheißen. Das war als finanzielle Absicherung des väterlichen Lebensabends gedacht. Die zuversichtlich drängenden Worte der Vermittler und die Sicherheit ausstrahlenden der Bank, sagen wir mal, die der das Geschäft abschließenden Mitarbeiter der Bank, stehen noch im Raum.

Das Amtsgericht hat für die Erteilung des Erbscheines die Kaufpreise zugrunde gelegt. Es verlangte, wie schon erwähnt, für die Erbscheinerteilung einen happigen Gebührenabschlag auf dieser Basis bis der Wert des Erbes endgültig ermittelt wäre. Der Bauboom ist allerdings vorbei und der Wert von Immobilien im Osten, und nicht nur da bereits stark gefallen.

Man biete höchstens noch sechzig Prozent des Kaufpreises, sagt der bausachverständige Experte gegen Entgelt. Da ist die noch zu blechende Kreditsumme bedeutend höher. Er hat bei dem Gutachten trotzdem gut verdient und wohlweislich die Übergabe des Gutachtens an die Erben mit Vorauskasse für seine Arbeit gekoppelt. Der hat jedenfalls schon mal sein Geld.

Das mit dem Werteverfall auf sechzig Prozent ist aber gelogen. Die Wohnungen erweisen sich schon bei der ersten Anfrage bei einem Makler als unverkäuflich. Auch eine Anzeige in der Zeitung, die man als Versuchsballon startet bringt nichts. Als Einzige melden sich einige dubiose Kreditvermittlungsbüros. Was die wollen ist klar, aber nicht nur ihnen, sondern auch den Erben.

Die Steuerberater machen sich gemäß den gesetzlichen Vorschriften schweren Herzens an die Wertermittlung der Immobilien. Da sieht das schon günstiger aus. Als Wert wird lt. Gesetz die Mieteinnahme von zwölfeinhalb Jahren zur Basis angesetzt. Da beträgt der Wert noch nicht einmal die Hälfte des tatsächlichen Kaufpreises. Man muss also nicht zum tatsächlichen Neupreis erben.

Das Finanzamt ist einverstanden mit dieser Methodik (!). Kein Wunder, dass im Bundestag regelmäßig die Sache mit der Erhöhung der Erbschaftssteuer immer wieder hochkocht, wenn schon die Finanzämter so nachgiebig sind, dass sie selbst mittellosen Privatleuten ohne Widerstand solche Steuergeschenke zugestehen.

Jetzt stellt sich heraus, dass diese Eigentumswohnungen von einem Bauträger gekauft wurden, der fünf Jahre Mietgarantie ab Kaufdatum bietet. Diese Zeit war gerade abgelaufen, die Wohnungen waren gerade fünf Jahre alt, die Miete war fünf Jahre pünktlich geflossen und auch für die Abzahlung der Kredite an die Bank abgeliefert worden.

Bei der Berechnung wurde diese Miete als Wert auf die zwölfeinhalb Jahre umgerechnet und so der Wert für die Erbschaftssteuerermittlung erstellt. Die so errechneten angeblichen Basiseinnahmen aus der Vermietung, welche man der Wertermittlung zugrunde legte, betrugen allerdings immer noch das zweieinhalbfache der tatsächlichen bisherigen Einnahmen, denn man hatte nur fünf, und nicht zwölfeinhalb Jahre kassiert, wie das Gesetz zur Basis annahm. Zudem hatte der Bauträger schon dieses Geld überwiegend aus seiner Tasche bezahlt, weil niemand so hohe Mieten, wie da kalkuliert waren, bezahlen wollte. Es stand sogar zu vermuten, dass der hohe Kaufpreis diese gestreckte fünfjährige Mietzahlung schon von Anfang an als vergifteten Köder enthielt.

Das hing an einer für das Finanzamt in diesem Zusammenhang vielleicht unwichtigen Nebensächlichkeit: Als die fünf Jahre um waren, setzte die Mietzahlung aus und das lag daran, dass diese Wohnungen zum Teil nicht nur nicht vermietet, sondern zum Teil auch unvermietbar waren. Da ließ sich leider nichts mehr ändern. Die Fixkosten und die Umlagekosten der Wohnungsverwaltung des Bauträgers, wie Hausmeisterbetreuung, Anschlussgebühren für Wasser, Gas und Strom, sowie die anteiligen Heizkosten (Einfrierschutz im Winter) und Reparaturrücklagen mussten nun plötzlich mangels Mietern vom Eigentümer gezahlt werden. Besitz verpflichtet. Das steht schon im Grundgesetz. Wenn das plötzlich als finanzielle Belastung zu den Kreditrückzahlungen dazu kommt, dann kann das schon Erschrecken bewirken.

Als das der Vater alles so plötzlich und unvorbereitet erfahren hatte, war ihm sehr unwohl geworden und das war am Ende allem Anschein nach auch die Ursache seines plötzlichen Todes gewesen.

Merke: Wer Immobilien auf Kredit kauft und sie so aus dem Verkehr zieht, oder sie auf ähnliche Weise in seinen Besitz bringt, wird mit Zinszahlung und Abzahlung der Kredite nicht unter dreißig Jahren, beziehungsweise Zwangsversteigerung oder Besitzeinziehung durch den Gläubiger bestraft, wobei ihm die dabei entstehenden Schulden in mindestens doppelter Höhe der Kreditsumme bleiben.

Das kam jetzt noch dazu. Sie sehen, das Erbe wurde zwar immer umfangreicher, aber auch immer weniger. Das Vorzeichen der Erbschaft wechselte höflich, aber bestimmt von Plus zu Minus. Im Bankenjargon nennen sie das dann eine negative Bilanz. Klingt auf alle Fälle besser, als von Schulden zu sprechen.

Kurz und gut, die Erbschaftssteuer wurde ermittelt und zur Zahlung aufgefordert. Der Zahlungsbeleg war schon mit Maschine ausgefüllt und auf die Rechnung gleich mit aufgedruckt. Da kennt die staatliche Administration nichts. Da herrscht eine mustergültige Serviceordnung, wenn sie etwas haben will, damit verwaltungstechnisch auch nichts schief läuft. Ob da nun eine oder eine Million D-Mark oder Euro draufsteht, es ist immer die gleiche Form und man braucht nur noch das Konto einzutragen, von dem der Betrag abzubuchen ist und zu unterschreiben. Da wird jeder gleich behandelt und da kennt das Gesetz keine Ausnahme. Da geht es schon gerecht zu. Das muss man der deutschen Bürokratie lassen.

Das war zwar nun alles sachlich ausgestanden, nur das mit dem finanziellen Durchstehen, das war noch offen. Eigentlich brauchte man nur noch Geld, was man leider nicht besaß, um das mit der Erbschaft endgültig mit den Ämtern zu bereinigen.

Nun kommt der Nachtrab. Die Steuererklärung zur Einkommensteuer war fällig. Der verstorbene Vater wurde seitens seines Finanzamtes schriftlich bedroht, dass ihm erhebliche, nicht nur finanzielle Ungelegenheiten ins Haus stünden, wenn er nicht sofort den Zeitraum des Jahres vom 1. 1. bis zu seinem Todesdatum schnellstmöglich versteuern würde. Wie das Finanzamt die angedrohten Strafen, vor allem das mit der im Standardtext enthaltenen Freiheitsstrafe, bei einem Verstorbenen durchsetzen wollten, das wollten die Erben nicht erleben. Es war ja auch nur ein Formblatt und die gesetzlichen Strafandrohungen, auch die Spanne des zu erwartenden Gefängnisaufenthaltes schon vorgedruckt. Sie machten also auf der Basis seiner Unterlagen eine Steuererklärung für ihn, denn die Strafandrohung galt, wie weiter unten stand, automatisch auch für die Rechtsnachfolger des Erblassers.

Ich habe mal gehört, dass im Falle, es seien keine Erben auffindbar, der Staat Erbe wird. Wie sie das dann mit der Haftandrohung machen wollen, wenn der Staat sich gegenüber dem Finanzamt stur stellen sollte, war mir allerdings unklar. Nimmt dann das Finanzamt den Staat eventuell als Geisel in Beugehaft? ... aber das war nur mal so eine rhetorische Rückfrage. Ich will um Himmels Willen keinen verärgern.

Die Erben hatten es mit der Realität zu tun. Es gab da Rückfragen, deren Beantwortung der Tote verweigerte. Tote haben immer recht, aber nicht die Erben. Der Steuerberater musste sich ernsthaft engagieren, nachdem auch die nochmalige Einreichung der Kopie der Sterbeurkunde beim Finanzamt nichts gebracht hatte.

Während noch die Zusammenstellung der getrennten Einkommensteuer für beide Erben erfolgte, wachte das bei der Erbschaftssteuerermittlung übergangene Finanzamt des zweiten Erben auf. Die Beamten waren in den Besitz einer Nachricht gelangt, dass da jemand einen Teil seines Immobilienbesitzes abgestoßen hätte. Das kann dabei herauskommen, wenn Immobilienbesitz unter Erben notariell geteilt wird und der Finanzbeamte das zu schnell liest. Die Teilung wurde als Veräußerung der Hälfte angesehen und wer Immobilien verkauft, der macht das wegen des Geldes. Es wurde beauflagt, dass die entsprechenden Werte zu ermitteln seien und der ausgewiesene Spekulationsgewinn wäre zu versteuern.

Es war sicher, dass die Veräußerung noch innerhalb der Spekulationsfrist erfolgt war und dadurch entstand die Steuerpflicht. Wo das Finanzamt recht hat, da hat es recht.

Zwei Steuerberater stellten sich im Auftrag der Erben quer und versuchten richtig zu stellen. Erfolglos. Das Finanzamt des einen Erben legte sich mit dem des anderen an. Die Finanzämter erklärten die ihnen vorliegenden jeweils gegenläufigen Anordnungen ihres Konkurrenten für nichtig und jedes bestand auf der Erfüllung seiner Forderungen. Man will schließlich nachweisen, dass man effektiv ist und das bedeutet, dass man selbst und nicht das andere Amt die Steuer einzieht. Es ist der Stadt Frankfurt/Main schließlich nicht egal, ob das Finanzamt Kötzschenbroda ihm die Steuern vor der Nase wegschnappt und so für Sachsen vereinnahmt, was die Hessen auch ganz gerne gehabt hätten.

Nun wurde in letzter Not von den Erben das ursprünglich in der Angelegenheit tätige Amtsgericht angerufen und damit man auch wüsste, worum es ginge, die Angelegenheit auch mit den erforderlichen Zahlen untermauert.

Das hätten sie mal schön bleiben lassen sollen. Der Erfolg bestand in einer empfindlichen Erhöhung der gezahlten vorläufigen Gebühr für die damals erfolgte vorläufige Erteilung des Erbscheines. Im Anschreiben stand noch: Man könnte zwar dagegen klagen, aber man werde keinen Erfolg haben. Das Amtsgericht verwarf nämlich die Wertermittlung des Erbes auf der Grundlage der gesetzlichen Bestimmungen.

Das eigentliche Problem, den Streit zwischen den Finanzämtern nahm das Gericht überhaupt nicht zur Kenntnis. Es hatte an seiner eigenen Suppe weitergekocht und zusätzlichen Rahm abgeschöpft. Richter sind in ihren Entscheidungen nur sich selbst gegenüber und ihrem Gewissen verantwortlich. Ansonsten gelten die Gesetze.

Die Angelegenheit kam zufällig finanzrechtlich nur deshalb zum Erliegen, weil der Beweis erbracht wurde, dass niemand Geld verlangt und niemand welches gezahlt hatte.

Da hätte es immer noch eine Schenkung gewesen sein können und wäre wieder unter die entsprechenden Paragraphen des Erbrechts gefallen, aber die Steuern aus der Erbschaft waren ermittelt und die Erben schon zur Zahlung aufgefordert. Dieser Vorgang war abgeschlossen. Endgültig. Da können Sie sich fest darauf verlassen, einen abgeschlossenen Vorgang zu aktivieren und neu als Fall aufzurollen, dazu kriegen Sie keinen Beamten und auch kein Beamteter einen Beamteten. So leicht lässt sich aber ein, wenn auch nur zeitweise, übergangenes Finanzamt nichts gefallen. Es sinnt auf Rache und da findet sich immer etwas. Das nächste, was im Briefkasten lag, war also eine Veranlagung zur Einkommensteuer, die dem zu unrecht spekulativ verdächtigtem Erben auf den Tisch flatterte. Dazu ist ein Finanzamt nicht verpflichtet, dazu hat es aber ein Recht. Der erblassende Vater war, wie das Finanzamt plötzlich herausfand, zur Einkommensteuererklärung verpflichtet gewesen. Damit Sie das richtig verstehen, er hatte das zwar freiwillig immer getan, aber man hatte ihm nicht gesagt, dass er das muss. Der hatte zwar nie

Einkommensteuer bezahlt, weil die nicht anfiel, aber die Erklärung hatte er abgegeben, weil er nicht nachträglich plötzlich hinterrücks beauflagt werden wollte, denn in diesen Fällen hat man meist viel Ärger, die geforderten Nachweise vergangener Jahre schnell und vor allem vollständig beizubringen.

Seit seinem Tod war nun fast wieder ein Jahr vergangen und da fiel dem Finanzamt ein, dass er immer eine Einkommensteuervorauszahlung gemäß einer Einkommensteuervorauszahlungsveranlagung geleistet hatte, die man ihm aber, und das war dem Finanzamt auch immer wieder entfallen, jedesmal im Folgejahr als Einkommensteuervorauszahlungserstattung wieder zurückerstattet hatte. Jeder Erbe bekam jetzt eine Einkommensteuervorauszahlungsveranlagung für seinen Erbanteil, für den der Vater im Vorjahr, infolge Tod keine Einkommensteuervorauszahlung geleistet hatte. Das war die Einkommensteuervorauszahlungsnachzahlung gemäß Einkommensteuervorauszahlungsveranlagung für das Vorjahr. Die war im Ganzen zu zahlen und zwar gleich.

Einsprüche haben beim Finanzamt keine aufschiebende Wirkung. Nicht lange danach kam die Einkommensteuervorauszahlungsveranlagung für das laufende Jahr. Da war noch einmal so viel zu blechen, aber nicht gleich, sondern quartalsweise. Weil schon eins herum war, also bloß für zwei Quartale. Sofort. Die restlichen zu den angegebenen Terminen. Wie zu erwarten: Die Steuererklärung für das vergangene Jahr ergab eine ziemlich hohe Steuerrückerstattung. Die Einkommensteuervorauszahlungsnachzahlung war zu Unrecht kassiert worden, weil die Einkommensteuervorauszahlungsnachzahlungsveranlagung auf falschen Annahmen des Finanzamtes fußte. Das hatte sogar das Finanzamt plötzlich festgestellt. Auf solche Sachen können Sie fest vertrauen, da ist das Finanzamt gerecht.

Mit Einreichung der nächsten Steuererklärung ließen die Erben dieses Geld zurückfordern. Das Finanzamt brütete einige Monate über dieser Steuererklärung und der Rückforderung, zog in der Zwischenzeit die noch ausstehenden Einkommensteuervorauszahlungen gemäß Einkommensteuervorauszahlungsveranlagung für das laufende Jahr ein und als es das ganze Geld hatte, meldete es sich.

Um die Gesetze kam es nicht herum, aber es bot eine Einkommensteuerveranlagungsvorauszahlungsnachzahlungsverrechnung mit der Steuerschuld des laufenden Jahres an. Wenn das Finanzamt es nicht vorgesehen hat, dann kriegen Sie erst einmal kein Geld wieder. Das liegt daran, dass der Finanzminister die eingehenden Steuern sofort abschöpft.

Die Erben versuchen nun seit mehreren Jahren wieder an ihr Geld zu kommen. Einen Erfolg haben sie schon errungen. Es erfolgt nun keine Vorauszahlungsveranlagung irgendwelcher Art mehr. Da sie aber auch nicht genug einnehmen, um Steuern bezahlen zu müssen, klappt das mit der Rückzahlungsverrechnung nicht. Die Finanzbeamten haben schließlich schon bedauert, dass dieser Vorgang so lange dauert. Sie würden das zu Unrecht kassierte Geld schon gern verrechnen, aber solange der Berechtigte sich so bockig stellt, kein ausreichend steuerpflichtige Einnahmen für sich zu erwirtschaften, seien ihnen die Hände gebunden. Die Einkommensteuervorauszahlungsveranlagungsrückzahlungsverrechnung ist einfach nicht möglich. Die Erben würden gerne auswandern, aber sie werden durch fehlendes Geld und ihre infolge der großen Erbschaft ständig höher auflaufenden Schulden daran gehindert. Wenn sie früher der Staat derartig drangsaliert hätte, wäre ihnen zu DDR-Zeiten wenigstens die Flucht in den Westen oder der Ausreiseantrag als letzter Ausweg geblieben. Diese Chance ist ihnen infolge der deutschen Wiedervereinigung verbaut. So hoffen sie wenigstens auf den Erfolg ihres zuletzt noch eingereichten Einkommensteuerveranlagungsvorauszahlungsnachzahlungsverrechnungseinspruchs. Und wenn sie nicht gestorben sind, dann zahlen sie noch heute.

Mir ist das zwar alles nicht passiert, aber die Erzählung dessen, der es erlebt haben wollte hat mir durchaus genügt, um es einmal niederzuschreiben. Etwas eigenartig und unlogisch erscheint mir im Nachhinein, dass er einerseits hohe Steuerschulden gegenüber dem Fiskus haben wollte, ihm andererseits aber die Verrechnung dieser Schulden mit seinen Vorauszahlungen verweigert wurde. Vielleicht hat er da etwas durcheinandergebracht. Es kann aber auch sein, dass ich da etwas durcheinandergebracht habe. Das Ganze fand schließlich in einer Eckkneipe an einem Zweimannstehtisch statt und wir waren anfangs auch nur zu zweit. Ich bin mir nicht mehr sicher, wer von den beiden, die mir am Ende gegenüberstanden, eigentlich die Geschichte erzählt hat. Erzählt hat sie nur einer, woher dann dieser Synchron-Zwilling des Erzählers hergekommen ist, kann ich nicht sagen. Die Zeche bezahlt habe jedenfalls ich. Ich glaube zwar auch nicht alles, was er mir erzählt hat, aber dass die Annahme einer Erbschaft eine verflucht diffizile Sache sein kann, das habe ich ihm abgenommen. Irgendwie ist mir allerdings aufgefallen, dass er vielleicht, also wenigstens eventuell unterschwellig, zumindest ein ganz kleines persönliches Vorurteil gegen das Finanzamt gehabt haben muss … Bei einem Märchen ist das aber hoffentlich erlaubt.

Empfehlung: Dieses Märchen Sollten Sie Ihren Kindern abends vor dem Einschlafen erzählen. Sie werden nie wieder Märchen vorzulesen brauchen. Das spart Ihnen viel Zeit, die Sie bestimmt für eine qualifiziertere Aufbereitung Ihrer Unterlagen für die nächstens fällige Steuererklärung auch dringendst benötigen werden.

31

Von der Freiheit der Kunst
des Affentheaters

Was sich der unkonditionierte Bürger so denkt, wenn die Woge
der großen Kunst
in seine provinzielle Wohnküche hinein schwappt

Erst einmal vorab: Ich bin ein Kunstbanause. Alles, was ich von Kunst weiß, habe ich nebenher aufgeschnappt. Als ich z. B. in die Mittelschule kam, wurden uns gleich irgendwelche Kunstepochen eingepaukt, mit denen ich nicht zurecht kam, weil doch das Fach Kunsterziehung in der unmittelbaren Nachkriegszeit in der Grundschule der DDR ausschließlich aus Malen bestanden hatte und mangels anderer Pädagogen an der Schule unseres Dorfes von einem Sportlehrer vermittelt wurde. Dem war es wichtiger, dass er für seine Sportfeste von uns eine ordentliche Sichtwerbung angefertigt bekam, als uns mit Kunsterziehung unnötig zu verunsichern. Ich habe da als künstlerischen Erguss einmal ein Plakat für die Friedensfahrt Prag-Berlin-Warschau als Collage aus Velourspapier zusammengeklebt, was man dann aber lieber nicht verwendet hat, um dem Radsport keinen wenn auch nur immateriellen Schaden zuzufügen. Wie gesagt, ich war ahnungslos und bekam auch gleich die Quittung in Form einer Fünf, da es die Sechs als Benotung noch nicht gab, weil ich bei der Aufzählung der mir bis dahin unbekannten deutschen Maler auch den Namen Holzbein ins Gespräch brachte. Holbein war mir wie ein Schreibfehler erschienen. Bis zu der Erkenntnis, es habe von den Holbeins mehrere berühmte gegeben, drang ich erst sehr viel später vor. Auseinanderhalten kann ich sie bis heute noch nicht. Bei Kunst hatte ich immer einen geistigen Strohhalm benutzt. Entweder es gefiel mir oder es gefiel mir nicht. Im ersteren Fall war das eben Kunst, die mein Geist begriffen hatte und im zweiten Fall solche, die ich vielleicht später begreifen würde. Dabei stellte ich leider fest, dass mir die Trennung zwischen Kunst und Kitsch nie gelang, was aber bei einem Sachverständigen vorausgesetzt wird. Ein Sachverständiger kann vielleicht nicht zwischen Kunst und Müll unterscheiden, aber was Kitsch ist, das weiß er. Das ist das, was die Konkurrenz als Kunst auslobt.

Ich hoffe, Sie mit Vorstehendem gründlich genug über das Niveau meines Kunstverstandes aufgeklärt zu haben, dass Sie imstande sind alles von mir nachstehend Dargelegte entsprechend beurteilen zu können. Ein sehr eigenartiges Gefühl hatte ich jedenfalls bei Kunstwerken, die eindeutig als Provokation angelegt schienen. Diese Kunstwerke beleidigten im Betrachter irgendetwas oder Irgendjemanden. Im sozialistischen Realismus des real existierenden Sozialismus gab es das zwar auch. Da war aber schon die Partei hinterher, dass nur die verordneten positiven Impulse auf den Kunstkonsumenten einwirkten. Beleidigen, das durfte Kunst schon, aber eben nur die Richtigen. Das war dann der Klassenfeind, der historische und an der Gegenwart war gefälligst die Dekadenz der westlichen Sumpfblüten zu bekritteln, welche sie da Kultur oder so nannten.

Nicht so in der freien Welt. Da konnte man schon die Avantgarde beobachten, wie sie gezielt und sich gegenseitig übertrumpfend nacheinander ungestraft den Gesichtssinn, das Gehör und oft sogar den Geruchssinn, also den Kunstgeschmack, das Gefühl, das allgemeinästhetische Empfinden des Kunstkonsumenten in seinem ganzen Spektrum umfassend zu beleidigen versuchte. Schönheit ist kein Kunstkriterium, ist out, weil schon in vergangenen Jahrtausenden bis zum Überdruss abgegrast. Auch daran habe ich mich gewöhnt. Provokation stand und steht wohl noch ganz vorn und im besten Ansehen. Eine saturierte Gesellschaft verlangt ganz einfach den Eklat zu ihrer Weckung, auch wenn es nur für den Moment ist. Irgendein Kick muss es sein. Ohne Anfangseklat wird man kein anerkannter Künstler. In der Kunst müsse man sich offenbaren. Die meisten lassen dann eben mangels anderer Einfälle einfach die Hose runter. Manchmal reicht das aber auch schon.

Kunst scheint aber noch mehr zu sein. Sie ist angeblich frei, aber es gibt auch den Spruch: *Die Kunst geht nach Brot.* So viel Futterneid, wie er unter Künstlern herrscht habe ich selten in anderen Zusammenhängen feststellen können. Ganz so frei ist sie wohl doch nicht, vor allem, wenn einer versuchen sollte, davon zu leben und es nicht versteht, sich an der richtigen Stelle an den Mainstream anzukoppeln.

Künstler, die nichts mit ihrer Kunst verdienen, vergessen sind, oder unbekannt bleiben, nennt man Hungerkünstler. Das klingt sehr hart, aber der gesunde Menschenverstand hat hier wieder einmal begriffsprägend gewirkt. Ursprünglich war der Hungerkünstler einer, der demonstrativ öffentlich unter Aufsicht für Geld fastete, bis er es nicht mehr aushalten konnte, aber der Begriff schwappte in die gesamte Kunstszene über. Es gibt zwar den Hungerkünstler, dann noch den Hungerleider, aber von einem Hungerschneider, Hungerschlosser oder Hungerschmied hat man noch nichts gehört. Bei Bäcker, Bauer oder Fleischer schließt schon die Art der Basis, das verwendete Material des Broterwerbs diese Berufsbezeichnung aus.

Nun gehört Klappern zum Handwerk, so auch und vor allem im Kunstbetrieb. Brot braucht man zum Leben und der es herstellt, weiß das auch und er weiß auch, dass er seine Ware deshalb verkaufen kann, weil sie den Hunger stillt, den jeder hat. Und je besser sein Brot schmeckt, umso größer sind die Chancen, dass er mehr als seine Konkurrenten verkauft. Da kann er sich in die Brust werfen und laut hinausposaunen, dass sein Brot das Beste ist.

Bei Kunst ist das Bedürfnis aber nicht so animalisch fordernd und auch das Sättigungsgefühl ist anders definiert. Die Arten und Formen des Klapperns sind da viel spezifischer. Da geht es nicht, dass der eine Künstler behauptet, besser zu sein als ein anderer. Das ist plumpes Eigenlob und verpönt. Kunst ist nicht plump. Kunst schmückt sich mit Intellekt. Es geht da meist um den sogenannten Kunstverstand, den der Kunstbetrieb automatisch beim Menschen voraussetzt. Intellekt ist dem sogenannten „Normalem Menschenverstand" zuzuordnen. Man gewinnt den in der Masse. Den bringt einem die Herde bei. Es ist das, worauf man sich einigt oder, was man akzeptiert. (Intelligenz ist etwas anderes. Intelligenz ist Klugheit.)

Da postuliert dann beispielsweise ein zwar bekannter, aber vielleicht seit einiger Zeit nicht mehr sehr erfolgreicher Künstler, dem vielleicht nichts Epochales mehr einfällt, oder der mit seinem letzten Werk nicht mehr den erwünschten Erfolg hatte, dass das Werk eines Anderen, der ihn vielleicht nur nachahmen wollte, oder nicht einmal das, einer der auch nicht mehr wusste, auf was er verfallen muss, um erfolgreich zu sein, einer, der ihm eventuell sogar gefährlich in die Quere kam, für die gegenwärtige Kunst maßstabsetzend sei.

Schon dass er diese Erkenntnis zu einem Zeitpunkt ausposaunt, zu dem noch keine Sau in diesem bis dato unbekannten Individuum einen Künstler vermutet, garantiert ihm öffentliche Aufmerksamkeit und mittels dieses Tricks ist er wieder in den Medien und damit im Mittelpunkt des Publikumsinteresses gelandet, vor allem hat er das auf eine sehr uneigennützige Art erreicht, die den Eigenlobverdacht komplett ad absurdum führt. Das von ihm ermittelte und empfohlene Talent mag sich nun bewähren oder nicht, er hat auf alle Fälle ohne neue schweißtreibende Kreativitätsprobe neue Aufmerksamkeit erregt und dabei die Richtung seiner eigenen Kunst damit wieder ins allgemeine Blickfeld gebracht.

Richtig erhellt hat sich das mir z.b. durch die Äußerung des bekannten, aber schon verstorbenen Komponisten Stockhausen, der sich gleich nach den Attentaten vom elften September 2001 auf die Türme des Word Trade Centers in New York zu Wort meldete und diese terroristische Aktion als das größte, wenn nicht sogar als „Das absolute Kunstwerk" bezeichnete.

Er hatte es zwar als das größte und absoluteste Kunstwerk „Luzifers" bezeichnet, mit Luzifer wohl aber nicht den mythologischen „Lichtträger" Gottes, sondern eher den uns geläufigeren Teufel gemeint. Die Presse hatte das mit dem Luzifer aber einfach weggelassen und nur das von der Größe gemeldet. Da hat er eben Pech gehabt.

Ich habe nicht vor, einen großen Künstler hier posthum zu verunglimpfen. Er ist für mich nur das beste Beispiel, für das, was ich darlegen möchte. Das geht bei Kunst nur am Beispiel, und ein Beispiel muss konkret sein. Ohne Namen zu nennen, wäre es nicht vermittelbar, weil Kunst nicht anonym ist. Um beispielsweise eine dreckige Badewanne als Kunstobjekt teuer verkaufen zu können, muss man schon einen Namen als Künstler haben. Die Signatur des Titanen macht das Kunstwerk zu einem solchen. Also, Eventkunst hin oder her, ein Happening war das nicht, das mit Nine Eleven in NYC. Das macht auch Stockhausen mir nicht weis. Es gibt da die Theorien von der inhaltslosen und zweckfreien Kunst. Ein Terroranschlag ist wohl kaum zweckfrei und schon überhaupt nicht inhaltslos. Auch wenn er mit Bekennerschreiben signiert ist. So weit verbiegt er mir mein Banausenhirn jedenfalls nicht.

Was das jetzt hier soll, werden Sie fragen. Es bestätigt meine Theorie, denn: Der genannte Komponist soll schon 1995 ein Stück für Streichquartett und Hubschrauber komponiert haben, in dem auch Maschinenpistolendauerfeuer vorkommen soll, welches man dann auch richtig und logischerweise neulich endlich nach dem elften September irgendwo in Europa als Uraufführung inszeniert hat. Es soll aber dabei ziemlich durchgefallen sein. Von einer zweiten Aufführung habe ich jedenfalls nichts mehr gehört.

Er hatte das schon richtig angelegt, aber das klappt manchmal nicht. Der gute Wille tut es nicht immer. Wenn man schon den Geschmack des Publikums auf eine bestimmte Kunstrichtung lenkt, um dann davon zu profitieren, dann muss man selbst anschließend etwas herausbringen, was stärker ist, als das vorgegebene Beispiel. Gegen Jumbo-Jets, die in die höchsten Wolkenkratzer knallen, kann ein so zahmes Happening nicht anstinken. Da hätte er außer dem Streichquartett mindestens eine Atombombe mit zünden müssen, um das zu toppen. Man ist ja allerhand gewöhnt und Joseph Beuys hat doch angeblich den berühmten Ausspruch getan: „Das Kunstwerk entsteht im Auge des Betrachters." Vielleicht meinte Stockhausen, dass stets, bei welcher Gelegenheit der Gehirnreizung auch immer, irgendwelche Kunst entsteht. So weit wäre Beuys wohl nicht gegangen. Fett und Filz in der Kunst ist schon etwas gewöhnungsbedürftig, aber Terrorismus?

Die Kunst verirrt sich manchmal auch in die provinzielle Tageszeitung und da auch mal von der Kulturseite auf die Seite mit dem politisch gefärbten Tagesgezänk. Da nehmen wir mal die Sache mit der Mozart-Oper „Idomeneo". Was die Bildzeitung dazu brachte oder was die FAZ dazu vermeldete, lasse ich einmal weg. Ich wohne in der Provinz und da liest man die Tagespresse, die alle Tage auch mindestens eine Seite mit den viel wichtigeren regionalen Meldungen über das soziale und wirtschaftliche Umfeld enthält. Da fallen die weltbestimmenden überregionalen Meldungen nur in gekürzter, also vom menschlichen Geist noch überschaubarer und auch verarbeitbarer Form mit an. Es hatte also gerade der neue Papst in Bayern zu einem Besuch seiner alten

Heimat geweilt und da er der freien Rede huldigte, war ihm gezielt an der richtigen Stelle ein Zitat unterlaufen, welches man böswilliger Weise missverstanden haben wollte. Die verschiedensten Moslem-Organisationen protestierten sofort und zwar noch vor der gedruckten Veröffentlichung dieser Rede. Es gab Protestierer (Wohlgemerkt: Protestierer und nicht Protestanten), die hinterher zugeben mussten, dass sie den beanstandeten Text weder gehört, noch gelesen hätten. Das passierte 2006.

Nun hatte da vor kurzem ein gewisser Wolfgang Amadeus Mozart, ein 24-jähriges Bürschchen, für die Münchner Karnevalssaison 1780/81 eine Oper komponiert. Die hieß „Idomeneo" und es handelte sich laut Libretto um eine durchaus ernste Geschichte, und zwar eine um den aus dem trojanischen Krieg heimkehrenden König Idomeneo. Die „Preiß'n" bemächtigen sich also dieser Oper ebenfalls im Jahr 2006, um den Bayern eins auszuwischen und inszenieren sie an der Deutschen Oper in Berlin. Das hat Methode. Die „Saupreiß'n" haben den Münchnern schon einmal einen Österreicher entführt. Man hat ja gesehen, wie es geendet hat. Sie haben jedenfalls scheint's nicht viel daraus gelernt.

Im Harenberg-Lexikon habe ich den Idomeneo nicht gefunden, aber Bertelsmann führt ihn in der 24-bändigen Ausgabe noch auf und zwar als (latinisierten) Idomenius, als griechischen Sagenhelden, König von Kreta und tapferen Helden vor Troja. Da weiß man doch wenigstens, um wen es sich handelt. Im Internet habe ich nicht erst recherchiert. Es geht in der Oper um große Gefühle und den Wunsch der handelnden Personen nach den Gräuel der Kriegserlebnisse wieder in das normale Leben zurückzufinden. Das wird wohl ein aktuelles Thema bleiben, solange es noch Kriege gibt.

Nun habe ich immer gedacht, dass die Opernlibretti für den Komponisten eigentlich nur der Vorwand zur Erzeugung der schönen Opernmusik sind. Sie spielen ungefähr die Rolle eines Stützgerüstes, so wie die Fichte das Stützgerüst für den Weihnachtsschmuck darstellt. Es gibt schauderhafte Libretti und gerade die sind unsterblich vertont worden. Es hat mich deshalb bei Opernaufführungen nicht sehr gestört, was da auf der Bühne passiert. Bei Madame Butterfly saß ich beispielsweise im Topp, ganz oben unter der Decke des Chemnitzer Opernhauses, wo man eigentlich nur noch den Orchestergraben und die Rampe sieht. Das tut der Akustik keinen Abbruch. Die Musik und der Gesang waren wundervoll. Den Text versteht man sowieso nicht. Kommt mal ein Rezitativ, dann stört das oft sogar, wenn es nicht sogar verstört.

Nun haben wir leider die Zeiten des Regietheaters. Das ist davon gekennzeichnet, dass der Regisseur unbedingt etwas Eigenes in die Aufführung einbringen will. Da gab es anfangs die übliche Textüberarbeitung. Das fing ganz harmlos an. Man hatte nicht so viel Personal, wie in dem Stück benötigt wurde und strich einige Nebenfiguren heraus. Weil nun die Stücke von den Dichtern sowieso ohne Rücksicht auf die Schauspieler und das Sitzfleisch der Zuschauer immer viel zu lang ausfallen, gab es oft zusätzliche Streichungen. Das ging noch. Man bereitete sich aber am besten etwas vor, um der Handlung noch folgen zu können. Dann wuchs sich das aus. Der Regisseur begann nun für zu viel gestrichene Passagen eigene Gedanken in dem Werk unterzubringen. Es war dann die Fassung dieses Regisseurs, die sich für ihn gewiss bar gut auszahlte. Der bei den Streichungen flöten gegangene Inhalt des Stückes wird bei dieser Methode durch Spontaneinfälle des Regisseurs ersetzt. Die beste Vorbereitung nützt da dem Operngänger nichts mehr.

Dann kamen die nächsten Blüten. Es traten plötzlich in bekannten Stücken Personen auf, die da nicht hineingehörten. So sah ich einmal eine Aufführung der Fledermaus, in der die in der Originalfassung des Stückes nicht enthaltenen Kinder des Ehepaares Eisenstein eine große, wenn auch stumme Rolle als allgegenwärtiges Ballett spielten. Es waren das zwei Personen, welche als Max und Moritz frisiert und geschminkt waren, als ob sie von der nachmittäglichen Kindervorstellung übriggeblieben wären, die in den zerlumpten Kostümen von Hänsel und Gretel aus Humperdincks gleichnamiger Oper steckten. Das nennt man Ressourcennutzung. Wenn man etwas zusätzlich bieten kann, ohne dass es mehr kostet, dann serviert man das eben gleich mit. Der Zuschauer hat dann mehr für sein Geld. Diese beiden führten also an der Rampe ihre schweißtreibenden Pantomimen auf, während die eigentliche Handlung der Operette im Hintergrund als irgendwie störende Garnierung lief. So kriegt man Publikum ins Theater, um altbekannt-abgedroschene Stücke neu zu Rennern zu machen.

Das Regietheater hat aber noch mehr zu bieten. Der allgemeinen Sex-Welle folgend machte sich das Barfußspielen auf der Bühne breit. Ich meine, um keine Irritationen auszulösen: Barfuß bis zum Hals. Das ist für jüngere Schauspielerinnen sehr günstig. Gut zurechtgemacht und ordentlich ausgeleuchtet kann man jederzeit einen weiblichen Nackedei in jedem Stück unterbringen und die Schauspielerinnen wissen, was damit alles an fehlendem Talent gut überspielbar ist. Eine Frau weiß genau, dass sie das nicht ewig spielen kann und deshalb greift sie natürlich nach diesem Strohhalm. Leicht bekommt sie da die Chance für ihre Fernsehkarriere. Auch Regisseure wissen das.

Ich merke, dass ich zu weit abschweife. Wie das bei Schauspielern ist, erkläre ich jetzt nicht. Ich erinnere mich jedoch noch ziemlich deutlich, als das Theater am Schiffbauer Damm, ehemals die Brecht-Bühne, damals nach der Wende das Hochhuth-Stück „Wessis in Weimar" inszenierte. Da versuchte der Regisseur unabhängig davon, dass noch kein Aas die Originalversion je gesehen hatte, seine persönlichen Intentionen schon in der Uraufführung mit zu verwirklichen. Es gab da einen medienwirksam inszenierten Eklat, weil das Stück bei ihm mit einem Männerballett losging, alle nackt im aufgeknöpften Wehrmachtswintermantel und mit Stahlhelm. Das hatte der Autor nicht gewollt und auch nicht vorgesehen. Ich habe das Stück gelesen. Mir wäre das auch nicht eingefallen, auch nur einen nackten Mann im Wehrmachtswintermantel mit Stahlhelm in der Handlung unterzubringen. Mir ist da nur der Witz eingefallen, den ein sehr bekannter Schauspieler, ein ehemaliger Schlesier, einmal im Fernsehen zum Besten gab, als man diese Aufführung besprach: *Zwei Oberschlesier treffen sich zufällig vor dem Kriegerdenkmal. Sagt der eine: Weißt du, find ich Denkmal etwas blamabel. Nackter Soldat mit Stahlhelm. Sagt der andere: Musst du verstehen, das ist doch Simbollick. Sagt der erste: Ach, verstehe, Bollek? ... Symm? ... der von der vierten Kompanie? ... Jaaaaaa, - der war schon immer so ein Schwein ...*

Schwamm darüber. Wir waren bei „Idomeneo". Plötzlich teilt man seitens der Deutschen Oper in Berlin mit, dass man die aktuelle Inszenierung mit sofortiger Wirkung absetze. Es bestehe die Befürchtung, der Inhalt der Schlussszene könne islamistische Anschläge provozieren.

Also, Moment mal! Was hat ein griechischer Held aus dem trojanischen Krieg mit dem Islam oder dem Islamismus zu tun? Man hat es nicht gewusst, aber in der Schlussszene schleppt in der Deutschen Oper in Berlin der König Idomeneo den abgeschlagenen Kopf des Propheten Mohammed auf der Bühne herum. Bei Mozart, tut er das nicht und in anderen Inszenierungen der Oper auch nicht. In der gleichzeitigen sächsischen, der Freiberger Inszenierung dieser Oper begnügt sich nach Hörensagen zu diesem Zweck Idomeneo mit einem Kaninchen, habe ich verlauten hören.

In Berlin muss es ausgerechnet Mohammeds abgeschlagener Kopf sein, wo sich doch die Dänen wegen ihrer Mohammed-Karikaturen schon jede Menge Ärger eingefangen haben. Konnten sie das Schlussbild nicht anders zurechtmachen, eventuell mit einer Barfußszene mit einer entsprechend attraktiven Dame? Musste es denn ausgerechnet etwas Religiöses und dazu noch mosleminisches sein?

Jetzt kommt Leben in die Bude, weil sich herausstellt, dass die Absetzung des Stückes aus vorauseilendem Gehorsam erfolgte. Es lag keine Androhung eines Anschlages vor. Man hatte diese Androhung nur befürchtet. Eine besorgte anonyme Dame hatte die Intendantin telefonisch verunsichert.

Das haut doch dem Fass den Boden ins Gesicht. So nicht. Gleich ist die Meute der Medien da und siehe, man hat die Schlussszene aufgezeichnet und bietet sie dem Fernsehpublikum, und zwar deutschlandweit, so weit es die Fernsehsatelliten ausstrahlen. Deutschland wird schließlich auch am Hindukusch verteidigt, im Sudan, im Kongo und im Arabischen Meer. Nicht nur auf Mallorca. Alle sollen es wissen.

Ich dachte mir, es ist schon makaber, wenn eine Sagenfigur sich an einem nachgeborenen Religionsgründer vergeht. Dem das eingefallen ist, der leidet wohl weniger an Kreativität, als an etwas, womit sich die Psychiater normalerweise beschäftigen. Mohammed lebte ungefähr anderthalbtausend Jahre nach dem sagenumwobenen Trojanischen Krieg. Aber ich will nicht so vorschnell und rabiat urteilen. Was stört mich da eigentlich. Da stimmt schon mal der Zeitrahmen nicht. Nur mal als anderen Zeitvergleich: Wenn in einer Oper um den römischen Kaiser Augustus der in der Schlussszene den abgeschlagenen Kopf des 1500 Jahre später geborenen Martin Luther auf der Bühne herumschleppen wollte, wäre das auch ähnlich beziehungslos, da es die christliche Religion, die Luther reformierte, zu Augustus Zeiten noch nicht gab. Ehe Jesus überhaupt in die Öffentlichkeit trat, war Augustus schon tot.

Da kann man auch den Hunnenkönig Attila mit dem abgeschlagenen Kopf Hitlers oder Stalins über die Bühne reiten lassen. Das ist genau so beziehungslos, aber der gleiche Zeitrahmen von 1500 Jahren zu früh. Mehr Beispiele schenke ich mir. Ich merke, dass ich schon zu weit in die Realität abgleite. Wer weiß, was Sie jetzt für Assoziationen in ihrem Kopf entwickeln, meine Person und meine Ansichten betreffend. Vielleicht kommen Sie dabei noch auf andere unerwünschte Parallelen. Wenn mir noch einmal einer mit dem Begriff Ikonografie in der Kunst kommt: Ich hab' jetzt schon „soo einen Hals"!

Im Fernseher präsentiert mir also das Öffentlich-Rechtliche die Schlussszene des „Idomeneo". Und was muss ich sehen? Da hat es noch mehr abgeschlagene Köpfe: Zum Beispiel neben Mohammed noch Buddha, und Poseidon. Was Poseidon als Gott unter den Religionsgründern zu suchen hat ist mir schleierhaft. Den schenke ich dem Regisseur, weil der doch in der Oper mit vorkommt. Vielleicht ist das auch der gewollte Zeitbezug. Poseidon hat schließlich als Meeresgott Idomeneo von Troja aus gegen ein Versprechen wieder nach Hause kommen lassen. Idomeneo linkt dann Poseidon, indem er das Versprechen nicht einhält. Es war ja auch nur aus der Erpressungssituation heraus abgegeben. Auf dem Meer und vor Gericht, da ist man in Gottes Hand. Hier war es die des Poseidon, in der sich Idomeneo befand. Den kann er als König meinetwegen köpfen. Undank ist nun einmal der Welt Lohn, und wann hätte ein Großkopfeter schon ein Versprechen gehalten, wenn man ihn nicht dazu gezwungen hätte. Ich bin da nicht so pingelig. Buddha ist wohl aus Versehen mit in das Stück geraten, weil er eventuell gerade so günstig stand. Wer weiß.

Was ich Idomeneo nicht schenke ist der vierte abgeschlagene Kopf. Sie werden es nicht für möglich halten, dabei handelt es sich um den von Jesus. Ich war einfach geplättet. Gerade läuft die neue Werte-Diskussion in Deutschland und Peter Hahne ruft auf zu „Schluss mit lustig", zurück zum Glauben, der deutsche Papst ist in Bayern, der deutsche Stellvertreter Jesu aus Bayern, der auf dem Stuhl Petri in Rom sitzt, und in Berlin schleppt Idomeneo das abgeschlagene Haupt Jesu nach Mozarts Musik für eine Karnevalsoper über die Bühne der Deutschen Oper. Wozu hat sich denn dann das deutsche Volk die gerade amtierende christlich-demokratische Kanzlerin verschrieben, nachdem es den christlich-soziale Kandidaten beim letzten Mal nicht haben wollte und den dafür genommenen sozial-demokratischen vorzeitig in die Wüste geschickt hat?

Es ist wohl ziemlich egal, dass Buddha erst 500 Jahre, Jesus 1000 Jahre und Mohammed 1500 Jahre nach dem sagenhaften Idomeneo das Licht der Welt erblickten, diese Inszenierung empfinde ich als eine sinnlose Effekthascherei allererster Ordnung. Freiheit der Kunst und Provokation um jeden Preis ohne Sinn das müsste man in der Praxis irgendwie auseinanderhalten. So viel Charakterfestigkeit verlange ich von einem Künstler. Mit Zensur hat das überhaupt nichts zu tun.

Das fällt bei mir bei aller garantierten Meinungsfreiheit alles unter provokante Dummheit. Siehe, ich habe euch hier einen Haufen geschissen und nun bin ich Mittelpunkt des intellektuellen Gedankenaustausches. Ohne Eklat wird man als Künstler und auch als Regisseur ... Das hatten wir schon. Ich würde es wahrscheinlich auch nicht anders machen. Ich stehe aber nicht zur Debatte.

Nachdem ich mich nun endlich verbal abreagiert habe, könnte ich mich eigentlich beruhigen, aber nachdem kaum ein Monat vergangen ist, steht wieder in der Zeitung, dass die Berliner bis zum Jahresende das Stück noch zweimal aufführen wollen. Wichtigste Info der (von AP) verklickerten Meldung: ... In der letzten Szene der Oper sind die abgeschlagenen Häupter von Jesus, Buddha, Mohammed und Poseidon zu sehen ...

Da fällt mir als eigentlich ziemlich laxer Christ und als Protestant im Moment nicht mehr viel ein. Amok möchte ich laufen. Schon Luther hat das fünfte Gebot: Du sollst nicht töten, besonders kommentiert, indem er es nur noch auf den Menschen bezog, obwohl er damit eindeutig gegen den Tierschutz verstoßen hat, aber die neueren Bibelübersetzungen haben das noch weiter aufgeweicht. Es wird das neuerdings übersetzt als: „Du sollst nicht morden". Totschlag diverser Formen scheint demnach gerechtfertigt. Die Juristen haben es ermöglicht. Den Militärseelsorgern hat man so wenigstens eine legale Basis für ihre Tätigkeit bereitet. Es hat also schon alles seinen tieferen Sinn, was uns geboten wird. Dann kommt das Urteil unserer obersten Richter: *Soldaten sind Mörder*. Da hat das Bundesverfassungsgericht wohl die neueste Bibelübertragung ins Deutsche nicht gelesen? Warum protestieren denn da nicht wenigstens die Militärseelsorger? Es ist ein anderes Thema.

Basteln soll sehr beruhigend auf die Seele wirken. Mein Psychiater schwört darauf. Es deeskaliert bekanntlich. Ich würde mich nicht so genau festlegen. Es kommt nämlich auch darauf an, was man bastelt.

Was alles an unverfänglichen Chemikalien bei richtiger Mischung zu terroristischen Zwecken verwendbar ist, das weiß der Gesetzgeber sowieso nicht. Da kann er viel verbieten Ich weiß, dass ich nicht mehr lange überlegen werde, mich zu dem Entschluss durchzuringen, doch nicht zu wollen, was ich garantiert nicht kann ... Das mit diesen neuen absoluten Terrorkunstwerken überlasse ich lieber anderen.

Ich hätte auch nicht gewusst, wie man zu dem erforderlichen Backstage-Ausweis für die Deutsche Oper käme. Ohne entsprechende Beziehungen bliebe mir wohl nur der ganz brutale physische Einsatz. Ein Teppichmesser soll hier zwar noch irgendwo herumliegen. Das müsste ich aber erst suchen. Vorigen Sommer, beim Tapetenzuschnitt müsste es noch dagewesen sein. Muss ich mal meine Frau fragen ... Man weiß es ja aus der Militärtechnik: Der wichtigste Faktor einer Aktion ist der Transport der Vernichtungskraft ins Zielgebiet.

Während ich das hier schreibe, kommt die Meldung rein, dass irgendjemand aus der höheren Kommandoebene der Deutschen Oper zu Berlin die wichtigsten Requisiten für die letzte Szene des Idomeneo versteckt habe und sie nicht mehr zur Präsentation herausrücken will. Ich habe es doch gewusst, dass es dort auch nicht anders als in jedem beliebigen anderen Kindergarten zugeht. Ich muss Ihnen auch sagen, dass mich das sehr beruhigt hat, denn es sah wirklich so aus, als ob ich noch persönlich ran müsste ...

Nun hätte man den mozartischen Idomeneo einfach wieder auf den Spielplan setzen können, die Karten verkaufen und ihn dann gespielt. Der Termin war der 18. 12. 2006.

Der Tag kommt und alles, was in der Medienbranche Beine hat beginnt die Deutsche Oper in Berlin zu belagern. Da ist es ganz egal, ob es an dem Tag im Irak zwei oder zehn Bombenattentate mit Selbstmordattentätern oder ohne gibt. Auch, ob die tägliche Quote von durchschnittlich hundert toten Irakern geschafft wurde und das tägliche Lazarettflugzeug, welches die schwer verwundeten US-Soldaten nach Rammstein ausfliegt ausgebucht war oder nicht, wie viele AIDS-Tote es heute weltweit gab, wie viele Kinder in Afrika und anderswo verhungert sind, und was an ähnlich läppischem Zeug auf der Welt passiert. Es ist unwichtig. Das Fernsehen beweist es. Die Meute der internationalen deutschen Medien ist mit ihren Kamerateams in Berlin, und lauert wie die Naturfilmer vor dem Regenwurmloch, ob der Wurm heute tatsächlich herauskommt. Jeder will das erste Bild. Man wartete auf, ja, was, ... den Attentäter ... ?

Das Foyer der Deutschen Oper Berlin ist hergerichtet wie der Sicherheitsbereich eines Flughafens, mit Sicherheitspersonal, Induktionsdetektoren und Sicherheitsschleusen. Leibesvisitation und Handgepäckkontrollen. Sie kennen das. Sprengstoffsuchhunde ... hundert Polizisten im Eingangsbereich, alles was man so braucht.

Ich war ja nicht da. Mir bringt es nur der Fernseher in die Stube, aber ich dachte, die warten alle auf den großen Knall. Wenn ich durch die Sicherheitsschleuse eines Flughafens durch bin, weiß ich, dass ich anschließend durch die Luft fliege. Haben die, welche sich da in der Oper vor ihrer zugewiesenen Schleuse angestellt haben, vielleicht auch gedacht, dass sie anschließend in die Luft gehen? Die Fernsehreporter haben mir das jedenfalls als einen nie da gewesenen Showdown zur Rettung der abendländischen Kultur verkaufen wollen. Damit das Publikum aber auch weiß, worum es geht, wird dem Fernsehzuschauer nochmals deutlich gemacht, dass allein das vom Regisseur Hans Neuenfels an die Oper angehängte Schwänzchen, das an drei Stunden Oper angehängte Epilog-Pfropfreis den ganzen Auftrieb verursacht habe.

Vor die Kamera wird gezerrt: Der Kulturstaatsminister der Bundesrepublik Deutschland. Er wird gefragt. Er antwortet. Soviel habe ich verstanden, dass er sagte, die Hinrichtung der Religionsstifter sei auch nicht nach seinem Geschmack. Das solle seitens des Regisseurs nicht nur eine Provokation darstellen, das sei auch eine Provokation. Und es kam ziemlich lahm am Ende heraus, dass er gegen die Selbstzensur in der Kunst sei. Mit irgendetwas muss er doch begründen, weshalb er nicht einschreitet.

Die Zuschauer werden in Empfang genommen, durchleuchtet und in den Zuschauerraum weitergeleitet. Vor dieser Kulisse erfolgt ein Interview mit der Intendantin der Oper, Frau Kirsten Harms. Sie ist gut frisiert und auch die Maske war an ihr dran. Ich habe sie noch nie vorher gesehen, ob das mit der Maske etwas gebracht hat, kann ich also nicht beurteilen. Sie ist aufgeregt und euphorisch. Endlich ist sie im Fernsehen. Man erfährt: Die Oper war schon vor ihrer Zeit auf dem Spielplan. Die Inszenierung war ursprünglich nicht umstritten. Sie hat sie wieder aus der Versenkung geholt und unter der Regie von Neuenfels und mit dem neuen Epilog wieder auf den Spielplan gesetzt. Ob es den keine Reaktionen dazu gegeben habe? Natürlich! Unendliche Proteste von Zuschauern habe es gegeben und viele Buhs für Neuenfels.

Das hätte sie nun wohl nicht so freudig erregt, mit so leuchtenden Augen und so spontan von sich zugeben brauchen, aber wer hat sich schon immer im Griff. Nebenbei erfährt man noch einmal von dem warnend vorbeugenden Anruf der besorgten anonymen Zuschauerin und auch, dass das BKA sich von Anfang an und auch in Verbindung mit dem Karikaturenstreit der Dänen wegen Mohammed dafür interessiert hat, was die da in ihrer Oper in Berlin so treiben.

Das wird langsam langweilig. Es beschleicht einen das Gefühl, dass sich eine Menge Leute für zusätzliche Steuergelder mit diesem Stuss beamtet beschäftigen und wird verstimmt. Die Regie des Fernsehsenders spürte das wohl auch und steuert dagegen. Man fährt also zwischenhinein eine MAZ ab mit einer Skandalchronik in Sachen Regisseur

Neuenfels. Das habe ich alles nicht gewusst, weil ich im Osten gelebt habe: Der hat schon 1981 in Frankfurt am Main Verdis Aida inszeniert, dabei Aida unter anderem als Putzfrau und damit diese ägyptische Prinzessin als ausgebeutete Gastarbeiterin auf die Bühne gestellt. Die Premiere habe nur unter massivem Polizeischutz stattfinden können.

Die Salzburger Inszenierung der Fledermaus mit der berüchtigten Kokain-Orgie ist auch von ihm verzapft worden, so um die Jahrtausendwende. Da gab es noch mehr, so beispielsweise, wie er Mozarts Zauberflöte als überdimensionalen (oder heißt das nicht überdimensioniert?), jedenfalls als hölzernen Riesen-Dildo gefühlvoll auf der Bühne zu Gesang unter den Agierenden herumreichen lässt und dergleichen mehr. Es werden Interviewausschnitte der letzten Jahre mit Neuenfels zu seinen Entgleisungen gezeigt. Immer geht es um die Kunst. Es übersteigt meinen Horizont. Wahrscheinlich aber auch den anderer Leute. Jetzt verstand ich endlich, was damit gemeint war, als ich neulich in diesem Zusammenhang gesprächsweise hörte: *Warum sagt keiner diesem Stinkmops endlich einmal, was für ein Drecksack er ist?*

Die Zeit ist knapp. Die Einblendung wird abgebrochen. Man kann leider nicht jeden Skandal zeigen, den Neuenfels inszeniert hat, weil der Bundesinnenminister eingetroffen ist und auch noch etwas sagen will. Er spricht das Problem Religion an und bedauert, dass der Vorsitzende des Zentralrates der Muslime in Deutschland sich das nicht ansehen will, das mit der Oper und dem Kopf vom Mohammed.

Es wird nun medienseits noch einmal auf Forschungsreise gegangen. Ein Kamerateam schwärmt hinter den Kulissen der Oper aus, um herauszubekommen, wie das mit dem Verstecken der Köpfe gewesen sei, aber da hielten die Angestellten der Oper dicht. Der verpasste Maulkorb hielt. Man spielt noch etwas aus früheren geistigen Ergüssen des Regisseurs Neuenfels ein, auch normale Szenenausschnitte aus seiner Idomeneo-Inszenierung, wie beispielsweise die Menschen vor 3000 Jahren auf Kreta gemütlich mit dem bekanntlich erst im 19. Jahrhundert erfundenen Fahrrad über den Markt bummelten, um Gemüse einzukaufen und dergleichen. Atmosphäre eben, um auf die Rückkunft des Königs aus dem Trojanischen Krieg einzustimmen ... Der Regisseur ist jedenfalls an diesem Abend nicht da. Er hat ausrichten lassen, dass er seine Inszenierung schon kennt.

Dann war endlich Schluss. Das Spektakel konnte beginnen und das normale Fernsehabendprogramm auch. Alle Fernsehsender bringen etwas anderes. Keiner schert sich um Idomeneo. Sie übertragen es nicht. Keiner. Nach drei Stunden schalten einige Fernsehsender wieder zu ihren Reportern nach Berlin. Da kommen die Zuschauer gerade wieder heraus aus der Oper. Sie haben es nun alle gesehen. Die Reporter versuchen Prominente zu interviewen. Sie bekommen kaum jemand zu fassen. Alles will nur weg da. Sie haben alle scheint's die Schnauze voll.

Viel Lärm um nichts, aber eben wirklich und nicht das gleichnamige lustig überschäumende Drama von Shakespeare. Der Regisseur der Komischen Oper Berlin wird wider Willen aus dem Strom der nunmehr Eingeweihten heraus gefangen. Man nötigt ihm eine Meinung ab. Er habe es zeitweise als langweilig empfunden. Dass er es außerdem makaber fand, sah man ihm an.

Anschließend gab es noch Gesprächsrunden in Fernsehstudios, die aber nur weitgehend unbekannten Avantgardisten, und -Innen zur Selbstdarstellung, der Vorstellung ihrer Bücher zum Thema Multikulti und ähnlichem dienten. Es konnte nicht geklärt werden, weshalb die Schlussszene Bravo-Rufe provozierte; ob deshalb, weil sie gefiel, oder weil man wagte, sie zu spielen ... Es blieb auch unklar, was das sollte, als ein Moslemvertreter sich nun im Fernsehen dazu empört äußerte, dass man Moslems generell eine derartig überbordende Empfindlichkeit zutraue, sich in solchen Fällen gleich terroristisch zu engagieren. Diese Unterstellung sei der Skandal ... Man begriff ihn nicht. Ich schon ... Alle wollten nun etwas reden. Keiner hatte etwas zu sagen. Bei dem von mit beobachteten Fernsehsender schaltete die Regie während der Diskussion schließlich auf Studiototale, so dass man das am Rande und zum Teil in den Kulissen stehende Studiopersonal einschließlich Kameras und Kabelträgern sehen konnte, wie es dem Moderator Zeichen machte, endlich zum Schluss zu kommen und auch ein nervös mit dem Stift spielendes sehr hübsches Script-Girl sah man sich in verzweiflungsvoller Pantomime versuchen, ohne dass die Agierenden sich daran geschert hätten. Sie hatten schließlich die Gelegenheit, sich ganz persönlich im Fernsehen zu präsentieren und so missbrauchten sie die eben, so dass die Show dann endlich zwangsweise abgebrochen wurde.

Wir sind endlich angekommen. In der Klamauk-Gesellschaft. Satire ist gut, Kabarett ist besser, aber die Realität schlägt sie beide um Längen. Sie haben auch diesmal Jesus wieder geköpft, die Saubande ... Wartet nur, wenn ich mal nach Berlin komme ... aber dann...

P. S.: Die nächste Aufführung des Idomeneo fand am 29. 12. 2006 statt. Meine Tageszeitung fand das keiner Erwähnung wert. Bereits am 27. 12. brachte sie aber eine Meldung, die für mich richtungsweisend war. Das „Kunstwerk WTC", Sie wissen schon, „Nine eleven", das, wo die zwei Wolkenkratzer in New York zum Teufel gegangen sind, das ist inzwischen übertrumpft worden.

Ganz heimlich, fast unbemerkt, und auch ohne Atombombe. Und die Übertrumpfe geht weiter, unaufhaltsam. AP hat es gemerkt. Sie haben es als Nachricht herausgegeben. Danach sind allein im Irak seit Beginn der Kampfhandlungen im März 2003 mehr Angehörige der US-Streitkräfte im Irak ums Leben gekommen, als es Todesopfer bei den Terroranschlägen des 11. September 2001 gab. Alles kräftige junge gesunde und gut ausgebildete Leute, die ihr Leben eigentlich noch vor sich hatten. Stand Ende Oktober 2007 lt. den offiziellen Angaben, auf die sich Protestbewegung in den USA berief: 3839 zu 2973 (Tote Soldaten zu Terroropfern), aber man war zu dieser Zeit ja noch lange nicht fertig mit diesem Irak-Krieg. Auch wenn man diesen Krieg irakisierte, also die Irakis sich anschließend selbst überließ und sich zurückzog, der sogenannte Break even bei den Toten war jedenfalls erreicht. Break even, das ist eine sehr positive Sache, das Ziel aller Ökonomie. Da können Sie jeden Unternehmer fragen. (Das ist auch so ein Dauerbrenner-Begriff wie Flatrate oder so.) Es wird immer mehr Kunst ... Ein Selbstläufer, scheint's, denn es hängt doch alles mit diesem „Nine-eleven zusammen." Es wurde auch gemeldet, es habe allein im Jahre 2006 ungefähr 35.000 tote Iraker gegeben. Das ist aber doch nur Statistik, nicht wahr? Das glaube ich erst, wenn sie es ganz genau nachgezählt ist. Es hieß auch, dass es nur Iraker sind. Von Menschen war da nicht die Rede, habe ich mir sagen lassen. Eine Institution will errechnet haben, dass bis dahin im Zusammenhang mit dem Irak-Krieg bis zu 650.000 Menschen ihr Leben lassen mussten. Das ist wohl das, was man monumentale Kunst nennt? Irgendwie hängt das anscheinend alles miteinander zusammen. Das kann man von nun an alles sich selbst überlassen. Die Leute wollen endlich wieder etwas anderes in der Zeitung lesen. Ich habe es auch nicht weiter verfolgt. Das soll auch angeblich alles von Glaubensfanatikern veranstaltet werden. Die Macht des Glaubens ist trotz gegenläufiger Behauptungen der Religionsgemeinschaften demnach weltweit ungebrochen. Mal sehen, wie viele Berge von Leichen er wohl in dieser Angelegenheit noch versetzt, nicht nur im Irak ... Ich meine da auch nicht den Glauben an Gott, oder Allah, Jesus oder Buddha, auch nicht an Poseidon oder vielleicht Zeus, sondern an den Gott Mammon in Form des Erdöls.

Um wieder auf die normale Kunst zurückzukommen habe ich mal eine ganz dämliche Frage: In wie weit ist das, was der Regisseur einem ihm in die Finger geratenem Kunstwerk aufpfropft überhaupt Kunst? Mal ein krasses Beispiel: Wenn jemand an irgendein Denkmal oder Kunstwerk Graffiti sprüht, wird das doch auch nicht toleriert, obwohl Graffiti an sich mittlerweile schon ab und zu als Kunst anerkannt sind. Da könnte man doch auch Goethes Faust mit entsprechenden Eingebungen vervollständigen. Warum ist denn bloß noch niemand darauf gekommen. Goethe mal als Porno. Das fetzt bestimmt. Am Anfang vielleicht ein Test mit dem Götz von Berlichingen ...

Ich habe ja kein Gymnasium besucht. Im Osten hieß das anders. Wir hatten die „Allgemeinbildende erweiterte polytechnische Oberschule" und unser Abitur bekamen wir schon nach zwölf Jahren, statt nach dreizehn. Da fehlen mir natürlich die erforderliche klassische Allgemeinbildung und zwangsläufig auch das erforderliche Kunstverständnis. Ich halte mich deswegen bei meinen Urteilen meist an Autoritäten.

Ephraim Kishon hat sich beispielsweise dazu sinngemäß geäußert, dass er nicht glaube, dass die moderne Kunst Scharlatanerie sei. Da stimme ich ihm zu. Er sagte aber dazu weiter, dass es deshalb nicht glaube, weil er das wisse. Ich hätte mir nur nie träumen lassen, dass Scharlatanerie solche Ausdrucksformen entwickeln könnte. 1. August 2007, Zeitungsmeldung: *Skandalöse Molière-Show. Salzburg. Vier Komödien des Franzosen Molière in einem Aufwasch hatten vorgestern Abend bei den Salzburger Festspielen Premiere. Dahinter steht „Molière – eine Passion", das neueste Theaterprojekt des flämischen Skandal-Regisseurs Luk Perceval, der damit auf der Perner-Insel in Hallein wütende Buh-Rufe erntete. Wildes Geschrei, wüste Gewalt und hemmungsloser Sex auf der Bühne begleiteten den Lebensweg von vier Charakteren in einer Person: Menschenfeind, Don Juan, Tartuffe und der Geizige. Riesenapplaus gab es trotzdem für den Hauptdarsteller Thomas Thieme, der zeitweise in Windeln und mit einem weißen Dinner-Jackett bekleidet auf der Bühne stand. (ddp/uh)*

Im Nachgang wurde noch gemeldet, dass dieser Thieme ein ehemaliger DDR-Schauspieler da in Österreich in waschechtem Sächsisch die ihm vorgeschriebenen verbalen Sauereien unter das Publikum wirft. Was eine Rampensau ist, das weiß ich, aber muss es denn gleich das alles zusammen sein: Sachse, Sau und Sex? – Nein, diese Österreicher ...

Eigentlich könnte ich froh sein und mein überempfindliches Gemüt auch. Die Welt ist schließlich wieder in Ordnung. Man hält sich wenigstens bei der Theaterkunst wieder an den neuen klassischen Stil, ohne Politik und auch ohne echte Tote. Ich habe richtig aufgeatmet, als ich das las. Nicht auszudenken, wenn sich das mit der neuen Kunstrichtung, wie beispielsweise die im Irak international durchgesetzt hätte. Sie gehen ins Theater und hoffen, dass sie von der Aufführung eventuell nur eine leichte Lungenverätzung, eine Brandblase oder einen Streifschuss abkriegen und dann kommt im letzten Aufzug plötzlich als zusätzlicher Gag des Regisseurs die Autobombe, live und in Echtzeit auf den Souffleurkasten zugefahren, um sich mit dem Selbstmordattentäter in den Orchestergraben zu stürzen. Da liebe ich mir diese Salzburger Inszenierungen. Die passen meiner Meinung nach viel besser in diese Jetztzeit. So wie die sich das momentan entwickelt, da ist doch Porno allemal besser als Terrorkunst. Also, das mit der Windel zum Dinner-Jackett, ich glaube, das muss ich unbedingt auch mal probieren.

Ich bin noch nicht ganz fertig mit dieser Niederschrift, da regt es sich schon wieder in der Szene. Der Richard-Wagner-Verband Leipzig struppt sich auf. Ihm hat die Inszenierung von Richard Wagners „Fliegendem Holländer" nicht behagt. Richard von zur Mühlens Inszenierung wurde nach tumultartigen Szenen im dortigen Opernhaus bei der neuerlichen ersten Aufführung vom Spielplan gestrichen. Ein Sprecher des Verbandes wird bezüglich der Person des 29jährigen Regisseurs zitiert: „*Es ist bedauerlich, aber durchaus vorstellbar, dass ein Endzwanziger spät-*

pubertäre Fäkalfantasien ... hat. "Er sprach dann noch von unzumutbaren „Orgien von Gewalt, Blut und Sex" und der bisherigen Unvorstellbarkeit, dass derartige Fantasien an der Leipziger Oper umgesetzt werden könnten. Kunst hat bekanntlich aber mit Phantasie zu tun und neuerdings lässt sie sich diesbezüglich nicht mehr viel vorschreiben. Man sieht, die neue künstlerische Linie wird gehalten. Es schwappt bereits kräftig nach Sachsen herein. Gleichzeitig wurde allerdings Strafanzeige wegen Verstoß gegen das Jugendschutzgesetz in dieser Sache eingereicht. Es gibt also immer noch Spielverderber, die sich nicht nur dem Fortschritt, sondern sogar bereits Bewährtem entgegenstellen.

Noch ein letzter Hinweis: Die Aufgabe der Kunst habe ich immer darin gesehen, dem Menschen bei der Gestaltung seiner ethischen Existenz zu helfen. Da bin ich aber anscheinend sehr auf dem Holzweg mit meinen Ansichten ... Ich werde mich bestimmt bessern, und irgendwann gehe ich auch mal wieder in die Oper.

Einen Wunsch hatte ich aber noch im Leben, bezüglich Kunst: Ich wollte noch erleben, dass Neuenfels einmal Wagners kompletten „Ring" der Bayreuther Festspiele inszenieren möge. Zur Mühlen würde ihm ja vielleicht dabei helfen können, schließlich handelt es sich doch dann um ein größeres Projekt und da hätte er auch mit dessen „Fliegendem Holländer" schon mal einen Ansatz für Wagner. Es war nur so ein Wunsch, das mit dem „Ring". Wenn Sie das hier lesen, dann ist das schon gewesen, denn schon 2010 inszenierte Neuenfels dann tatsächlich in Bayreuth den „Lohengrin". Ich war nicht dabei, aber ich habe es dem dortigen Publikum gegönnt.

(... und die meisten der Besucher, auch die prominenten, fanden, endlich hätten sie das Stück verstanden.)

Der deutsche Ingenieur
Ein Trauerspiel

Was das derzeitige Image eines in Deutschland erworbenen Studienabschlusses international betrifft, bin ich nicht sehr auf dem Laufenden. Aus großdeutscher Zeit ist jedoch überliefert, dass der deutsche Ingenieur auf der ganzen Welt angeblich von niemandem getoppt wird. Die Deutschen, wenigstens die älteren, deren prägende Erziehungszeit ihrer Eltern noch vor dem Zusammenbruch von 1945 liegt, stehen jedenfalls alle noch unter diesem Eindruck von sich selbst, zumindest vom Ansehen ihrer Vorfahren und am stärksten die, welche nie eine Universität von innen gesehen haben.

Die Politik behauptet zwar seit Jahren, sogar noch nach der Wende, dass immer für nichts Geld verfügbar, aber Deutschland ungeschlagener Exportweltmeister sei. Das liegt daran, dass deutscher Ingenieurgeist zwar international begehrte Produkte in großer Menge entwickelt, erzeugt und anbietet, was dann aber anscheinend von den deutschen Betriebswirtschaftlern ins Ausland verramscht wird. Das liegt auch daran, dass man den Deutschen, also auch den deutschen Ingenieur immer so schlecht bezahlt hat, dass er sich nie das leisten konnte, was er selbst erzeugte.

Nun kommt noch eine neudeutsche Besonderheit der universitären Ausbildung. Alles, was bei den ingenieurtechnischen Studienrichtungen an den Universitäten mangels mathematischer, physikalischer und chemischer Grundkenntnisse und technischem Vorstellungsvermögens durchs Prüfungssieb fällt, steige anschließend auf Betriebswirtschaft um. Seltsamerweise schaffen diese Abgeworfenen dann alle diesen ihren Abschluss in dem neuen Fach. Das aktive Wissensniveau eines Ingenieurs muss demzufolge schon seitens der Universitäten auf einem höheren Niveau angesetzt sein, als das eines Betriebswirtschaftlers. Kein Wunder, dass es am Ende mehr von der zweiten Sorte gibt.

Da kann man auch Akademiker werden, aber mehr wirtschaftlich. Es ist auch nicht mehr so dreckige Wissenschaft, sondern mehr Büro und Telefon. Es fliegt einem auch nichts um die Ohren, wenn man etwas verschusselt. Es ist höchstens eine Menge Geld weg, wie sich immer wieder und auch neulich wieder einmal herausgestellt hat.

Es scheinen aber eine Menge gute Händler darunter zu sein. Beiläufig habe ich nämlich auch erfahren, dass Deutschland auch Exportweltmeister im Export von Ingenieuren sein soll. Ingenieure werden angeblich knapp. Man verramscht also nicht nur die Produkte, Patente und Lizenzen, sondern auch deren Schöpfer. Das nenne ich nur konsequent. Wie ist denn das im Ausland. Vom restlichen Europa rede ich da erst einmal nicht. Unser Vorbild ist seit eh und je Amerika. Man hat da viel von den Amerikanern, ihrer stets boomenden Wirtschaft und ihrem Bildungssystem gehört. Da gibt es die „Haiskuul" und dann wohl das „Kollidsch". Das muss ziemlich viel bedeuten, denn schon diejenigen, die ihre „Haiskuul" abgeschlossen haben, rennen auf der Abschlussfeier in Klamotten herum, die in Deutschland erst der „Doktor" anziehen darf. Ich meine da den langen Talar und den Hut mit dem viereckigen Mörtelbrett und herabhängender Quaste.

Das hat damit zu tun, dass derjenige, welcher einen solchen Hut tragen darf, angeblich die „Quadratur des Kreises" beherrscht, ein in der Antike als unlösbar eingestuftes Problem der Wissenschaft. Weil ich aber gesehen habe, dass die frisch gebackenen Doktoren da in Amerika auch noch mit Mickymauskostümen, Luftballons, Eiskremtüten, Kaugummibeuteln und ähnlichem bei der gleichen Feier herumrennen, auch Wettkämpfe im Eierlaufen und Sackhüpfen als sehr unterhaltsame Interaktionen zwischen ihnen ausgetragen werden, kann das wohl kein Universitätsabschluss sein und ich bezweifle, dass die Absolventen schon das Quadrat vom Kreis zu unterscheiden vermögen. Das sieht mir mehr nach Kindergeburtstag aus. Das Fernsehen bringt es mir aber so in die Stube.

Sie gehen da anschließend auf das „Kollidsch". Das ist aber wohl auch noch nicht ihre Universität, und sie machen da ihren „Bättscheller". Das heißt eigentlich „Bakkalaureus", kommt ursprünglich aus dem Lateinischen und war vor Zeiten das altbekannte „Abitur". Die Amerikaner schreiben es aber als „Bachelor" und glauben, dass es dem „Diplom-Ingenieur" entspricht. Unsere Professoren nennen das in Deutschland „eine Billigversion für potentielle Studienabbrecher", aber sie können nun einmal nichts gegen den neuen und EU-weit amtlich verordneten Unsinn tun. Manche machen dann darauf aufbauend den „Master". Das ist ein „Meister", der fühlt sich dann aber schon wie ein „Doktor". Was die Absolventen dann glauben zu sein, werden wohl nur sie allein wissen. Die Abschlussdiplome, und ich habe da welche gesehen, entsprechen im Design mindestens dem europäischen Adelsbrief, auch wenn darauf nur bescheinigt ist, dass man dort in Amerika wenigstens einmal diese Schule gesehen hat.

„Bachelor of Arts", „Master of Arts", dann wuseln da noch einige „Magister" mit herum, das sind auch „Meister", da weiß doch jeder, dass keiner weiß, was das alles ist. Da ist Ihnen jede Stelle sicher, für die Sie sich bewerben. Ob es sich dann um eine Stelle als leitender Manager in einem Großunternehmen eignet, oder nur als Kartenabreißer im Kino gleich um die Ecke, das erweist sich meist erst wenn Sie sich damit in Amerika bewerben. Das hängt auch davon ab, aus welchen Kreisen Sie stammen und welche Beziehungen Sie haben, auch, wo sich Ihre Lehranstalt befand und wie sie hieß. Das Diplom sieht jedenfalls erstklassig aus und scheint auch eine Menge wert zu sein. Sogar die Politiker bis hinauf zum Präsidenten haben solche Abschlüsse und sind stolz darauf. Das führt man zurzeit auch in Europa ein. Die Ausbildungsstätten nennen sich von nun auch anders als früher. Wenn Sie hier in Deutschland einen Abschluss von einer staatlich betriebenen Fachhochschule vorweisen, sind Sie der letzte Arsch. Haben Sie dasselbe gegen gepfefferte Studiengebühren an einer privat betriebenen „University of Applied Scienses" hinter sich gebracht, dann steht der Personalchef der Firma, bei der Sie sich bewerben, vor Ihnen im geistigen Stillgestanden. Was Sie gelernt haben kann sowieso niemand wissen, aber was Sie sich einbilden, das merkt man an der Art in der Sie sich geben: *Ich hab' mein'n Bäddscheller off Aarts bei der Juniwersidiee off äbbliied Seiänzes in Dubfingen gemachd.* " Das klingt doch nach etwas.

Die ersten, die sich diesem neuen System zu nähern versuchten, waren Leute, die es nicht betrifft. So nahm mir neulich ein „Master of Häärdressing" fürs Haareschneiden glatt das Doppelte als üblich für seine Dienste ab. Er hatte sich gerade über ein „Fränscheißing" seinen Laden „aufsteilen" lassen und dabei gleich mit umbenannt. Das kann schon mal passieren, wenn einen Friseurmeister der Größenwahn trifft. Die EU macht jedenfalls mächtig Dampf, damit nicht nur Europa, sondern auch Deutschland endlich den Anschluss an diese Art amerikanisierter Ausbildungssystematik durchsetzt, um die Wissenschaftsabschlüsse vergleichbar zu machen. Wofür eigentlich vergleichbar? Der Inhalt des Lehrstoffes nach Menge und Qualität kann es wohl nicht sein. Auf diesem Gebiet hat man sich zumindest in Deutschland noch nicht einmal auf Länderebene für die Abiturstufe einigen können. Was man in Sachsen vom Realschüler verlangt, muss beispielsweise in Bremen noch nicht einmal eins zum Abiturabschluss bringen. Die Schüler merken es spätestens, wenn sie ihr Studium beginnen wollen.

Wer in Deutschland geistig etwas sein will, schindet sich dreizehn Jahre auf einem Gymnasium herum, um dann an einer Hochschule ein „Diplom" zu erwerben. Dafür muss er mindestens fünf Jahre dran hetzen, weil der Vorlesungsstoff nur in diesem Zeitraum umläuft. Zwischendurch wird er regelmäßig bis aufs Hemd ausgefragt und bei den technischen Studienrichtungen über sogenannte Zerstörungsprüfungen geistig in Grund und Boden hinein zerlegt, ehe da ein Schein rausgerückt wird.

Das Diplom wird ihm dann auf irgendeinem Papierwisch ganz schlicht per Laserdrucker aus einem Computer geholt. Das ist dann der Nachweis für die ganze Schinderei mit der Wissenschaft. Frauen stehen dann altersmäßig oft vor der ersten Midlifecrisis und wollen nun entweder geheiratet sein, oder zumindest ein Kind kriegen. Meist beides. Männer tragen zu diesem Zeitpunkt hormonbedingt schon Glatze, zumindest halb und haben die ersten Anzeichen von Hypochondrie verinnerlicht. Die Hochschule sieht in ihnen eine wissenschaftlich geprüfte Hilfskraft und da sind Sie als frisch gebackener Diplomingenieur automatisch die Fußmatte aller dort angestellten Leute. Um zu diesem akademischen Fußvolk gehören zu dürfen, müssen Sie sich schon ordentlich angestrengt haben. Sie besitzen dann also den Wisch, der ihnen die Erringung des ersten akademischen Grad bezeugt. Da sieht die Speisekarte vom Imbiss um die Ecke besser aus. Und auch der Mitteilungszettel, den mir die Schrottmafia jede Woche in den Briefkasten schmeißt, und auf dem sie mir mitteilt, wann sie klingeln, um Schrott abzuholen, ist auch schöner. Ich kann das beweisen, weil ich so einen Wisch besitze, den ich mir ehrlich erstudiert habe. Den habe ich schon mehrmals wieder aus dem Papierkorb gerettet, wo er versehentlich hineingeraten war. Eingerahmt aufhängen kann ich ihn nicht, weil er zu schäbig aussieht. Ich habe es versucht, aber meine Frau hat jedes Mal den Rahmen für etwas anderes reklamiert und mir mein Diplom zugunsten irgendeines Kalenderbildchens ausgeheftet, woraufhin ich jedes Mal rettend eingreifen musste. Jetzt liegt der Schrieb unter Verschluss in einer Kassette in meinem Schreibtisch. Ist vielleicht besser so, wenn ihn niemand sieht.

Die Professoren sind Ihnen sowieso nicht grün, weil sie Ihnen nicht glauben, dass Sie wissen, was die Ihnen bescheinigen mussten. Das sehen Sie deutlich auf der illustrierten Werbung für eine technisch ausgerichtete Universität. Im Bildteil dazu haben Sie im Vordergrund immer eine hübsche Studentin an einer technischen Versuchsanordnung sitzen, ein ahnungsloses Erstsemester, das da wie die Sau ins Uhrwerk guckt und deren vorrangiges Ziel es ist, einen Doktor zu ergattern. Auf dem Standesamt natürlich. Die kennt keiner und die weiß auch nur, dass sie nichts anfassen darf und dass ihr Bild in den Prospekt kommt, weil sie hübsch ist. Dann haben Sie Männer mittleren Alters mit oft schon schütterem Haar, meist stärkeren Brillen und dergleichen, die auch ab und zu ziemlich korpulent sind, darum herum gruppiert, die ihr irgendetwas zeigen. Das sind die Assistenten. Das sind Diplomingenieure und Doktoren. Über allem schwebend der Kopf des Professors als Gottvater mit einem Gesicht, das nur eins ausdrückt: „*Hoffentlich macht mir die Bande jetzt nichts kaputt!*"

Der Dekan einer traditionsreichen deutschen Fachhochschule, an der bereits Adam Opel seinen Abschluss gemacht hat, bevor er mit dem Bau seiner Autos begann, und auch der Linsen-Schmidt, mittels dessen Erfindungen es der NASA überhaupt möglich war, das Hubble-Teleskop, dieses große Weltraum-Teleskop, welches auch die ESA nutzt, in der Erdumlaufbahn zu betreiben, weil das eben nur mit einem Schmidt-Spiegel geht; dieser Mann äußerte sich neulich, als es während einer Vorlesung beinahe zu einer Prügelei zwischen einem Professor und einer seiner selbstbewussten Studentinnen gekommen war, wie

51

folgt: Die Studenten würden sich nicht benehmen, nicht grüßen, in der Vorlesung essen, schwatzen und die Mützen auf den Köpfen behalten. *„Da kämpfen Sie vorn am Katheder und bitten um Ruhe und keiner hört zu. Da kann es schon vorkommen, dass der Vorlesende einmal nicht mehr ganz rational bleibt."* Was regt der sich so auf. In den USA ist das so Sitte. Da hat der Dozent, wenn er seinen Unterricht nicht sehr unterhaltsam gestaltet, nach Recherche so bekannter Kulturhistoriker und Sozialkritiker wie beispielsweise Morris Berman, als Lehrkraft eine sehr kurze Verfallszeit. Was uns diesbezüglich noch erwartet, haben sich unsere Lehrkräfte wohl noch gar nicht überlegt. Diese von ihm bekrittelten Studenten und Innen haben oft schon einen Studentenaustausch mit einer US-amerikanischen Partnerschule hinter sich und bringen jetzt nur ihre wertvollen Erfahrungen befruchtend in den deutschen Unterrichtsbetrieb ein. Auf dem Gebiet hat Deutschland studentenseitig sozusagen schon etwas aufgeholt. Nur dem Lehrkörper scheint das noch etwas ungewohnt. Es kann aber auch sein, dass diese Studenten wahrscheinlich schon wissen, wie das aus dem Laserdrucker gefallene Zeugnis designet ist, was sie am Ende ihres mehrjährigen Studiums von ihrer Hochschule um die Ohren gehauen bekommen, vorausgesetzt, dass man sie zu diesen Prüfungen überhaupt zulässt und sie womöglich sogar bestehen lässt. Woanders ist das anders. In den USA kriegt man ein Diplom für jede Art Teilnahme an einer Schulung. Da ist es oft nebensächlich, ob der Diplomand lesen und/oder schreiben kann. Feng Shui, Mikado, Yoga oder Ikebana, Sie kriegen ihr Diplom. Gehen Sie in einen künstlerisch plastisch gestaltenden Kurs. Wofür Sie da ein Diplom kriegen, damit können Sie in Deutschland kaum als Töpferlehrling zur Ausbildung angenommen werden. Die einzige Chance, die sie hier hätten, wäre eine Tätigkeit als freischaffender Künstler. Das könnte mit dem amerikanischen Diplom in Deutschland klappen.

So ein in Goldprägung und in Silberschrift auf guillochiertem fälschungssicherem Spezialkarton ausgefertigtes Diplom, welches Ihnen bestätigt, dass Sie ohne fremde Hilfe selbständig Seifenblasen erzeugen können, oder der Nachweis der selbständig-unfallfreien Benutzung von Besteck beim Essen, das schmückt natürlich ungemein. Vielleicht ist es auch ein Diplom für die Bedienung eines Telefons zwecks Pizza-Bestellung.

Die geben da beispielsweise auch Diplome für Hauswirtschaftslehre aus. Da wird jungen Mädchen ganz patriarchalisch die Küchenarbeit beigebracht, um ihre spätere Familie vor dem Hungertod zu bewahren. Da geht es praxisnah zu. Beispiel aus der mündlichen Abschlussprüfung: *„Wie bereite ich einen industriell gefertigten Hamburger mit Hilfe einer Mikrowelle verzehrfertig zu."* Da reden Sie sich bei der mündlichen Prüfung raus und dann haben Sie ihr Hauswirtschafts-Diplom. Wie sich das englisch nennt, verrate ich nicht. Da würden Sie nur neidisch werden. Lesen und Schreiben müssen Sie bei dieser Prüfung bestimmt nicht können. Eine gute Hausfrau definiert sich bekanntlich auch bei uns über andere Kriterien.

Selbst wenn Sie eine Green-Card ergattern, versuchen Sie nie in den USA sich mit ihrem akademischen Grad „Diplomingenieur" zu bewerben. Man versteht Sie da mit Ihrem Dünkel nicht. Was man in den USA bringen muss, sehen Sie an Joseph Fischer, dem Joschka, der hat hier nach eigener Aussage keinen Abschluss nötig gehabt, aber in Amerika haben sie ihn bei einer berühmten Universität gleich als Professor angestellt. Es ist also nicht so wichtig, was man bescheinigt vorweisen kann, sondern dass einen eine Menge einflussreiche Leute kennen, man gut oder wenigstens etwas außergewöhnlich aussieht, über die Medien den Leuten bekannt ist und vielleicht auch über einiges Geld verfügt. Letzteres wohl nicht unbedingt, aber besser wäre es schon.

Mancher deutsche „Dr. hc. Mult." hat nie eine Universität oder ein Gymnasium aus der Perspektive einer Schulbank gesehen. Ich denke da an einen ganz bestimmten gefürchteten ehemaligen deutschen bundespräsidialen Kirchentagsredner. Das Studieren ist es also nicht, was zum Erfolg führt. Um die Studenten, denen der in den USA zum Professor gemachte Joschka bescheinigt, ihren Abschluss bei ihm gemacht zu haben, um die reißen sich dann die deutschen Unternehmen. Ist ja auch Amerika.

Wenn Sie Amerikaner sind oder wenigstens dort einige Monate als Tellerwäscher gejobbt haben, dann gilt das in Deutschland als praktische Auslandserfahrung. Darauf sind sie hierzulande bei der Kandidatenauswahl für irgendwelche Arbeitsstellen ganz wild. Welche Erfahrungen das waren, ist uninteressant. Je länger, umso besser. Man sollte aber bei General Motors oder bei Microsoft Teller gewaschen haben, nicht nur bei einer bekannten Imbisskette. Und dass Sie da Teller gewaschen haben, das muss auch keiner wissen. Nennen Sie das irgendwie englisch. Das wissen doch nur Sie selbst, welche Erfahrungen Sie da gemacht haben, und erzählen können Sie schließlich was Ihnen gerade richtig erscheint, um sich dem Zweck entsprechend aufzuwerten.

Wie man sich heutzutage mühsam durchs Leben beißt, das haben Sie da jedenfalls gelernt und nur das ist doch wichtig. Sie wissen jedenfalls, dass Sie nie wieder in eine solche prekäre Lage kommen wollen, wie Ihnen das dort passiert ist, und dieser Ansporn, ich will nicht sagen Angst, war von jeher die beste Basis seinen Erfolg um jeden Preis erzwingen zu wollen, auch wenn man dabei über Leichen gehen muss. Das mit der Bewertung von Titeln ist ein Problem aller Zeiten gewesen und wird es höchstwahrscheinlich auch bleiben.

Nehmen wir ein Beispiel aus der Gegenwart: In einer Fernsehdokumentation sah ich einen Beitrag über die Universität von Manhattan.

Mich hat da gewundert, dass das alles auf einem Campus ganz im Grünen ablief. Und weitläufig war das. Nie hätte ich gedacht, dass sie in NYC so viel Platz haben. Der Central-Park konnte es nicht sein. Man kennt doch Manhattan, diese Wolkenkratzerwüste auf diesem Felseneiland, an der Südspitze von Long Island, am East River, da, wo gleich um die Ecke die Freiheitsstatue steht, Sie wissen es doch. Das Herz von Big Apple, Da wo das Herz der Welt schlägt. „NYC". Das Manhattan war es anscheinend nicht.

Sie hatten da Prärie und jede Menge Pferde. Dann liefen dort in Manhattan auf dem Campus massenhaft Araber herum und auch die Studenten waren alles Araber. Das wurde auch so gesagt und sie bezeichneten sich sogar selbst als Araber. Es gab da noch mehr und andere Studenten, aber der Fernsehbeitrag war ziemlich gezielt auf diese Gruppe der Auslandsstudenten abgestellt. Dann zeigten sie Mitglieder des Lehrkörpers, auch alles Araber. Es wurde auch in Arabisch gelehrt. Ich habe absolut nichts gegen Araber. Man soll nicht vergessen, dass es schließlich die Araber sind, welchen unsere westliche Zivilisation so viel zu verdanken hat. Da meine ich nicht nur die Erfindung des Knopfes, der im Gefolge der Kreuzzüge dann Europa zu erobern begann. Die arabischen Gelehrten haben schließlich die meisten der uns jetzt bekannten Schriften der Philosophen und Wissenschaftler der Antike zumindest als Übersetzungen ins Arabische gerettet, als der Barbarensturm der Völkerwanderung unserer germanischen Vorfahren, auf die wir so stolz sind, diese geistigen Vermächtnisse fast alle vernichtete. Manche Dinge unserer eigenen Vergangenheit wissen wir nur über diesen Umweg aus Arabien. Dass die Araber aber jetzt so zahlreich in Manhattan waren, war mir doch neu. Dann ging das in diesem Fernsehbericht mit den Interviews los. Alles Araber und alle kurz vor dem Abschluss ihres ersten oder auch schon zweiten Doktorexamens. Ich wollte sagen: Master. Das geht da ganz schnell und ohne alle Probleme. Sie können sich da vor dem Zulauf an Studierwilligen kaum retten. Ganze Familien machen da ihren Doktor. Das geht da wie das Brezelbacken.

Dort hätte ich auch gern studiert. Man merkt es nämlich den Studenten an, ob sie da mit Wissen geprügelt und dabei periodisch totgeprüft werden, oder ob sie optimistisch in die Zukunft schauen und dabei für ihre spätere Tätigkeit Kraft sammeln.

Es hat mir keine Ruhe gelassen. Am Ende habe ich mir den Weltatlas geholt und nachgeschlagen. Ich habe es gefunden. Manhattan liegt im mittleren Westen der USA. Zuerst: Es gibt da den USA-Bundesstaat Kansas. Sie fliegen von zu Hause (Afrika, Mittlerer Osten oder auch Europa) am besten bis New York und nehmen dann die Linienmaschine irgendeiner großen Fluggesellschaft über Detroit, Chicago nach St. Louis. Dann steigen Sie um in eine Maschine einer kleineren Fluggesellschaft. Da haben Sie an der Westgrenze zwischen Missouri und Kansas an der Einmündung des Kansas-River in den Missouri die Stadt Kansas City liegen. Es sind von New York bis Kansas City kaum 1000 Meilen Luftlinie. Da steigen Sie aus. Nun fahren Sie den Kansas-River flussaufwärts nach Westen bis der Blue River, der da aufgestaut ist, von Norden in den Kansas-River einmündet. Es kommt zwar erst noch die Distriktshauptstadt Topeka, aber die kennen Sie ja sowieso nicht. Ein Stück weiter, da liegt dann Manhattan. Es hat so bei 40.000 Einwohnern, davon die Hälfte Studenten der staatlichen Universität. Weiter westwärts liegt dann eine große Wiese, der Flughafen von Manhattan. Das ist dort eine sehr schöne ländliche Gegend. Das Tuttle Creek Reservat ist auch gleich nebenan.

Das da in Manhattan ist die Kaderschmiede, an der in aller Ruhe die technische Intelligenz der arabischen Staaten herangebildet wird. Wenn Sie dann das reichverzierte Doktordiplom der Universität von Manhattan, einschließlich breitem Passepartout, zu Hause hinter sich im geschnitzt-vergoldetem Edelrahmen hängen haben, dann macht das in ihrem Büro in Damaskus, Tunis, Beirut, Algier, Rabat, Casablanca oder wo Sie sich sonst niederlassen wollen, viel mehr her, als der Abschluss irgendeiner anderen amerikanischen oder nichtamerikanischen Universität. Da mag sie noch so berühmt sein. Manhattan kennt jeder. Man wird Sie nie danach zu fragen wagen. Die Leute wissen doch, dass es in den USA nur ein Manhattan gibt und zwar in New York. Die Absolventen dieser Universität haben zu Hause in ihren Heimatländern eine große Karriere vor sich. In den USA sind ihre Chancen wohl eher mittelprächtig. Bildung, die man bei Ihnen voraussetzt, ist also auf der ganzen Welt vorrangig eine Frage der Organisation, der Desinformation und wie immer, sehr von der Form ihrer Präsentation abhängig.

Zurück nach Deutschland. Ich will ja nicht sagen, dass die Attentäter von Nine Eleven alle einen Ausbildungshintergrund an technisch ausgerichteten deutschen Bildungsanstalten aufweisen hatten, aber dass Deutschland seltsamerweise auch mit auf der bevorzugten Studienliste von Studenten aus den vorderasiatischen Ländern des Nahen Ostens und Nordafrikas steht, glaube ich zu wissen. Es geht unter ihnen die Saga, dass man da nicht nur Studienabschlüsse machen kann, sondern nebenbei auch etwas lernen, was man später vielleicht gebrauchen kann. Da gibt es auch ungewollte Zwänge zu Problemen, wo man sie nicht vermuten sollte. Ohne deutschen Universitätsabschluss sei es angeblich schlecht einzuschätzen, ob eine ins Internet gestellte Anleitung zum Bombenbau auch praxistauglich ist. Nichts ist bekanntlich schlimmer, als wenn einem die für andere mit viel Fleiß gebaute Bombe schon vorher selbst um die Ohren fliegt, nur weil die Bauanleitung nichts taugte.

An einer mehr technisch ausgerichteten und sehr traditionsreichen kleinen sächsischen Universität hat man folgendes beobachtet: Zu Studienbeginn ließ sich da eine größere Gruppe von Studenten einschreiben, die alle etwas Naturwissenschaftlich-technisches studieren wollten. Fast die Hälfte davon waren Studenten aus dem Nahen Osten und Nordafrika, Araber, die kaum ein Wort deutsch konnten. Das waren sehr umgängliche und auch sehr freundliche Leute. Man hauste da in einem Plattenbau von Studentenwohnheim zusammen und zwar total durcheinander. Nationalität war grundsätzlich Nebensache, Kommunikation alles. Es wurde fleißig studiert und studiert, aber die Auslandsstudenten hatten es nach einiger Zeit nicht mehr so sehr mit der deutschen Bürokratie. Das nervige Gezerre, was normalerweise und auch da zwischen Lehrkörper, Studenten und Studienorganisation herrschte, wurde von ihnen weitestgehend ignoriert. Zu den Vorlesungen gingen sie nur ab und zu und auch nicht alle. Das mit den Seminaren war oft zu vergessen. Die waren vielmehr guter Dinge, reisten viel in Deutschland herum, bekamen Besuch, der auch auf der Rundreise war, verschwanden wieder und an ihrer Stelle zogen nachgereiste Bekannte und Freunde in deren Wohnheimzimmer, die dann diesen Studentenalltag weiter in dieser Art betrieben. Sie hielten zu ihrem Umfeld, vor allem zu den deutschen Studenten ihrer Studienrichtung immer guten Kontakt und manchmal, wurde die Freundschaft unter den Arabern auch weitervererbt, denn das Studentensterben unter den Arabern war sehr hoch. Sie fieberten förmlich in Vorfreude ihrer baldmöglichen Exmatrikulation entgegen. Wie die Selbstmordattentäter. Das war jedoch keine masochistische Blüte, sondern wahrscheinlich ganz anders motiviert, worauf ich noch zu sprechen komme.

Sie hatten da verschiedene Vorlieben. Da war erst einmal die Ausleihe von deutschen Vorlesungsmitschriften. Sie liehen sich da ganze Pakete aus und brachten sie nach einigen Wochen wieder. Dabei war es ihnen ziemlich egal, was das für Mitschriften waren. Man sah es den Dokumenten allerdings hinterher an, dass sie fleißig benutzt worden waren. Sehr zerlesen, aber es fehlte nie auch nur ein einziges Blatt. Das ist heutzutage gerade unter deutschen Studenten sehr selten. Da kriegt man kaum etwas wieder. Mit der Zeit stellte sich heraus, dass diese Aufzeichnungen in einem Gebetsraum, Moschee gab es zu dieser Zeit dort noch keine, ausgehängt wurden, und jeder, der Interesse daran hatte, konnte sie mitnehmen und sich eine Kopie machen. War der Markt gesättigt, kam die Mitschrift wieder zurück. So schafft man sich Studienunterlagen. Auch der Nachweis, dass einem das ein guter Freund, ein deutscher Kommilitone, aus Gefälligkeit mitgeschrieben haben musste, war imagestärkend. Das machten übrigens auch andere Gruppen von Auslandsstudenten so, nur eben nicht so konsequent durchorganisiert.

Dann gab es die erwähnte unerklärliche Sucht, Exmatrikulationsurkunden zu sammeln. Es war einfach unbegreiflich, weshalb sie so scharf darauf waren, die Nachweise in die Hände zu kriegen, dass sie oder jemand anderes von der Uni geflogen war. Das hängt wahrscheinlich damit zusammen, dass an deutschen Universitäten am Ende des Studiums, nach erfolgreicher Verteidigung des errungenen akademischen Grades die feierliche Exmatrikulation des frisch gebackenen Akademikers steht. Weil nun aber offensichtlich die Papierfetzen, mit denen jemand, aus welchen Gründen auch immer, ge-ext wurde, denen sehr ähnlich sehen, auf denen man dem Akademiker den erfolgreichen Abschluss seines Studiums bescheinigt, waren diese Zettel für diese Auslandsstudenten sehr interessant. Sie brauchten da nur den Grund wegzukleben und ihren eigenen Namen über den des Opfers zu schreiben, und schon hatten sie für sich den Nachweis für die Absolvierung von soundsovielen Semestern Studienzeit in bestimmten komplizierten Fächern. Es war oft erkennbar, dass dem Geexten eigentlich nur noch eine Prüfung bis zum Abschluss gefehlt hatte. So etwas spart an einer anderen Uni eine Menge Studienzeit. Davon machte sich anscheinend jeder, der Bedarf hatte, dann seine Kopie. Einen Notar, der ihnen beglaubigte, dass die Kopie echt wäre, fanden sie bestimmt auch. Da fallen aber Gebühren an. Ich habe es selbst vor einem deutschen Gericht erlebt, dass die notariell beglaubigte Kopie einer Fälschung mehr galt, als die Vorlage des Originals (was zwangsläufig nichts galt, weil vielleicht doch gefälscht) ... schließlich hatte da bei der Beglaubigung der Kopie eine nachweisbare, vereidigte Amtsperson mitgewirkt, die eine ladungsfähige Anschrift hatte (und das vor allem verantwortete, also bestraft werden konnte, wenn es nicht stimmt), während die Leute, deren Unterschriften sich auf dem Original befanden, meist schon tot waren, bzw. die ausstellende Institution schon nicht mehr existierte.

Es gibt aber auch den einfachen Weg, sich eine Kopie beglaubigen zu lassen. Das macht Ihnen jede Gemeinde- oder Stadtverwaltung ganz unkompliziert und billig (Rentner und Studenten zum ermäßigten Satz bzw. kostenlos, je nach Ortssatzung). Am besten, Sie gehen zur Einwohnermeldestelle. Auskunft kostenfrei. Wer wegen § 267 StGB (Urkundenfälschung) oder § 128 OWiG Angst haben sollte, dem müsste erst nachgewiesen werden, dass er nicht in gutem Glauben gehandelt hat. Als Ausländer braucht man das sowieso nur für zu Hause. Da gelten ganz andere Gesetze und sind Sie erst einmal wieder dort, ist Deutschland weit weg. Nur der Deutsche ist in Deutschland der Gelackmeierte. Den schützt Unkenntnis nicht vor Strafe und selbst der Versuch ist strafbar, auch der fahrlässige.

Zurück zu den Exmatrikulationsnachweisen. Sie bescheinigten denen, die sie (nach entsprechender richtigstellender eigenhändiger Korrektur) andernorts vorlegten die Teilnahme an den Unterrichtsveranstaltungen und dieser Nachweis ist an altbundesdeutschen Universitäten Voraussetzung für die Endrunde zum Abschluss des Studiums. Es war in Deutschland seit jeher Tradition, an mehreren Unis nacheinander zu studieren und dann irgendwo seinen Abschluss zu machen. Goethe ist dafür das beste Beispiel. Ob es auch solche Auslandsstudenten gab, die frisch von zu Hause angereist, sich ausreichend solche Scheine aufkauften, um dann woanders über Ghostwriter das Diplom zu erringen; ich weiß es nicht. Geld wurde jedenfalls beschafft. Das war nie das Problem. Ab und zu kam es an dieser Universität auch zu erfolgreicher Verteidigung von Diplomarbeiten. Das waren meist die dummen Deutschen, die tatsächlich immer noch glauben, diese Ochsentour durchzustehen zu müssen. Dann erhielt der Betreffende sein Diplomzeugnis und den zugehörigen Wisch, der ihm das mit dem Diplom bescheinigte. Wie dieser Wisch aussah? Siehe oben. Da waren dann alle Araber und auch andere, solche, die man jahrelang nicht gesehen hatte, plötzlich wieder da und wollten das unbedingt mit feiern. Und um das auch nachweisen zu können, warum man gefeiert hatte, wollte jeder von diesem Zeugnis und von dem Wisch eine saubere Kopie. Heutzutage ist es kein Problem mehr mittels Computer und Bildbearbeitungssoftware, oft sogar schon mittels Microsoft-Word auf dieser Grundlage ganz ordentliche neue Originale zu fabrizierten. Der aktuelle Stempel der Uni und die aktuellen Unterschriften derzeitiger Unterschriftsberechtigter muss man nicht fälschen. Man tauft nur den Absolventen entsprechend um. Das wird doch beim Übertritt vom Christentum zum Islam auch immer gemacht. Cassius Clay hieß dann Muhammad Ali. Alles kein Problem. Tritt eine Diplomurkunde in den Islam über, muss sie eben umgetauft werden.

Da zogen dann am Tag, nachdem sich da ein deutscher Student zum sogar national verpönten Dipl.-Ing. durchgequält hatte, bestimmt noch weitere neubackene ausländische Akademiker erfolgreich mit einem Nachweis eines deutschen Hochschulabschlusses von dannen. Anders als auf die dargestellte Weise habe ich mir jedenfalls die Verhaltensweisen der Auslandsstudenten nicht erklären können, obwohl manches eben nicht selten ganz anders ist, als es aussieht.

Ich verstehe überhaupt nicht, wieso Sie das jetzt vielleicht aufregt. Nur dumme Menschen stellen sich solchen Machenschaften entgegen. Das Genie benutzt bekanntlich die Katastrophe. Falls wieder einmal vom Pisa-Schock und von der Lernfaulheit deutscher Kinder die Rede ist, dann denken Sie mal darüber nach, ob man nicht ein Fach wie „Bildungsmanagement" schon in den Lehrplan der Hauptschule aufnehmen könnte. Es sollte da unbedingt das Fachgebiet „Durchtriebene Schlitzohrigkeit" in gesellschaftlich bejahender und zukunftsweisender Form integriert werden. Bestraft wird immer noch nur das Erwischtwerden.

Neulich hat sogar in Deutschland ein gelernter Postbote einige Jahre sehr erfolgreich als Arzt in der Psychiatrie und auch als Gutachter bei Gericht gearbeitet. Schon vergessen? Auch Intelligenz muss eingeübt werden. Talent dazu reicht nicht. Wir hätten es allesamt sehr nötig.

Weshalb wollen wir nichts von anderen lernen. Sind wir zu stolz dazu? Die haben bestimmt die besten Erfahrungen damit bei uns gemacht. Kein Wunder, wenn unsere jungen Akademiker alle ins Ausland abhauen wollen. Die Erzeugung von Doktorarbeiten über zusammengestellte Kopien fremden geistigen Eigentums will ich nicht ansprechen. Das ist im naturwissenschaftlichen Bereich bekanntlich schwieriger als auf dem Gebiet der sogenannten Geisteswissenschaften, so dass man dieses Problem beim Ingenieur vernachlässigen kann. Der Ingenieur hat andere Hürden zu nehmen.

Nun kommt es nämlich ganz dicke. Wer nach bestandener Diplomprüfung feststellt, dass er es als Student verschlafen hat, sich zwischenzeitlich um eine entsprechende künftige Arbeitsstelle zu kümmern, den schmiert es nun nach dem erfolgreichen Abschluss in Deutschland ganz sehr an. Wenn Sie sich als Student irgendwo bewarben, gab es Resonanz. Eine Praktikantenstelle, wenn auch unbezahlt, bekam er immer. Es konnte ihm sogar passieren, dass man ihm da nach ein paar Tagen für sofort und dauerhaft einen Akademiker-Arbeitsplatz anbot. Für das halbe Geld, bei ganzer Arbeit. Dafür brauchte er nicht erst noch die Diplomprüfung abzulegen. Wenn er auch schon fünf Jahre studiert hatten, das letzte Semester konnte er sich im Interesse der Firma sparen. Es kommt doch darauf an, die Lohnkosten der Firma niedrig zu halten und dabei Leute zu beschäftigen, die Ahnung von der Materie haben und ihr Arbeitsgebiet beherrschen.

Beispiel aus dem normalen Leben: Warum Bäckermeister nur Lehrlinge mit Abitur einstellen? Der Abiturient ist schon etwas älter, begreift manchmal von allein, was er lernen soll, und vor allem hat er schon die Fahrerlaubnis für das Auto. Den kann er schon vom ersten Tag an mit dem Firmenlieferwagen die Brötchen ausliefern und seine Kinder von der Schule oder dem Kindergarten abholen lassen. Der kann der Frau bei der Abrechnung helfen und der kriegt auch Schnaps und Zigaretten im Supermarkt, wenn man ihn dahin zum Einkaufen schickt. Ein Hauptschüler ist längst mit der Lehre fertig, ehe der das alles kann, hat und darf. Vor allem kann man diese Leistungen beim Abiturienten alle zusätzlich für das gleiche Geld abgreifen, und weil er auch schon älter ist, kann auch mehr Reife vorausgesetzt werden. Der weint auch nicht so schnell wie ein Hauptschüler, wenn er mal angebrüllt wird.

Ist der Akademiker dieser Verlockung zur sofortigen billigen Arbeit nicht verfallen, hat zu Ende studiert und ist nun im Besitz seines Diploms, geht es ihm wie dem ausgelernten Bäckerlehrling, der nun Facharbeiter ist. Keiner will ihn haben, weil er Geld für seine Arbeit verlangt. Er hat keine Lobby und er hat auch kein Image, noch nicht einmal eine attraktive Berufsbezeichnung.

Wenn ein deutscher Ingenieur in Deutschland bei einer deutschen Firma eine Bewerbung einreicht, bekommt er in den seltensten Fällen überhaupt eine Antwort. Das liegt einerseits daran, dass die Personalbüros nicht wissen, was sie wollen, und weil andererseits bei dem von den Arbeitsämtern gesetzten Limit an Bewerbungsversendungen von den zum Teil noch aus DDR-Zeiten ererbten arbeitslosen Akademikern der abgewickelten VEB hierzulande eine kaum zu bewältigende Flut von Bewerbungen erzeugt wird, welche nach der Methode aus dem Telefonbuchverfahren ermittelter Firmenanschriften verschickt wird. Die Personalbüros werden so mit Alibi-Papier eingedeckt. Heutzutage ist doch nicht mehr feststellbar, was eine beliebige Firma in ihren Räumen so treibt. Aus der Firmenbezeichnung geht das doch nicht mehr hervor. Woher soll denn das dann der Bewerber wissen.

Dazu kommen die ganz Schlauen, die jede schriftliche Ablehnung sofort wegen Diskriminierung gerichtlich anfechten und sich in die Firmen auf gut bezahlte Posten hineinzuklagen versuchen, ohne da arbeiten zu wollen. Das soll es tatsächlich geben. Kaum eine seriöse Firma traut sich noch eine Stellenanzeige ohne vorherige Formulierungsprüfung durch eine(n) Gleichstellungsbeauftragte(n) und eine(n) Jurist(i)(e)n in eine Zeitung zu setzen, um nicht von irgendwelchen Verbänden und Organisationen wegen Diskriminierung abgemahnt zu werden. Wenn allerdings ein deutscher Akademiker im Ausland dort an einen seiner ehemaligen ausländischen Kommilitonen gerät, der da in einem Chefsessel sitzt, und den um Arbeit anbettelt, dann kann er darauf zählen, dass er Arbeit bekommt; denn der ihn dann einstellt, der weiß, wie sehr sich ein deutscher Student zum Obst machen muss, um in Deutschland einen Abschluss zu bekommen. Der muss nämlich können, was auf seinem Zeugnis steht.

Ich will ja nicht sagen, dass ein Studium und sein erfolgreicher Abschluss irgendein Hindernis auf dem Weg zum Erfolg darstellt, oder dass Kompetenz karriereschädigend ist, aber man sollte schon ins Grübeln kommen, wer da in unserem Land mit welchem Abschluss welche Tätigkeiten in welchen wichtigen wirtschaftlichen und politischen Funktionen wahrnimmt. Wie haben die das eigentlich in ihre Sessel geschafft? Hatten wir nach diesem Bundespräsidenten, der immer stolz tönte, nicht einmal Abitur zu haben, nicht neulich einen Kanzler, der es erst auf dem zweiten Bildungsweg geschafft haben wollte, und auch eine Ministerin für Wissenschaft und Forschung, die darauf stolz war, schon auf dem Gymnasium mindestens eine Ehrenrunde gedreht zu haben?

Bei einem Bundespräsident ohne akademischen Abschluss ist das allerdings kein Problem. Als oberstem Frühstücksdirektor Deutschlands kann ihm das nur von Nutzen sein. Er würde sonst wahnsinnig werden, wenn er begriffe, was er repräsentieren muss. Das hat mich alles, ehrlich gesagt, eigentlich nie sehr gestört, aber dass sie so stolz darauf waren, das habe ich nicht begriffen. Ich werde mich hüten, davon zu sprechen, dass immer der Abschaum ganz oben schwimmt. Ich würde alle die beleidigen, denen es zu verdanken ist, dass überhaupt noch so viel in diesem Lande funktioniert, aber ein bisschen traurig bin ich schon. Hat denn niemand irgendetwas aus der deutschen Geschichte gelernt? Auch nicht aus der gerade vergangenen? Was waren sie denn, die den engeren Kreis der Macht in der DDR bildeten? – Dachdecker, Tischler, was weiß ich denn. Ehrbare Handwerker, könnte man sagen. Stimmt nicht, aus der Gewerkschaftsbewegung und Parteien hervorgegangene Funktionäre, waren es. Parteifunktionäre ohne Kompetenz für irgendetwas. Die haben sich dann auch ziemlich mit allem gründlich verrechnet.

Hat da niemand Angst um Deutschland? Haben wir diese derzeitig täglich um Profilierung rangelnden und auch wiederaus Parteienkarrieren hervorgegangenen Kutscher wirklich gewählt, die uns auch heute ständig aus einer Klemme in die nächste reiten, jeder Politmode hinterherjachtern und immer abwiegeln, wenn der Volkszorn hochbrodelt? Das sind aber eigentlich alles ganz abstrakte und von der Praxis ganz abgehobene Sachen, mit denen der Einzelne überhaupt nichts anfangen kann und sich auch nicht beschäftigen sollte.

Ich fasse mal zusammen: Es lohnt sich in Deutschland nicht, ein Studium der Ingenieurwissenschaften hinter sich zu bringen und da in diesem Beruf zu arbeiten. Alles, was Sie sich anschließend als Arbeitsgebiet vorstellen endet damit, dass Geld, Material und Arbeitskraft in etwas investiert wird, was sich dann als Ware auf dem Markt behaupten muss. Das ist das Hauptdilemma, vor dem die Ingenieurwissenschaften stehen.

Merke: Alles, was hergestellt wird, was man anfassen, körperlich benutzen und verbrauchen kann, kann Ihnen schlechtgeredet, kaputt gemacht, vernichtet werden. Man wird es Ihnen nicht bezahlen wollen, selbst wenn Sie es so hergestellt haben, wie es bestellt war.

Werden Sie Wunderheiler, Meditationstrainer, Esoterikexperte, Wünschelrutengänger, Handaufleger, Schamane, Derwischtänzer, Auraformer, Astrologe, Fußballer, Kampftrinker, Tantralehrer, Guru oder Bänker. Werden Sie Psychologe, Soziologe, Pädagoge, Diplom-Archivar, Gutachter. Sie leben bestimmt ruhiger, auch wenn es Ihnen stressiger vorkommen sollte. Werden Sie, wenn Sie es absolut konkret haben wollen Architekt, Mathematiker, Arzt, Apotheker, Jurist, Theologe, Beamter, Betriebswirtschaftler, Kaufmann, Angestellter. Wenn Sie nicht wissen, was Sie werden wollen, werden Sie etwas Englisches: Contoller, Logistiker, irgendein Manager oder was Ihnen sonst noch einfällt. Wenn Sie eine Stelle für solche Arbeit ergattern, nehmen Sie sie an. Werden Sie Künstler, aber keiner, dessen Erzeugnisse handgreiflich sind. Werden Sie kein Maler oder Bildhauer. Werden Sie Musiker, Sänger, Tänzer.

Werden Sie kein Ingenieur. Sie werden das in Deutschland sonst bitter bereuen und nach einem von aufwendigen unsinnigen wissenschaftlichen Befreiungsversuchen zu ständiger geistiger Vervollkommnung gekennzeichneten, entbehrungsreichen verpfuschten Leben einsam als Single sterben, ohne je auf einen grünen Zweig gelangt zu sein.

Der deutsche Ingenieur ist die Biene, die rastlos zur Blütenbefruchtung wegen der Obsternte unterwegs ist und dafür mit etwas Nektar oder Blütenpollen abgefunden wird. Im Wahn, für das eigene Überleben von diesen Gaben für die Zukunft vorzusorgen, legt er sich etwas Honig zur Seite, und dann kommt am Ende der Fiskus, wollte sagen, der Imker, und bringt ihn auch noch darum. Von dem Obst, was nur mit seiner Hilfe erzeugt werden kann und verkauft wird kriegt er sowieso nichts. Sie sind die Basis. Die anderen sind der Überbau. Da wo Sie sind wird der Dreck gefressen. Und für Ihre Arbeit ausreichend bezahlt, oder überhaupt bezahlt zu werden, das können Sie als Ingenieur in Deutschland sowieso vergessen.

Ich habe da noch eine schon vergilbte Zeitungsmeldung zum Thema Studienabbruch: Von 23.000 Studenten, die sich im Jahr „Nine eleven" in Sachsen zu einem Ingenieurstudium eingeschrieben hatten, haben nach fünf Jahren nur 3.500 ihre Abschlussprüfung abgelegt. Vom Rest weiß man nicht, wohin sie abgewandert oder abgeblieben sind. Man könnte sie ja befragen, aber, der Datenschutz, Sie verstehen ... ?

Wie sehen wohl diese Zahlen für Gesamtdeutschland aus. Sachsen ist doch, mal so von außen, sozusagen global betrachtet, bekanntlich so etwas von vernachlässigbar winzig.

Im Rausche des Rechts

Eine ziemlich aufgeputschte Sache, die man aber
mit einem Deal ganz gut in den Griff kriegt

In der Zeitung steht ein Artikel, in dem ein neueröffnetes Geschäft in der City einer deutschen Großstadt vorgestellt wird. Dieses Geschäft ist ein sogenannter Bio-Öko-Laden aus der Drogeriebranche und er vertreibt neben allen den chemischen Produkten der pharmazeutischen Industrie, die ein Vegetarier neben seiner Normalkost zum Überleben und gegen ernährungsspezifische Mangelerscheinungen dieser seiner Ernährungsweise braucht, unter anderem alle möglichen Hanf-Erzeugnisse vom Rucksack über die Wäscheleine bis zu Textilien, aber auch Hanföl, Hanf-Kosmetika, Knabberhanf. Dämmstoffe aus Hanf vertreiben sie da weniger. Die bekommt man eher im Baumarkt, aber jede Menge Wasserpfeifen und sehr schöne Zigarettenspitzen und sonstige „Rotzkocher" (üblicherweise als Tabakspfeifen bezeichnet) der gehobenen Preisklassen. Hanf-Bier haben sie da bestimmt auch, Hanf-Kraftstoff wohl nicht. Das ist alles natürlich völlig cannabinolfrei, wie eben Bioprodukte auch als pestizidfrei bezeichnet werden, um sie teurer verkaufen zu können. Unter dem Artikel steht noch eine Erläuterung, was Hanf (Cannabis sativa) für eine segensreiche Nutzpflanze ist. Von 10.000 jähriger Nutzung ist da die Rede und auch, dass die Gutenbergbibel auf Hanfpapier gedruckt wurde (Ich weiß nur, dass man notgedrungen eine Teilauflage darauf druckte, weil es nicht ausreichend Pergament gab.) Die amerikanische Unabhängigkeitserklärung sei auch auf Hanfpapier niedergeschrieben. Hoffentlich nicht unter Hanfeinfluss der Autoren. Nicht steht da, dass im vorletzten Jahrhundert (dem 19.) auch in Deutschland der Hanfanbau allgemein üblich war und was in den Tabakspfeifen der Bauern als sogenannter „starcker Toback" schmurgelte, kam damals auch direkt vom gleichen Feld, auf dem das Rohmaterial für das Hanfseil wuchs, wie unsere interne Familienüberlieferung besagt. Es ist so viel vergessen. Wer weiß beispielsweise schon, dass Friedrich von Schiller an Malaria gestorben ist. Die gab es damals noch in Deutschland. Nur durch die Flussregulierungen und Melioration der sumpfigen Brutstätten in der deutschen Landschaft kam es zum Aussterben der Anopheles-Mücke in unserer Heimat. Zurzeit schafft man aber auch bei uns wieder entsprechende Biotope zur Rettung der Arten. Die Mücke wird nicht mehr lange auf sich warten lassen. Malaria ist Bio und Bio ist immer gut, wenn auch nicht immer gesund. Sokrates erhielt beispielsweise einen staatlich verordneten Abschiedstrunk, der rein biologischer Zusammensetzung war. Das da für seine Hinrichtung verwendete Schierlingsgift war damals bestimmt ohne irgendwelche gesundheitsschädliche Methoden, ohne Genmanipulation und auch ohne chemische Düngemittel erzeugt, also ziemlich rein. So rein bekämen Sie es heute nicht mehr. Wenn man nun annehmen kann, dass der Mensch sich im Sommer die Mücken mittels Tabaksqualm vom Halse halten kann, so wie der Imker die Bienen, dann wäre es vielleicht auch möglich, sich die Anopheles-Mücke mittels „starckem Toback" vom Leibe zu halten. In Ägypten habe ich gesehen, wie das die Ägypter abends am Nil in geselliger Runde machen. Sie nehmen dazu exzellente und gewaltige Wasserpfeifen in gemeinschaftlicher Nutzung in Betrieb. Es duftet sehr erfrischend und würzig. Mohammed hat seinen Anhängern alles Mögliche verboten, sogar den Alkohol, aber Haschisch hat er ihnen nicht verboten. Die Moslems halten jedenfalls eisern an ihrem Koran fest. Ich kann es ihnen nicht verdenken.

Um jetzt bei dem Zeitungsartikel zu bleiben, es wird da nochmals ganz genau erklärt, dass es Rausch- und Schmuckhanf gibt. Nur der Rauschhanf, der auch Medizinalhanf heißt, enthielte THC (Tetrahydrocannabinol), den Hauptwirkstoff von Cannabis (Haschisch, Marihuana). Nun kommt der Haupttext: „... *In der Bundesrepublik Deutschland ist der bloße Konsum von Cannabis wie der anderen Betäubungsmittel nicht strafbar...*" Das ist Freiheit. Das ist ganz spezifische deutsche Freiheit reinsten Wassers. Die deutsche Freiheit existiert in Form der amtlichen Erlaubnis. Andere Völker und Regierungen sind anders gestrickt. Da ist erlaubt, was nicht ausdrücklich verboten ist. Die kümmern sich um Probleme erst, wenn es erforderlich ist, regelnd einzugreifen. In Deutschland ist alles verboten, was nicht ausdrücklich erlaubt ist. Siehe: In Deutschland ist Kiffen amtlich erlaubt, weil eben nicht strafbar. Der Text enthält aber noch eine kleine Überraschung. Es steht da noch: „... *dagegen sind Anbau, die Herstellung, das Verschaffen, Erwerb, Besitz, Ein-, Aus- und Durchfuhr, Veräußern, Verschreiben, Verabreichen und Überlassen zum unmittelbaren Verbrauch verboten und damit laut Betäubungsmittelgesetz strafbar.*"

Glauben Sie nicht, dass damit wieder alles verboten ist. Es steht da, dass Sie Cannabis anbauen, herstellen, sich verschaffen, erwerben, besitzen, ein-, aus- und durchführen, veräußern, verschreiben, verabreichen und überlassen dürfen. Allerdings nicht zum unmittelbaren Verbrauch.

Beispiel: Sie sitzen auf einer Lieferung von einem Zentner Cannabis. Ganz offiziell als Händler. Sie dürfen damit alles machen, nur nicht kiffen, nicht den allerkleinsten Joint. Damit würde sich der, von dem Sie diese Ware übernommen haben, strafbar machen. Wohlgemerkt, Sie nicht, aber er. Wieso? Er, als Großhändler mit Lizenz hat Ihnen da doch nur zur weiteren handelsmäßigen Verteilung überlassen. Sobald Sie aber selbst von dieser Ware kiffen würden, fiele das unter die vorgenannte Bestimmung und würde bestraft. Man könnte ihrem Lieferanten nämlich nachweisen, dass er es Ihnen zum unmittelbaren Verbrauch überlassen hätte. Eine geringe Chance hätten Sie vielleicht, wenn Ihnen ein Arzt von Ihrem Cannabis etwas über Rezept verschreibt. Dann würde der und nicht Sie sich strafbar machen. Sie sehen, beim Handel, selbst mit solcher dem individuellen Verbraucher ausdrücklich als straffrei deklarierter Ware ist Vertrauen oberstes Gebot.

Ich muss das wohl noch einmal und auch verständlicher formulieren, vielleicht an einem anderen Beispiel und indem ich das Problem auf den Kopf stelle, denn ich glaube, dass Sie sich der Finessen solcher Gesetzestexte noch nicht ganz bewusst sind, wie sie gerade im Betäubungsmittelgesetz enthalten sind: Nehmen wir Alkohol. Das ist auch eine Droge. Angenommen, er fiele ab morgen unter das Betäubungsmittelgesetz: (Man weiß doch, er hat ganze Völkerstämme ausgerottet, aber dem Einzelnen schadet er überhaupt nichts.) Sie dürften saufen. Niemand würde es Ihnen verübeln dürfen. Sie dürften diesen Alkohol jedoch nirgendwo her haben. Selbst Jesus hätte sich in diesem Fall bei der Hochzeit zu Kana strafbar gemacht, nicht etwa weil er mittels Wunder aus Wasser Wein erzeugte, sondern dass er ihn ausschenken ließ. Sie dürften Alkohol saufen, so viel Sie wollten, aber erzeugen, handeln, ihn überlassen, veräußern, abgeben, das dürften Sie nicht. Sie dürften nicht im Besitz von Alkohol sein. Erwischt man Sie mit diesem Alkohol, werden Sie bestraft. Der Besoffene allerdings nicht. Der bleibt straffrei. Dem müsste nachgewiesen werden, dass er überhaupt wusste, dass das Alkohol war, was er zu sich nahm oder verabreicht bekam. Pech hätte er allerdings, wenn er mit Saufen noch nicht fertig wäre und man ihn mit einer noch halbvollen Pulle erwischte. Dann griffe das Gesetz. Dann wäre er noch im Besitz von Alkohol. Ab in den Kahn ... Haben Sie das jetzt geschnallt? Ja? – Dann müssen Sie mir das mal bei Gelegenheit erklären. Ich habe es nämlich bis jetzt noch nicht begriffen.

Dass man das aber nicht als Lappalie abtun darf, ergibt sich beispielsweise aus der Strafrechtspraxis vor Gericht. Da ist das schon alles geregelt. Ermittlung, Beweisaufnahme, Tatbeweis, Anklage, Verteidigung, Strafparagraph, Strafmaß, Urteil. Der Strafrahmen ist meist ausreichend, so dass man je nach vorliegendem Fall mild oder auch hart strafen kann. Die Richter nehmen das sehr ernst. Man lernt fürs Leben, wenn man sich plötzlich vor unwiderrufliche Entscheidungen gestellt sieht. Man plappert dann im Ernstfall nicht mehr so viel und gedankenlos durch die Gegend, weil es sich bei Gericht gehört, erst das Gehirn einzuschalten und zu denken, bevor man quatscht.

Bei manchen Sachen setzt aber mein Verstand aus. Wie kann man jemandem beispielsweise etwas legal verabreichen, zum Beispiel einen Joint, und dabei verhindern, dass dieser Joint dabei unmittelbar verbraucht wird? Das wäre bei einem Löffel Lebertran auch nicht anders. Jede Art von Genuss- oder Lebensmittel, bzw. Medizin ist dazu verdammt, früher oder später unmittelbar verbraucht zu werden. Wozu denn sonst der Handel und seine Verteilungsformen. Da gibt es beispielsweise noch das Zivilrecht. Auch ich geriet einmal privat in die peinliche Lage, in eine Zivilsache verwickelt zu werden. Sie wissen, Zivilrecht: A kauft von B eine Kuh. Frage: Wer hat Recht? Der Rechtsanwalt, den ich sicherheitshalber mit der Erledigung dieser Angelegenheit beauftragte, hat mich erst einmal darüber aufgeklärt, dass die Worte im Duden zwar für den Normalbürger eine Orientierung bezüglich Schreibweise und ungefährer Verwendung darstellen, sobald man aber in den Bereich der Gesetzestexte gerät, haben sie auch einen juristischen Sinn. Der juristische Sinn weicht mehr oder weniger von dem landläufigen Gebrauch der Wörter in der Zeitung oder in der Belletristik ab. Wissen Sie, wie sehr ich da erschrocken bin? Da sagt mir dieser Anwalt, dass ich keine Ahnung haben kann, und weil ich es nicht studiert habe, natürlich auch nicht mitreden darf. Da habe ich begriffen, dass ich nicht nur nicht begriff, was man in diesem gegen mich angezettelten zivilrechtlichen Verfahren von mir wollte, sondern auch nicht, was mein Anwalt daraufhin unternahm, und eben so wenig, was er zurückschrieb, um das zu klären, was ich nicht begriffen hatte, damit er das klärt, wovon ich eigentlich nichts verstand und außer unverständlichem Ärger auch nichts hatte. Trotzdem habe ich gewonnen, ohne etwas davon zu haben, weil ich doch gar nichts getan hatte oder haben wollte, auch nicht dieses Verfahren, und natürlich auch nichts bekam ... außer dem Recht natürlich.

Als man in Berlin kürzlich bei der ganzen Herumregiererei sogar bei der Regierung anscheinend nicht mehr weiter wusste, griff der Kanzler zur Notbremse und inszenierte die Anwendung des Artikels 68 des Grundgesetzes. Normalerweise tritt man zurück und lässt dann jemand anderen weiterwursteln, der es zwar auch nicht kann, das aber erst aus eigener Erfahrung lernen und im allerschlimmsten Fall von anderen beigebracht kriegen muss. Das war es nicht. Man inszenierte das eben so. Da steht unter anderem im Grundgesetz: *„Findet der Antrag des Bundeskanzlers, ihm das Vertrauen auszusprechen, nicht die Mehrheit der Mitglieder des Bundestages, so kann der Bundespräsident auf Vorschlag des Bundeskanzlers binnen einundzwanzig Tagen den Bundestag auflösen. ...“*

Das hatte ich bis dahin auch geglaubt, dass man das einfach so macht, und dann ist das erledigt. Der Herr Köhler hat sich das wirklich bis zum letzten Tag überlegt, ehe er den Bundestag auflöste. Unabhängig davon wurde das, ohne dass es jemand zu merken schien, zur Zitterpartie für den Bundespräsidenten. Er wurde nämlich deshalb, wie sie es vorher angedroht hatten, von einigen der auf diese Art so eiskalt abservierten Abgeordneten, denen deutlich anzumerken war, dass sie nicht so ohne Weiteres auf ihre Diäten zu verzichten gedachten, vor dem Bundesverfassungsgericht verklagt. Stellen Sie sich vor, das Bundesverfassungsgericht gibt denen recht. Der Bundespräsident ein Vorbestrafter, ein Krimineller. Das hat doch Folgen. Er wäre dann berufsunfähig, wegen Nichteignung oder so. Da haben die Verfassungsrichter bestimmt auch sehr geschwitzt, als sie sich genötigt sahen, das mit der Rechtlichkeit der Auflösung des Bundestages unter Androhung dieser Klagen zu prüfen. Es hätte doch sein können ... Sie haben diese Klagen gegen die Entscheidung des Bundespräsidenten dann Gott sei Dank auch abgewiesen.

Der nächste Bundespräsident trat sicherheitshalber gleich selbst zurück und ersparte damit dem Bundesverfassungsgericht die Feststellung seiner Nichteignung. Es steht anscheinend schon im Grundgesetz etwas ganz anderes, als Sie oder ich darin lesen, weil die Wörter etwas anderes bedeuten. Ich gehe dabei davon aus, dass es keine geheimen Zusätze zum Grundgesetz gibt. Da gibt es doch auch keine? – oder gibt es da irgendwelche Novellierungen, oder dergleichen?! Lassen wir das. Sie können daran ermessen, welche Rechtssicherheit wir in Deutschland haben. Ich möchte in so einem Land nicht Bundespräsident sein wollen, in dem mich jeder ständig wegen jedem Fliegenschiss verklagen dürfte. Die Juristen haben das wahrscheinlich auch schon gemerkt, dass ihnen mit der Menge der Paragraphen das Recht zu entgleiten droht. Deshalb taucht neuerdings in der Rechtspraxis etwas auf, was eigentlich jahrelangem Rufmord ausgesetzt war: Der Deal.

Noch steht es nicht im Urteil, wenn es durch dealen zustande kam, aber wer weiß, was noch alles auf uns zukommt. Der Deal, das war das Verdammenswerteste, was man sich vorstellen konnte. Der Deal wurde vom Dealer vorgenommen und dabei handelte es sich um den, der Rauschdrogen (z. B. Cannabis) an die Junkies verteilte, natürlich gegen Geld. Geld gegen Ware, aber eben verbotene. Was ich noch nicht wusste: Es gibt das mit dem Deal überall, sogar dort, wo man den Deal bekämpft, kann man das manchmal anscheinend nur über einen Deal. Der juristische Deal läuft auch so. Ware gegen Geld ist da allerdings ersetzt durch: Geständnis gegen Strafmaß. Der Deal wird gemacht zwischen Richter, Staatsanwaltschaft, Verteidigern, Angeklagten, Nebenklägern, was Sie wollen. Das hieß früher Handel oder Abkommen und heißt das wohl im Englischen immer noch, aber der ständige Negativgebrauch hat das Wort Deal in Misskredit gebracht. Ich zitiere jetzt Zeitungstext (Es ist übrigens die gleiche Zeitung, in der das mit dem Cannabis stand. Ich unterstelle auch nicht, dass der Stadtreporter da eine Tüte für die Redaktion abgegriffen hat. Die Gedankenassoziationen im Zusammenhang mit der Artikelauswahl legen das nicht unbedingt zwingend nahe.): *„Unter einem sogenannten Deal im Strafprozess versteht man Urteilsabsprachen zwischen dem Gericht, dem Angeklagten und der Staatsanwaltschaft. In der Regel stellt die Verteidigung ein Geständnis in Aussicht, wenn das Gericht zusichert, eine gewisse Höchststrafe nicht zu überschreiten. Kommt der Deal zustande, wird das Strafverfahren wesentlich verkürzt, Zeugen werden nicht mehr gehört, Beweisanträge nicht mehr gestellt."* Dafür gab es bis lange keine gesetzliche Grundlage. Die Deal-Praxis war somit sogar bei Gericht trotz aller Verschleierung dieser Tatsache doch kriminell. Der Große Senat des Bundesgerichtshofes beschloss deshalb, diesen Tätern zu helfen und befand, dass Urteilsabsprachen unter bestimmten Voraussetzungen zulässig sind. Dabei mahnten die Richter ein diesbezügliches Gesetz an. Es soll inzwischen schon in Anwendung sein. Ich werde mich jetzt nicht darüber auslassen, dass man als prominenter Angeklagter mit Hilfe von mehreren Staranwälten ein Gericht verunsichern und zur Verzweiflung bringen kann, zumal in den unteren Instanzen auch noch Schöffen mit zu Gericht sitzen, die schon vom Gesetzgeber her deshalb installiert sind, weil sie möglichst keine Juristen sein sollten. Auch die Gefährdung unliebsamer Tatzeugen, die man zur Aussage vor Gericht zwingen kann ist mit einem Deal abwendbar. Wenn es der Klientel des Angeklagten vorher noch nicht bekannt war, wer die Zeugen sind, sobald der Verhandlungstermin feststeht, werden sie geladen und müssen auch erscheinen, um nicht bestraft zu werden. Diese Drohung bekommen sie schriftlich, zusammen mit der Vorladung zugestellt. Das ist dann die beste Gelegenheit für eine Gang, deren Anführer vor Gericht steht, herauszufinden, wer die sind, die Zeugen, und was sie wirklich wissen. Es ist nun einmal so, dass die Exekutive zwar das Recht sichern soll, ihre Augen aber nicht überall gleichzeitig haben kann. Das wäre nicht nur nicht finanzierbar, sondern würde auch von der Bevölkerung als Polizeistaat empfunden. Während man also im Gerichtssaal den Angeklagten verwarnt, weil er sich ungebührlich gegenüber dem Gericht benimmt, indem er es beschimpft, kommt es schon vor, dass draußen vor dem Verhandlungssaal seine Freunde dem endlich identifizierten, dort auf seinen Aufruf zur Aussage wartenden Hauptzeugen in einem günstigen Moment ein Messer an die Kehle halten, ihm eine kostenlose und wenn es sein muss auch sofortige Himmelfahrt versprechen und ihn so mit gütlicher Überredung von seinen guten Vorsätzen abbringen. Man hat da schon Zeugen rückwirkend blind werden hören, nachdem man sie handgreiflich davon überzeugt hatte, was ihnen sonst eventuell blühen könnte. Wenn der Sie Überredende Ihnen auch noch versichert, dass er „weiß, wo Ihr Haus wohnt", dann halten Sie bestimmt das Maul. Eine schwangere Frau kann dann schon einmal, nur weil sie zufällig unmittelbar Zeugin eines auf offener Straße versuchten Totschlages war, im Gerichtsgebäude genau so zufällig von täterbefreundeter Seite einen anonymen Stiefeltritt in den Bauch bekommen, von anderen Misshandlungen mal ganz abgesehen, die sie anschließend verhandlungsunfähig machten. Die Aufsichtsbeamten haben schließlich oft Wichtigeres zu tun, als sich ständig um die Unschuldigen zu kümmern, die da im Gebäude herumlungern oder vorgeladen sind. Fluchtversuche von aus der Untersuchungshaft vorgeführten Delinquenten sind gar nicht so selten, wie man weiß. Auf diese richtet man also sein Hauptaugenmerk, wenn auch nicht immer erfolgreich, aber meistens doch. Zeugenschutzprogramm, das ist eine schöne Sache, aber man kennt das doch nur aus amerikanischen Filmen und da funktioniert es auch nicht. Ich könnte mir vorstellen, dass man in solchen Fällen schon im Interesse Unbeteiligter auch mal einen Deal gelten lassen kann und das auf der Basis der Aktenlage macht. Es böte sich an, hier auf das Gebiet der Gerichtsshows im Fernsehen abzugleiten. Nur so viel: So dämlich, wie die Angeklagten da agieren und so mutige Zeugen habe ich noch niemals vor Gericht erlebt, und eine so erfolgreiche Polizei, die immer jeden sofort schnappt der vorgeführt werden soll, auch nicht. Juristen sollten sich weigern, an einer solchen Farce, die irgendwelchen juristischen Wunschvorstellungen entsprechen mitzuspielen. Und Schauspieler? Ich kann es verstehen: Besser das, als überhaupt nicht im Fernsehen... Wenn ich jetzt in der Zeitung die Berichterstattungen von Prozessen verfolge, komme ich mir vor wie beim Steuerberater. Das Finanzamt wollte mir ans Fell. Sie schickt mir einen sehr bedrohlichen eingeschriebenen amtlichen Schrieb, auf dem auch gleich stand, was mir blüht, wenn ich nicht pariere. Es geht um meine Steuererklärung, die ich aber vom Steuerberater habe machen lassen. Ich gehe mit diesem Schrieb zum Steuerberater. Der hat die Erklärung gemacht, soll er sie gefälligst dem Finanzamt nochmals erklären. Der liest sich das durch und ruft dann das Finanzamt an. Sie haben da nicht erst lange mit Paragrafen hantiert. Der Steuerberater hat dem Finanzamt erklärt, dass sie das in den Altbundesländern und speziell in Rheinland-Pfalz oder auch Baden-Württemberg schon immer so gemacht hätten und auch jetzt noch so machen, worauf das sächsische Finanzamt seine Forderung mir gegenüber zurücknahm. Ausgefressen hatte ich nichts, und Steuern hinterzogen auch nicht. Aber ohne Steuerberater wäre ich beim Finanzamt wohl nie angehört worden. Das war aber ein legaler Deal, denn es wurde weder etwas geliefert, noch etwas dafür angeboten. Er räumte nur eine Unstimmigkeit aus, ohne dass man etwas anderes verhandelt hätte als die Vermeidung weiteren unnötigen behördlichen Papierkrieges. Die Juristen verschießen aus ihren Paragrafenverhauen heraus auch Blendgranaten, und wenn der Gesetzestext schon eindeutig ist, dann findet bestimmt einer im neuesten Kommentar ein neues Schlupfloch oder eine gegensätzliches Grundsatzurteil, oder ähnliches. Sieger ist immer derjenige, der die neueste Ausgabe des Kommentars hat und sie am gründlichsten auf Zweideutigkeiten durchforstet hat. Um den ständigen Nörgeleien über die erstarrten und komplizierten Strukturen des Rechts allen Wind aus den Segeln zu nehmen: Das Recht lebt also, weil es sich sichtlich weiterentwickelt. Fragt sich allerdings: Wohin? Schauen wir noch einmal zurück auf die Erörterung der Deal-Praxis durch den Großen Senat des BGH. Dadurch, dass der Gesetzgeber dem nachkam und ein Gesetz über die Zulässigkeit einer großzügigen Deal-Praxis herausgab, haben wir einen großen Schritt auf dem Weg zu amerikanischen Verhältnissen getan. Jeder kann jeden wegen allem verklagen. Wer den schlitzohrigsten

Anwalt und vor allem genügend Geld hat, ihn zu bezahlen, der gewinnt. Ich will ja nicht gehässig sein und fragen: Wieso drängt man nicht auf bessere Ermittlungsergebnisse, um auch begründetere Entscheidungen treffen zu können. Da liegt doch die Ursache des Dealphänomens.

Im Moment sehe ich nur: Man ist dabei, die Polizei personell zu reduzieren, aber von den Verbliebenen mehr auf die Straße zu bringen. Die Beamten sollen die Autofahrer darauf testen, ob sie eventuell einmal gekifft haben. Bis jetzt war das straffrei, weil das mit dem Schnelltest technisch noch nicht so weit ausgereift war, wie beispielsweise das mit dem Alkoholtester. Es ließ sich schlecht kriminalisieren. Der Straßenverkehr und die Rauschgiftszene sind ein gutes Korrektiv für die Kriminalstatistik. Da ist im Glücksfall der Täter gleichzeitig der Beweis der Straftat. Wenn Sie einen schnappen, ob als Drängler, Raser, Säufer, Handytelefonierer oder Kiffer, ist das eine Straftat, die auch sofort ein gelöster Fall ist. Bedenken Sie, wie kompliziert das im Fernsehfilm immer mit einem Mordfall ist. Da hat man zwar das Opfer, und wenn man auch noch den Täter hat, fehlt meist der Beweis. Dabei handelt es sich auch nur um einen Fall. Wenn Sie zu 99 erwischten saufenden Autofahrern einen ungeklärten Mord dazuzählen, liegt Ihre Aufklärungsquote bei Straftaten auch bei 99 Prozent, gell? Die Quote ist doch wichtig. Kein Wunder, wenn sich die Ermittlungsrichtungen auch personell mehr auf die schneller zu klärenden Fälle zu verlagern beginnen.

Wenn ich daran denke, wie viele Richter da aus Mangel an ermittelbaren Beweisen schon Deals gemacht haben, und ganz ohne gesetzliche Grundlage. Sodom und Gomorrha ... Die müssten doch eigentlich alle dafür einsitzen. Jeder Richter ein Dealer. Die Justiz ohne ihre Götter. Vor allem, wer soll gegen die verhandeln. Außer ihnen darf es doch keiner. Deutschland brauchte die Legalisierung dieser Dealpraxis. Wie stünde denn sonst der/die Justizminister(Inn) da.

Nachschlag. Eine letzte Zeitungsmeldung: *„Den Haag. (afp). Ein wegen des Schmuggelns von Cannabis verurteilter Niederländer hat den Kauf und den Transport der Droge von der Steuer abgesetzt. Dies war dem Mann möglich, weil er zwar wegen des Schmuggelns verurteilt wurde, aber wegen des Verkaufs des Cannabis freigesprochen wurde. Der Schmuggler erklärte, seine Besteuerungsgrundlage sei von 3,3 Millionen Euro auf 1,8 Millionen Euro gesunken, da ihn der nicht bestrafte Kauf und Transport des Cannabis 1,5 Millionen Euro gekostet habe.“*

Alles klar. Bei Dealern braucht man keinen Deal zu machen. Die schützt das Gesetz. Wenn Juristen zu Dealern werden, nehmen sie diesen Schutz natürlich auch für sich in Anspruch. Der gerichtliche Deal ist also korrekt. Das sähe natürlich ganz anders aus, wenn die Richter mit dem Recht handeln würden und ein Urteil käuflich wäre.

„Ich glaube, jetzt könnte ich gut einen Joint vertragen ... Sie auch? - Hat vielleicht jemand gerade einen dabei?“

Beiläufig ungewollte Fortbildung

Einige Hinweise zur Erringung der wirtschaftlichen
Selbständigkeit in heutiger Zeit

In der Übergangszeit, als man die Wende nicht nur im Osten, sondern auch im Westen noch bejubelte und alles andere damit Zusammenhängende auch, sofern es die suspekten Reste der Parteidiktatur beiseite fegte, trat an den Einzelnen vor allem im Osten langsam die Frage heran, wie denn das so weitergehen würde mit dem Hineinwachsen in die neue Zeit. Es verschwand nämlich auch allerhand in der Versenkung, was man durchaus gern weiter in Anspruch genommen, aber doch bisher eigentlich überhaupt nicht geachtet hatte. Das waren nicht der plötzlich emporschnellende Brötchenpreis und auch nicht die neuerdings abverlangte Westmiete für die DDR-Platten-Wohnung, das sogenannte Arbeiterschließfach. Das war die Verheißung der Marktwirtschaft in der Variante des plötzlich wegbrechenden eigenen Arbeitsplatzes.

Während man noch in der Vorwärtsplanung in Richtung Westurlaub, Westauto, Weltreisen und dergleichen war, verschwand einem der Boden unter den Füßen. Das Recht auf Arbeit, mit dem jeder in den vierzig Jahren DDR geprügelt wurde, weil man faktisch auf der persönlichen Pflicht zur Wahrnehmung dieses Rechtes bestanden hatte, war plötzlich verfassungswidrig. Das ist vielleicht etwas zu hart formuliert, geht aber deshalb nicht an der Realität vorbei. Das Recht auf Arbeit stand jedenfalls nicht im Grundgesetz und damit auch nicht, dass man auf diese Weise vom Staat ernährt werden musste, denn darauf war es schließlich hinausgelaufen.

Anfangs war das trotz zusammenbrechender volkseigener Wirtschaft nicht so knallhart zu spüren. Da gab es die Kurzarbeit bei vollem Lohnausgleich, dann die Stufe Kurzarbeit Null zu gleichen Bedingungen (also Lohn ohne Arbeitsleistung und von der Treuhand aus dem Steuertopf finanziert), ehe man abgewickelt, also grob gesagt: gefeuert wurde. Viele Treuhandbetriebe zahlten da eine Zeitlang vollen Lohn, ohne dass jemand morgens zur Arbeit zu erscheinen brauchte, außer den Angestellten. Die mussten da sein, weil sie das Gehalt auch für ihre Anwesenheit bekamen. Manche davon waren das oft schon vorher gewöhnt, da nur herumzusitzen. Die beschäftigten sich mit sich selbst. Das haben Sie in den Ämtern zurzeit manchmal auch, aber in der Wirtschaft schadet das bekanntlich der Firma, wenn nicht genug Geld dafür da ist, weil man das in dieser Region selbst erwirtschaften muss. Die DDR hatte aber auch das verkraftet und solche finanziellen Überhänge über Subvention abgefangen. In der Industrie der Nachwendezeit war das auf einmal anders als vorher. Die gemäß der Planwirtschaft von allein eintrudelnden Fertigungsaufträge kamen auf einmal nicht mehr. Es war auch kein Sortiment mehr vorgegeben, weil der staatliche Handel nicht mehr existierte, der das bestellt hatte, um es zu vertreiben. Nichts war mehr so wie man es gewöhnt war.

Ein westliches Meinungsforschungsinstitut machte eine Umfrage bei den Direktionen der ratlosen Betriebe des ehemaligen Volkseigentums und aus der kam heraus: Fachkräfte hätten sie genug und auch ausreichend ausgebildete. Produktionskapazitäten wären auch genug vorhanden. Der Maschinenpark sei auch auf einem modernen Stand. Selbst Material gäbe es genug. Was ihnen fehlte wären Kunden und Aufträge.

Das sieht für den Moment für den ahnungslosen Nichtfachmann nicht schlecht aus, sagt aber dem Wirtschaftsfachmann, dass da die Direktionsposten mit Deppen besetzt sind. Verantwortlich auf Wirtschaftskapazitäten zu sitzen und darauf zu warten, dass einem die gebratenen Enten in Form lukrativer Aufträge ins Maul fliegen, das grenzt nicht nur an Debilität, das ist debil. Qualifiziertes Fachpersonal, das bedeutet nämlich auch, dass das die Firma aggressiv nach außen vertritt, für sie wirbt, ihr Aufträge verschafft. Nur erwartungsvoll auf ihren Verwaltungs- und Leitungsposten herumsitzende akademische Titelträger, das kann sich die Staatsverwaltung leisten, aber kein Wirtschaftsunternehmen.

Wie das so geht. Nicht genutzte Zeit ist im Wirtschaftsleben fressendes Kapital und wenn nichts produziert wird, fressen die weiterlaufenden Fixkosten eine Wirtschaftseinheit in kürzester Frist auf. Da mag sie so groß sein, wie sie will. Meist folgten dann die große Kündigungswelle, die Abwicklung und der Gang ganzer Heere „Freigesetztem Humankapitals" zum Arbeitsamt. Altersübergangsgeld, Frühverrentung, Arbeitslosengeld. Das mag für die Älteren schon manchmal ein gutes Netz gewesen sein, in welches sie fielen, vor allem ein Netz aus Westgeld. Welchen Wert man dem Westgeld beimaß wurde mir klar, als eine Rentnerin nach dem Besuch einer öffentlichen Pachttoilette ganz empört von sich gab, dass ihr diese Gauner für ihr Pfützchen hatten Westgeld abnehmen wollen. Die hatte tatsächlich geglaubt, immer noch für Alu-Chips pinkeln zu dürfen und das Westgeld für bessere Zeiten aufheben zu können. Es war zwar Westgeld eingeführt worden, aber eben zu wenig. Bezahlte Lohnarbeit, die man immer geleistet hatte, gab es auch immer weniger. Die volkseigene Industrie machte langsam pleite, es wuchs aber keine Privatwirtschaft nach. Es wurde viel von der Freiheit des Unternehmertums geredet, wie man das aber machen sollte, das konnte keiner so genau erklären. Nur eins war sicher, wer sich nicht selbständig machte, der soff angeblich ab. Die einen begannen Ratgeberschwarten drucken zu lassen, in denen stand, wie man das macht, freier Unternehmer zu werden. Da hatten sie etwas zu verkaufen, wonach der Markt gierte. Die anderen kauften diese Schwarten und machten auf der Basis der Empfehlungen dieser Anleitungen Pleite. Sie hätten das auch ohne diese Ratgeber geschafft, aber meist nicht so schnell. „Management buy out", war ein Schlagwort, „Franchising" ein anderes, „Joint venture" das nächste. Es war wie schon vorher. Der weise Uhu riet den Mäusen, der Katze eine Schelle umzuhängen, aber wie sie das anstellen sollten, das wusste er nicht, da er doch nur für Grundsatzfragen zuständig sei. Um Details muss man sich in der Praxis schon selbst kümmern. Jeder sei seines eigenen Glückes Schmied. Einige kriegten da im ersten Rausch der Selbständigkeit ganz schön das angeblich glückbringende Hufeisen an den Kopp, als sie ihren neuen Gaul beschlagen wollten und der unerwarteter Weise ausschlug.

Es gab Schulungs- und Umschulungsangebote. Bekanntlich steigen aber vor allem die in die Lehre ein, die es selbst nicht können. Die sagen dann den anderen, wie sie es machen sollen. Die Gewerbeanmeldung war ein Klacks, nur die rechtlichen Probleme, die auf einen zukamen, wenn man sich für irgendeine Form der Selbständigkeit entschied, die konnte niemand so richtig erklären. Wir glaubten, es läge an der Unkenntnis, die man gegenüber den Gesetzen der altbundesdeutschen Republik als Bürger aus dem Beitrittsgebiet hätte. Das war ein Vorurteil, wie sich im Lauf der Jahre herausstellen sollte. Der Altbundesbürger kennt seine Gesetze auch nicht. Und wenn er glaubt, sie zu kennen, dann beweist es ihm sein Rechtsanwalt, dass dem durchaus nicht so ist. In der nächsten Instanz beweist dann der Richter dem Anwalt, dass der Inhalt des fraglichen Gesetzes wiederum völlig davon abweicht, was sich ein Advokat träumt, und die nächsthöhere Instanz verpasst dann diesem Richter wiederum für sein Urteil eine Klatsche. Auf hoher See und vor Gericht ... Wie man das satt kriegen kann.

Wie man das macht, sich eine Existenz aus dem Nichts aufzubauen, das habe ich bei einer Gerichtsverhandlung erklärt bekommen, bei der ich als Zuschauer zugegen war. Sie hatten da einen Angeklagten aus den Altbundesländern nach Sachsen überstellt, weil er auch da krumme Dinger gedreht hatte. Der Angeklagte, ein Mann Ende Zwanzig, wurde wegen Konkursverschleppung angeklagt. Das kennt man ja. Der Meister sagt zu seinem Lehrling: „Nächsten Monat lernst du aus, aber du kennst noch nicht alles, was du für die Praxis brauchst. Wir machen jetzt Konkurs, damit du das auch kannst, wenn du mal selbständiger Handwerker bist."

Hier ging es um Konkursverschleppung. Das hatte der wohl nicht gelernt, sonst hätten sie ihn nicht erwischt. Er war ursprünglich nur Handlanger bei einer Baufirma gewesen und hatte sich dann selbständig gemacht, nicht als Handlanger, sondern als Unternehmer. Wie man das macht, schien er aber nur abgeschaut und kaum gelernt zu haben. Die Sekretärin sagt doch auch, wenn sie den Monteuren zuschaut: „Das weiß ich, wie das geht. Das habe ich schon einmal gesehen ...", und dann gibt sie ihre Anweisungen, ohne dabei die unerbittliche Gültigkeit der Naturgesetze und die der finanziellen Möglichkeiten zu berücksichtigen. Trotzdem war ich erstaunt, wie ein Hauptschüler das macht, der über keine abgeschlossene Berufsausbildung verfügt, wenn er in den Altbundesländern selbständig eine Firma aus dem Nichts hochzieht.

Der Richter war auch neugierig und so wurde von ihm manches erfragt, was nicht unbedingt zur Klärung des Falles, aber zur Erhellung von Möglichkeiten des Seiteneinstiegs in die freie Wirtschaft beitrug, und ich muss sagen, die mit mir im Zuschauerraum saßen waren auch ganz davon angetan, was sie da zu hören bekamen. Das ging mit der Befragung zur Person los und brachte nach Vorhalt aus dem amtlichen Strafregister einige Delikte des Angeklagten ans Licht, die er gern verschwiegen hätte. Die letzte Strafe hatte er absitzen müssen. Es war da um kleinere Diebstähle von Baumaterial gegangen. Weil er zu der Zeit aber noch unter Bewährung für ein vorheriges gleichgelagertes Delikt stand, hatte man ihn eingebuchtet und er hatte mehr absitzen müssen, als er vermuten konnte. Das hatte gewirkt. Er schwor sich, dass ihm das nicht wieder passieren sollte. Er würde ehrlich bleiben und nicht wieder als Schwarzarbeiter mit gestohlenem Material dem Bauhandwerk nachgehen. Ehrlich währt am längsten.

Aus dem Gefängnis entlassen, war er bei seiner damals noch von Sozialhilfe lebenden Freundin untergekommen und sie hatten sich vorgenommen, es nun gemeinsam zu versuchen, sich aus dem Jammertal des Proletariats, des „doppelt ausgebeuteten Lohnarbeiters" (Marx) in die Klasse der Kapitalisten zu katapultieren. Sie waren voller Tatendrang und zwar ohne jede reale Basis (Jetzt würde man das „Prekariat" nennen, weil sie sich in einer prekären Situation befanden.). Geld hatten sie keins, aber eine Geschäftsidee. Eine, die man einer Bank vortragen konnte, um Risikokapital zur Verfügung zu bekommen, und die sehr praktisch aussah. Dabei fußte das auf einem Trick, wovon die Bank besser nichts erfuhr. Es ging aber für sie nur so.

Zu der Zeit gab es die Sache mit der inzwischen auch nicht mehr aktuellen Wirtschaftsform der selbständigen Einpersonenfirma, die sich nach Belieben ausputzen lässt, noch nicht. Es war demzufolge schwer, von allein in die Selbständigkeit abzuspringen, weil man doch auf die Schnelle keinerlei Fördermittel bekam. Sie suchten sich also in einer Stadt ihrer Wahl, in der man sie nicht kannte eine räumliche Gelegenheit für ein Büro mit Nebengelassen, direkt an der Straße.

Sie fanden auch. Es war ein Kolonialwarenladen gewesen, der nun leer stand und einer kompletten Renovierung bedurfte. Da hinein stellten sie ihre persönliche Habe. Schrank, Bett, Tisch, Stuhl und Gaskocher. Mehr als Gas-, Strom- und Wasseranschluss braucht man nicht. Das war im Hinterzimmer. Toilette in Gemeinschaftsbenutzung mit der im ersten Stock wohnenden Vermieterin, der sie erklärten, da ein Architekturbüro aufmachen zu wollen. Dass sie da auch wohnen wollten, kam erst später heraus. Mietzahlung wurde in Aussicht gestellt. Über Kaution wurde nicht gesprochen. Die Vermieterin war froh, dass sich überhaupt noch jemand für die Räume interessierte. Die Supermärkte hatten sie damals schon in die Pleite getrieben, als sie noch selbst im Laden stand. Es kommt immer darauf an, wie man an eine Sache herangeht und sich darstellt. In einer kleinen Druckerei mit Coppy-Shop ließ sich der neue Unternehmer eine Visitenkarte entwerfen und auch gleich einige vervielfältigen. Dazu einen Geschäftsbriefbogen. Den ließ er einmal als Muster ausdrucken und nahm ihn mit, um ihn noch einmal zu überdenken. Sie hatten noch keine Telefonnummer.

Seine Freundin, die auch beim Bau beschäftigt gewesen, zwar mit ihm zusammen auf die Straße geflogen, aber straffrei ausgegangen war, hatte in der Verwaltung der betreffenden Firma gearbeitet. Sie konnte schriftliche Arbeiten erledigen und auch mit einem Computer mit Bedienerführung durch das Menü kam sie zurecht. Die fünf Visitenkarten und der Briefbogenprobedruck reichten für den Anfang. Darauf stand sein Name, seine neue Adresse und dass es ein Architekturbüro sei, was vorrangig wirtschaftsberatend tätig wäre. Er war auf der Visitenkarte und auch auf dem Briefbogen „Geschäftsführender Gesellschafter" der Firma. Man lieh sich die alte Schreibmaschine der Ladenvermieterin für den Nachmittag und nach reiflicher Überlegung entstand auf dem Briefbogen mit Firmenkopf eine Text, der Folgendes aussagte:

„...Hiermit wird Fräulein M. bescheinigt, dass sie bei unserer Firma als Chefsekretärin beschäftigt ist, und monatlich 2.500,- DM Gehalt bezieht..."

Da stand zwar noch mehr, aber das war das Wichtigste. Damit sprach dann „Fräulein M." (die Freundin) bei der Sparkasse vor, eröffnete als Zugereiste ein Konto und nahm gleich einen gepfefferten Kredit zur Renovierung und Einrichtung ihrer neuen Wohnung auf. Das mit der Lohnbescheinigung machte einen guten Eindruck, auch wenn man die Firma noch nicht kannte. Es stellte sich dann bei einer späteren Anfrage der Sparkasse heraus, dass die Firma, die ihr Geschäftskonto bei der Volksbank hatte auch Geld besaß, welches auf diesem Konto war. Dass es das soeben ergaunerte Kreditgeld von der Sparkasse war, welches da auf dem ebenfalls gerade neu eröffneten Geschäftskonto bei der Volksbank lag, das lag außerhalb aller ihrer Vorstellungen. Banken setzen bei ihren Kunden Seriosität voraus. Eine allgemeine Geschäftsauskunft erbrachte nichts Negatives. Die Firma war noch zu neu, um überhaupt einen Leumund zu haben. Der „Geschäftsführer" beantragte nun auf der Grundlage des nun auf dem Volksbankkonto liegenden „Firmengeldes" noch einen zusätzlichen Kredit für seine Firma.

Wie gesagt, jetzt hatte man vorerst ausreichend Geld und damit stand der Aufnahme des Geschäftsbetriebes nichts mehr im Wege. Nun suchten die zwei eine Firma auf, die mit Computern handelte. Es war eine Firma, die ebenfalls in ihren Anfängen steckte, auch ein Einmann-

Unternehmen. Da bestellten sie einen PC. Dazu einen Drucker und eine darauf zu installierende Software, mit der man Briefe schreiben, Kostenvoranschläge und Rechnungen ausfertigen, und auch Tabellenkalkulation ausführen konnte. Die Chefsekretärin wusste zwar nicht, was sie alles nicht konnte, aber sehr genau, was aus dem Computer herauskommen und wie das gedruckt auszusehen hatte. Da richtet einem ein an Auftragsmangel leidender Elektronik-Einzelhandels- und Datenverarbeitungsservice-Betrieb für wenig Geld und auch halb auf Pump (Rechnung mit langem Zahlungsziel) schon allerhand ein, um nicht zu riskieren, den Auftrag zu verlieren.

Jetzt konnte man auch ein Telefon mit Fax von der Telekom leasen. Der Anschluss lag noch in den Geschäftsräumen des ehemaligen Ladens und musste nur noch aktiviert werden. Der Druckerei wurde bei Übermittlung der Bank-, Telefon- und Faxdaten mitgeteilt, dass sie die Briefbogen nun drucken könnten. (Der Probedruck sei leider verloren gegangen, aber genau so sollten sie es machen). Visitenkarten brauchte man auch mehr, natürlich auch Rechnungsvordrucke und Briefumschläge. Geschäftsausstattung nennt man das wohl. Für ein neues Auto reichte es nicht, aber das war anfangs noch kein Problem. Der schon angerostete Ford Fiesta der Freundin tat es noch, auch wenn er nicht mehr angemeldet war, aber das würde alles schon noch werden. Auf diesem Gebiet, dem der Aufwendungen waren die beiden vorsichtig. Man ist Geld schnell los, aber man kriegt nur schwer welches herein.

Eine Werbefirma bekam den Auftrag, ein Firmenschild anzufertigen und als die Anzeige über die Geschäftseröffnung in der Zeitung erschien, hatten die zwei schon das Schaufenster dekoriert und auch in Eigeninitiative innen den Kundenberatungsraum renoviert, mit dem Computer und einem Beratungstisch sowie Stahlrohrmöbel eingerichtet. Kaffeemaschine und Geschirr inklusive. Auf einer Tafel im Schaufenster stand, was man da alles für Dienstleistungen in Anspruch nehmen konnte und hinter dem Schreibtisch saß die Chefsekretärin, welche Aufträge entgegennahm und mit Kunden verhandelte. Der Geschäftsführer war nie da und wenn er da war, dann sah man ihn nicht, weil er im Hinterstübchen zwischen Herd und Bett am Küchentisch an seinen Strategien bastelte und seine Geschäfte ins Laufen brachte, wie er das nannte. Rührig und fleißig waren sie wohl gewesen. Jeder seriöse Geschäftsmann macht das auch nicht viel anders.

Langsam schälte sich die Geschäftsidee heraus, welche die zwei umzusetzen versuchten. Er war unterwegs und schaute sich in der Innenstadt Häuser an, redete mit den Leuten, fragte nach den Eigentümern und suchte sie auf. Er empfahl Instandsetzungen, Um- und Ausbauten, Renovierungen. Vom Schwarzbau her kannte er die Art, wie man mit Leuten umgeht, wie man sie an der Ehre packt und dabei dazu verleitet, mehr in Auftrag zu geben, als sie eigentlich gewollt hatten. Er sammelte da Aufträge für Maler, Maurer, Klempner, Elektriker und Glaser. Was eben anstand. Pauschale Kostenvoranschläge ohne Spezifizierung wurden an Ort und Stelle angeboten. Er hatte da Vordrucke aus dem Computer. Nur keine Luft ranlassen. Überlegt es sich der Kunde, kann man den Auftrag vergessen. Sofortunterschriften auf Pauschalaufträgen waren ihm wichtig. Das lief eigentlich ganz gut an. Nun ging es an die Realisierung. Das klappt auch ganz gut, wenn man das persönlich abwickelt. Mit einem Elektrikerauftrag geht man zu einem Elektromeister, mit einem Renovierungsauftrag zu einem Malermeister, und so weiter. Dort gibt man den Auftrag ab und legt den finanziellen Rahmen fest, gibt die Adresse des Kunden und überlässt dem Meister die Details vor Ort. Aufträge sind knapp. Man muss sich nach der Decke strecken. Welcher Handwerker wagt es heutzutage bei dem allgemeinen Geiz einen Auftrag rundweg abzulehnen. Es gibt dann die Abstimmung zwischen dem Ausführungsbetrieb und dem Kunden. Nach Fertigstellung kassiert das Architektenbüro den vereinbarten Rechnungspreis und zahlt dem Handwerker seine erbrachte Leistung nach vereinbartem Festpreis.

Sie werden sich wundern, aber das klappt normalerweise, allerdings nur bei Großunternehmen. Im Kleinen klappt das nicht. Der Grund wurde auch gleich geliefert. Hier trat plötzlich ein unvorhergesehener menschlicher Faktor in Erscheinung, an den vorher keiner gedacht hatte. Wenn eine deutsche Kleinstadt einschließlich eingemeindeter Dörfer bei 10.000 Einwohnern hat, dann kennen sich die direkt in der Stadt wohnenden Leute und halten sich normalerweise noch nach Spitznamen auseinander. Das ist erst ab 20.000 etwas verwischter und auch bei 30.000 noch nicht anonym genug, um solche Geschäfte zu machen, wie sie dieser Jungunternehmer betreiben wollte.

Da kommt also der Malermeister, der Klecksel-Lehmann, ins Nachtjackenviertel und klingelt bei Hunde-Schulzens Witwe, der Milda, wegen dem Auftrag zur Renovierung ihrer Putzstube, um das genaue Aufmaß für die Tapete zu nehmen und mit ihr zu besprechen, ob und in welcher Farbe die Stubentür neu zu lackieren ist, ob sie die Fenster wirklich noch einmal gestrichen haben will und wie das mit dem Neuverkitten der Fensterscheiben so ist. Das geht also damit los, dass die Schulzen ganz erstaunt ist, dass der Klecksel das macht, wo sie doch den netten jungen Architekten den Auftrag erteilt hat, und der Klecksel die Milda fragt, wie sie denn an den Windhund von Architekt diesen Auftrag habe geben können, wo doch sogar schon sein Vater selig, der alte Lehmann immer bei ihr gemalt habe und auch das letztemal vor zehn Jahren, da habe er doch das selbst gemacht, ob sie denn nicht mehr wüsste, wie sie damals wegen der Tapete gefeilscht hätten. Nur gut, dass sie dann doch die hellere genommen hätte, für diesen Raum, wo nur früh kurz die Sonne rein scheine. Das sei trotzdem alles wirklich wieder mal reif fürs

Vorrichten. Na ja, jetzt, wo der Richard, ihr Mann, voriges Jahr gestorben sei, rauche nun niemand mehr im Haus, da lohne es sich schon mit dem Renovieren, weil es doch nun länger hält, meinte die Milda. Es wird auch Kaffee gekocht und noch ein bissel geschwätzt. Dabei kommt man ganz ungewollt auf Preise zu sprechen und der Klecksel, der schon eine Stinkwut hatte, dass er den Auftrag seiner Stammkundin über einen neuen windigen Bauträger, oder wie man das nennt, abwickeln muss, erfährt nun auch noch, was die Schulzen dem zahlt und wie viel er davon nicht kriegt. Es freut ihn nicht, soviel ist sicher, aber Auftrag ist Auftrag. Man wird sehen.

Das wurde im Verlauf der Vernehmung vor Gericht vom Angeklagten zwar etwas anders dargestellt, vor allem gehässiger und drastischer, vor allem nicht so detailreich in Beziehung auf das rein menschliche Verhalten seiner Subauftragnehmer und wie sie mit den Kunden verkehrten, lief wohl aber in dieser Art ab.

Es geht seit Neuestem in diesem Städtchen außer dem Klecksel-Lehmann auch anderen Handwerkern und Kunden so. Am Stammtisch im Ratskeller wird das dann alles offenbar, was sich in der Stadt abspielt. Das mittelständische Handwerk ist in Aufruhr. Es tut sich aber nicht viel. Erstens weiß man nicht, wer da hinter dieser neuen Firma steckt, und dann, man hat schließlich die Arbeit angenommen und der neue Auftraggeber hat das ziemlich formlos angefangen. Der hatte sich überall sehr anbiedernd und jovial als Mann vom Bau ausgegeben, der noch an alten Traditionen hängt und da gilt bekanntlich ein Handschlag zwischen guten Geschäftspartnern mehr als ein Vertrag, wie er selbst gesagt hat. Die Aufträge sind zwar korrekt und auch deutlich formuliert, aber als alter Hase weiß man schon, was es da alles noch für Schlupflöcher gibt und wie die zu nutzen sind. Man sollte es ausprobieren. Es gibt da die verschiedensten Möglichkeiten, jemand zu ruinieren. Die direkt angekündigte im Frontalangriff ist nicht immer die beste. Andere, die es nicht betrifft könnten da verschreckt werden und schon die alten Chinesen hatten gewusst: *Scharfe Waffen des Staates zeige man nicht dem Volke,* und der Geschäftsmann muss immer vorsichtig sein. Man hatte also beschlossen, dem Neuen das Wasser abzugraben, langsam, aber vor allem systematisch und zwar sehr gründlich.

Das geht damit los, dass er angeblich zu teuer sei. Er hielte keine Termine ein (das hatte man sowieso in den Händen), er beriete die Leute falsch, weil er keine Ahnung hätte (das konnte man in der praktischen Durchführung den Kunden sofort beweisen, dass es besser wäre, noch mehr und alles ganz anders zu machen). Das war die ideologische Kriegführung.

Praktisch verfuhr man so, dass man sofort Rechnung legte, zumindest Vorauskasse verlangte, sich das Material bevorschussen ließ, die Kunden aufhetzte, nicht zu zahlen und darüber hinaus dem Bauträger für Unvorhergesehenes zusätzlich gepfefferte Preise ansetzte, die er aber vom Kunden nicht bezahlt bekäme.

Das Geschäft lief auf Hochtouren, das Auftragsbuch der neuen Firma war voll, aber es wurden dabei plötzlich auch unvorhersehbare Schulden eingefahren, die sich mit der Zeit zu ziemlicher Höhe ansammelten. Da hatte es auch nichts genützt, das Geschäftsfeld auf entfernter gelegene Gebiete auszudehnen, mit der Firma in die neuen Bundesländer überzuwechseln und dort Aufträge anzunehmen. Die Leute waren da genau so gehässig in ihrem Geschäftsgebaren. Da nahmen sich Ost und West nichts. Alles geldgierige Geizhälse, zumindest Geschäftsleute, die selbst gut verdienen wollten.

Ich glaube, die Versicherung war es, die schließlich für ihn Konkursantrag stellte, weil er mit den Sozialabgaben für seine einzige Angestellte zu weit im Rückstand war. Es war der berühmte Tropfen gewesen, der das Fass zum Überlaufen brachte. Man kann schließlich nicht an alles denken und gerade die unvermutbaren Kleinigkeiten sind es meist, welche ganz große Projekte am Ende zu Fall bringen.

Wussten Sie schon, dass Sie verpflichtet sind, als Firma Insolvenz anzumelden, wenn Sie nur noch neunzig Prozent Ihrer Verbindlichkeiten finanziell abdecken können? Das ist die Marke, an der sich die Richter orientieren. Woher sollten die es besser wissen. Ich habe mir sagen lassen, dass es da in der Wirtschaft Hasardeure gibt, die jahrelang frei über dem Abgrund schweben und doch irgendwie zurecht kommen.

Ehe eine Bank sich ausgekrümelt hat, etwas mit einem Kredit zu überbrücken, ist doch meist sowieso alles gelaufen. Ein Handwerker ist schon froh, wenn er immer ausreichend und vor allem bezahltes Material vorhalten kann. Mit der Lohnzahlung sieht es meist schon schwieriger aus. Der Rest ist Hasard. Wer zahlt schon Rechnungen, wenn er nicht muss. Da sind die Ausführenden genau so wie ihre Kunden. Alles Menschen. Ich habe mir, wie gesagt, das alles mit angehört, bin aber zum nächsten Gerichtstermin nicht wieder hin gegangen.

Es war für mich ausreichend gewesen, was sie in meinem Beisein verhandelt hatten. Dem vorsitzenden Richter konnte man kaum vorwerfen, dass er dem Angeklagten kein rechtliches Gehör geschenkt hätte. Es war fast wie bei der psychologischen Gesprächstherapie. Die Besserung des zu Verurteilenden setzte bereits sichtbar noch während der Beweisaufnahme ein. Der breitete seine Seele da aus. Es war ihm alles abzunehmen und auch der gute Vorsatz, der seinen Handlungen zugrunde lag. Verurteilt haben sie ihn am Ende aber bestimmt trotzdem, schon deshalb, weil er sich hat erwischen lassen.

Quintessenz: Auch wenn man fleißig ist und alles richtig macht, so kommt man in der Wirtschaft nicht auf die Beine. Irgendetwas hatten die beiden falsch gemacht. Das war mir wieder in den Sinn gekommen, als ein lange Jahre brach liegendes Grundstück in einem eingemeindeten

Nachbardorf unseres Städtchens plötzlich verkauft wurde und nach ziemlich kurzer Zeit eine bunte Tafel da anzeigte, dass hier eine Siedlung aus Eigenheimen und Mehrfamilienhäusern entstehen werde. Wer wolle, könne da fertige Häuser und Eigentumswohnungen kaufen. Es baut die Firma *Soundso*. Die baute damals überall. Es war Bauerwartungsland gewesen, als es verkauft wurde und wurde nun preislich zu Bauland aufgestuft. Eigentümer war ein *Konsortium* von Rechtsanwälten. Man parzellierte das Grundstück und verkaufte davon anschließend gleich wieder einen am Rand gelegenen Streifen. Das war ungefähr ein Viertel der Gesamtfläche und ging an Privatleute, die darauf individuelle Einfamilienhäuser errichten wollten. Auf diese Weise war infolge der vorher verfügten Hochstufung zum Bauland der Kaufpreis für das ganze Grundstück wieder zurückgeflossen und die Gesamterschließungskosten auch. Der Kredit für den Kauf des Gesamtgrundstücks wurde abgestoßen und es blieb dem Konsortium sogar noch etwas Geld übrig. Die Stadt ließ sich auch nicht lumpen. Man hatte auf dem restlichen Areal öffentliche Straßen und Plätze ausgemessen und sie der Stadt rücküber-eignet, die sich als kulant erwies und natürlich den Kaufpreis, die Vermessungskosten und auch die anteiligen Erschließungskosten erstattete. Dabei wurde ganz vergessen, dass man diese Kosten schon auf die einzelnen Parzellen umgelegt hatte. Das Geld also beim Verkauf der Grundstücke und Häuser dem *Konsortium* noch einmal in die Kasse fließen würde.

Gleich darauf wurden diese Straßen und Plätze ausgebaut. Jetzt kamen also noch die auf Staatskosten gebauten ordentlich befestigten Straßen wertsteigernd für die Einzelgrundstücke dazu. Das Konsortium hatte schon gut verdient, stand aber erst am Anfang. Das eigentliche Geschäft sollte erst noch gemacht werden. Es ging los. Die Firma *Soundso*, begann Häuser zu bauen. Es stellte sich heraus, sie war nur ein Büro, welches Bau- und Handwerkeraufträge erteilte. Sie hatte einen Gesamtbebauungsplan und vergab auf Ausschreibung hin die Aufträge an die örtlichen Handwerker. Das war ein großer Auftrag für die Region und jeder, der im Baugewerbe tätig war, versuchte bei diesem Projekt unterzukommen.

Nach anfänglich großem Fleiß, kam das aber langsam ins Stocken. Man baute und manchmal baute man nicht. Dann baute man wieder, plötzlich aber wieder nicht. Es hätte vielleicht am Wetter liegen können, aber da gab es keinerlei Zusammenhang. Auch an schleppender Materiallieferung konnte es nicht liegen, was zu DDR-Zeiten meist die Ursache für zeitweisen Baustopp gewesen war. Es wurden einige Eigenheime fertig und auch einige Mehrfamilienhäuser. Leute zogen ein, zum Teil als Mieter und zum Teil als Eigentümer. Es zog sich in die Länge. Die örtlichen Handwerker zogen sich mehr und mehr aus diesem Baugebiet zurück und mehr und mehr sah man Handwerksfirmen aus anderen

Regionen dort bauen. Die Nummernschilder der tagsüber da abgestellten Autos bewiesen das. Die Pensionen im Umfeld, die sonst krampfhaft nach Übernachtungskunden gesucht hatten, waren nun meist ausgebucht. Es wurden sogar noch zusätzliche eröffnet. Wer fährt gern früh vierhundert bis sechshundert Kilometer zur Arbeit und abends wieder zurück, und das alle Tage. Die Häuser gingen ab wie warme Semmeln und auch die Eigentumswohnungen. Florierende Bauwirtschaft und zufriedene Kunden, andererseits ein Grummeln unter der Decke.

Ich hatte zwar verfolgt, dass auf der großen Tafel mit dem Fertigbild der Gesamtanlage der Firmenname der als Hauptauftraggeber fungierenden Baufirma gewechselt hatte, dem aber nicht viel Bedeutung beigemessen. Es hatte nach der Firma „Soundso" die Firma „Anderswoher" die Bauverantwortung übernommen und nach der die Firma „Hochhinaus", die wiederum von der Firma „Topp-Bau" beerbt wurde. Das war mir aber nicht so wichtig erschienen, bis mir einer der Handwerker, der auch einmal dort einen Auftrag ergattert hatte, erklärt hatte, was eigentlich lief. Das hatte sich ganz zwanglos im Gespräch mit ihm ergeben, weil meine Heizung zum Wochenende plötzlich streikte und er den Notdienst hatte.

Das Rechtsanwaltskonsortium als Grundeigentümer, die eigentlich mit nichts angefangen hatten, als mit einem längst abgestoßenem Kredit für den Grundstückskauf, hatte sich da eine wasserdichte Hängematte aus speziellen Verträgen gestrickt. Die die Aufträge vergebende Baufirma hatte volle Freiheit, auf eigenes Risiko dort den Bebauungsplan umzusetzen. Die fertigen Häuser und Wohnungen übernahm dann die Grundeigentümergesellschaft des Konsortiums zu unveränderlichen Festpreisen, um sie an die Privatkunden zu Vertragspreisen zu verkaufen, die seltsamerweise ständig stiegen. Nicht stark, aber immerhin. Verkalkulierte sich der Hauptauftraggeber, dann war das sein Risiko. Der hatte den Festpreis einzuhalten. Sie wissen ja inzwischen, wie das läuft. Wer von wem abhängig ist, kann am deutlichsten am Geldfluss abgelesen werden.

Verzögerte sich der Verkauf einer Immobilie, dann bekam der Hersteller sein Geld eben auch später. Wenn die Handwerker Geld wollten, bekamen sie es erst, nachdem die Leistung abrechenbar war. Das Material mussten sie sowieso vorfinanzieren und auch den Lohn ihrer Arbeiter. Das Konsortium übernahm das Haus wohl zum Festpreis vom Hauptauftraggeber, zahlte aber erst, wenn es das Haus an Privat verkauft hatte. Auch diese Verträge waren wasserdicht entworfen. Als die Firma „Soundso" pleite ging, weil sie sich verkalkuliert hatte, denn sie hatte gedacht, dass sie selbst auch etwas daran verdienen könnte, auch unbegründeter Weise geglaubt hatte, Geld zur Bezahlung ihrer Subauftragnehmer zu bekommen, fiel die gesamte Konkursmasse vertragsgemäß an das Konsortium, damit aber auch das bereitgestellte Material der Handwerker für die angefangenen weiteren Arbeiten, welches sie auch noch nicht bezahlt bekommen hatten. Die geleistete und noch nicht bezahlte Arbeit sowieso.

Das Konsortium setzte dann die Firma „*Anderswoher*" als neues Zwischenglied ein. Es konnte mit frischen Kräften weitergebaut werden, nur die Handwerker wollten nicht. Deren bereitgestelltes Material und ihre begonnene Arbeit waren zur Konkursmasse der Firma „*Soundso*" geworden, und die war zahlungsunfähig. Wie das ganz genau lief, wussten wohl noch nicht einmal alle Konsortiumsmitglieder, die davon so gut profitierten. Jede Pleite eines Hauptauftraggebers wurde so zur Basis eines zusätzlich zu erwartenden Goldregens für das Konsortium.

Die neu übernehmende Firma hatte als neuer Hauptauftraggeber nichts mit der Pleite gegangenen Firma zu tun, mit dem feinen Unterschied, dass sie mittels der materiellen Konkursmasse, die ihm natürlich das Konsortium zur Verfügung stellte, die Fortführung des Gesamtobjektes betrieb. Wer Geld wollte, konnte gegen den klagen, der weggejagt war und nichts mehr besaß.

Das muss eine sehr lukrative Geschäftsidee gewesen sein. Sie haben das mehrmals so gemacht, um den Gewinn bei abgesenkten Kosten zu optimieren. Nichts gegen Rechtsanwälte. Man braucht heutzutage öfter mal einen. Viele Handwerker hatten trotzdem in der Hoffnung weitergearbeitet, doch noch ihr Geld zu kriegen, aber es hatte nicht sollen sein. Kein Wunder, dass sie sich zurückzogen. Eines hatten sie aber daraus gelernt, man lagert sein Material nicht auf der Baustelle. Wenn es schon nachts die Diebe nicht stehlen, dem Konkursverwalter entgeht es nicht. Ich weiß nicht, wie Sie sich als Schaf fühlen würden, wenn Sie aus ihrer eigenen Wolle anderen Leuten für umsonst einen Pullover stricken müssten, den die dann an einen Dritten gut verkaufen. Trotzdem, wenn Sie die Möglichkeit hätten als Mitglied in einem rechtlich so gut abgesicherten Konsortium? Neidisch könnte man werden.

Das waren jetzt zwei Vorschläge, wie man sich in der heutigen Wirtschaft ohne Kapital selbständig machen kann. Die erste ist wie dargelegt, kaum empfehlenswert, die zweite schon eher. Es gibt noch eine dritte Methode. Die hat beispielsweise ein Herr Schneider bundesweit praktiziert. In diesem Zusammenhang wurde übrigens seitens der Deutschen Bank der Terminus: „Peanuts" für eine Geldsumme von 50 Millionen DM geprägt, um die da die Handwerker geprellt wurden. Der Erfolg dieser Methode war allerdings mäßig. Ich stelle sie hier nicht noch einmal dar. Die Medien haben es seinerzeit deutlich genug ausgeschlachtet. Das war vergleichsweise plump und hauptsächlich auf Dummenfang ausgelegt. Viel Raffinesse steckte da nicht dahinter, hat aber vielleicht gerade deshalb so gut geklappt.

Achten Sie immer darauf, dass sie die Macht auf ihrer Seite haben, seien es die Paragraphen, oder die Beziehungen. Und noch eins: Nur Gaunereien, die groß genug angelegt sind, führen zu Erfolg. Es braucht allerdings wie bei allen Geschäften ein gutes Fingerspitzengefühl. Halten sie die skandalösen Vorgänge immer auf dem Niveau, an dem die öffentliche Meinung noch nicht so weit aufgeschreckt wird, dass sich die Presse oder der Staatsanwalt sich dafür zu interessieren beginnen. Beim Stöbern auf dem Dachboden fand ich neulich eine alte Zeitung aus den Endzwanziger Jahren. Man staunt, wie schnell die Zeit vergeht, und unter anderem stand auch folgender Witz in diesem Blatt:

In einem Zug nach Leipzig sitzt ein Geschäftsmann und ihm gegenüber ein etwas phantastisch aussehender Herr mit großer Brille, langen Haaren, gestreiftem Anzug und karierter Fliege. Nach einer Weile fragt der Geschäftsmann sein Gegenüber, was er sei. Darauf der Herr: „Ich bin Gedankenleser!" „Lieber Herr", sagt der Geschäftsmann zu ihm, „wenn Sie meine Gedanken erraten, bekommen Sie von mir hundert Mark." Darauf sagt der Gedankenleser: „Sie haben die Absicht nach Leipzig zur Messe zu fahren, Waren einzukaufen, sie nicht zu bezahlen und Pleite zu machen." Da langt der Geschäftsmann hundert Mark aus der Tasche und gibt sie dem Gedankenleser. „Nun", fragt der, „habe ich Ihre Gedanken erraten?" „Nein", sagt der Geschäftsmann, „erraten nicht, aber Sie haben mich auf eine großartige Idee gebracht."

Daraus können Sie ersehen, wie die Gepflogenheiten im Wirtschaftsleben in den letzten Jahren verwahrlost sind. Heutzutage würde sich keiner an solche Abmachungen halten oder Ihnen hundert Mark oder Euro für eine solche Idee geben, wenn Sie die ihm ohne Rückversicherung so einfach preisgeben. Es handelte sich schließlich darüber hinaus um einander völlig fremde Leute und eine mündliche Abmachung ohne Zeugen. Und wenn Sie es richtig betrachten, dann hat der Lieferant noch nicht einmal die vereinbarte Leistung erbracht. Trotzdem kam das Geschäft in beiderseitigem Einverständnis und zur Zufriedenheit beider Parteien zustande.

Offenheit, Ehrlichkeit und Vertrauen, das ist es schließlich, was den Geschäftsbetrieb am Laufen hält. Es scheint heute alles wieder so zu sein, wie es früher einmal war und wovon die ganz Alten immer noch so schwärmen und trotzdem scheint man es immer noch nicht zu beherrschen. Für die kleinen Leute gilt jedenfalls immer noch die seit Generationen bis in die Jetztzeit gerettete Tatsache: *„Macht man es so, wie man soll, dann funktioniert es nicht und macht man es wie es funktioniert, erwischen sie einen zwar nicht immer, aber meistens."*

Das ist wahrscheinlich das, was die Wirtschaft in Schwung hält, der Unterschied zwischen *„immer"* und *„meistens"*. In diesem kleinen Zwischenraum sind der Aufschwung und oft auch Ihre Existenz angesiedelt.

Mediale Präsenz
Was im Fernseher und hinter dem Fernsehen so alles los ist

Im öffentlich-rechtlichen Fernsehen lief mehrere Jahre zur besten Sendezeit am Wochenende eine Sendung, welche von einer gewesenen Nachrichtensprecherin mit eigener Produktionsfirma moderiert wurde. Politiker und Wirtschaftsmanager der oberen Preisklassen hatten da eine Stunde lang Zeit, sich ganz zwanglos zu profilieren. Das lief so ab: Die Moderatorin begrüßte ihre Gäste der Gesprächsrunde und stellte sie dem Studiopublikum und den Fernsehzuschauern vor. Dann gab sie das Thema der Sendung, immer ein tagespolitisches oder ein allgemein interessierendes, bekannt. Ich möchte Ihnen das an einem Beispiel erklären. Nehmen wir statt etwas Aktuellem, was sich zu schnell verschleißt, lieber ein allgemein Interessierendes:

Ist Buschräuberei in unserer Gesellschaft noch rentabel und auch noch zeitgemäß?
Das kann jeden betreffen, ob nun als Täter oder als Opfer. Bei diesen breit gefächerten Themen ist die Einschaltquote immer gut. Die Moderatorin fordert nun den ersten Gast auf, dazu etwas zu sagen. Das ist, wie bei Journalisten so üblich, in Form einer Frage gekleidet. Beispiel: *„Herr Schnapphahn, als Präsident des Bundes deutscher Buschräuber, was haben Sie zu unserer heute anstehenden Problematik zu sagen?"*
Da legt also der Herr Schnapphahn los und bringt die derzeitige Krise im Buschräubergewerbe auf den Tisch. Es ist ein einziges Klagelied auf die schwierigen Wirtschaftsbedingungen. Das geht von der zunehmenden Wehrbereitschaft der zum Ausrauben prädestinierten Klientel, der ständig abnehmenden Menge lohnender Objekte bis zur allgemeinen Krise des Buschräuberwesens infolge Ansehensverlust dieses Berufsstandes bei der Bevölkerung. Er palavert immer so weiter und verliert sich dabei schließlich in logistischen Problemen.

Daraufhin formiert sich demzufolge nach einer gewissen merklich zunehmenden Unruhe dann Widerspruch in der Gesprächsrunde, nicht immer aus inhaltlichen Gründen, sondern weil doch alle wenigstens am Anfang einmal zu Wort kommen wollen, so dass sich die Moderatorin gezwungen sieht, jemand anderem das Wort zu erteilen. Da kommt dann der Vertreter der Buschräubergewerkschaft zu Wort und wirft da seine Argumente in die Waagschale. Man sollte glauben, dass er sich gegen seinen Vorredner stellt. Er tut es nicht. Er haut in die gleiche Kerbe. Er wollte bloß auch mal was sagen. Da geht es um die vielen Überstunden, die natürlich anfallen, wenn die Buschräuber zu lange auf ihre Kundschaft warten müssen, weil sich keiner mehr in den Wald traut. Woher das finanziert werden solle, daran denke keiner angesichts der sowieso immer enger werdenden Gewinnspannen. Und er beschuldigt die Presse, eine unzumutbar negative Einstellung gegenüber dem Buschräubergewerbe einzunehmen. Fakt sei, dass jedes Gewerbe, welches in heutiger Zeit dem Publikum von den Medien zum Fraß vorgeworfen werde, meist seine wirtschaftliche Glaubwürdigkeit einbüße. Der Ruin wäre die notwendige Folge. Wie soll eine Gewerkschaft ihre Mitglieder animieren, gegen ihre arbeitgebenden Hauptleute gewerkschaftliche Forderungen durchzusetzen, wenn diese selbst kaum noch existenzfähig seien. Ein Streik würde das Gewerbe förmlich vernichten. Es frustriere jedenfalls die an der Basis unter oft starkem körperlichem Einsatz engagierten Räuber, wenn sie stündlich auf jedem größeren Rundfunksender, gleich nach dem Verkehrsfunk mit den Stau- und Blitzermeldungen die öffentlich verbreitete Warnung der Polizei vor ihrem gerade gelegten Hinterhalt hören müssten. Wenn man also beispielsweise an der Bundesautobahn A2 auf einem Parkplatz gerade mit viel Aufwand einen Hinterhalt gelegt habe, würde nach der durchgegebenen Warnung kein Verkehrsteilnehmer mehr diesen Parkplatz ansteuern.

Das ruft natürlich sofort den Widerspruch der einer freiheitlichen Rechtsordnung und vor allem der Meinungsfreiheit eines unabhängigen Journalismus verfallenen Pressevertreterin hervor, die da mit in der Runde sitzt.

Sie lässt sich das Wort erteilen und feuert zurück. Da geht es um die Schwierigkeiten, wirklich freien Journalismus in den Zeiten der sponsorfinanzierten Presse zu betreiben. Sie sagt das nicht so direkt, sondern mehr durch die Blume. Ob denn niemand der hier anwesenden Interessenvertreter einmal daran gedacht hätte, Werbung für ihre Unternehmungen zu machen. Alle Privatwirtschaft betreibe Werbung, nur die Buschräuber nicht. Solange die Buschräuber sich abschotteten und sogar vor der gewerbsmäßigen buschräuberischen Behandlung von Journalisten nicht zurückschreckten, auch dem Widerstand aus der Bevölkerung keine Gegenargumente entgegenzusetzen vermöchten, sehe sie schwarz für die Zukunft des Buschräubergewerbes. Es gäbe da noch viel nachzuholen. Umgangsformen, das wäre das mindeste, was der Journalist von seinen Interviewpartnern verlangen dürfe, und (wie ich mir zumindest still gedanklich ergänzte) auch wenn er oft für sich selbst keine mehr für angemessen erachtet.

Als sie in der Aufregung versehentlich am Ende eines Satzes, statt wie allgemein üblich, mitten im angefangenen Satz Luft holte, nahm der Vertreter einer Imageberatungsfirma ihr das Wort aus dem Munde und legte nun seinerseits nach. Ihr beipflichtend bestand er auf der Installation einer Lobby für das Buschräubergewerbe. Das sei das Allermindeste. Werbekampagnen für Buschräuberei seien sowieso unerlässlich. Nachwuchsförderung, zertifizierte Abschlüsse und Werbeslogans der Art: *„Komm doch zu uns."* Das untermauert mit dem Versprechen fester unkündbarer Arbeitsplätze in freier Natur, Abenteuer und was nicht noch alles. Seine Firma habe da schon Konzepte. Die Verbände der Buschräuber seien dafür aber bisher nicht zu gewinnen gewesen, weil sie noch zu sehr an der Tradition hingen. Beispielsweise könne man durchaus das Buschräuberwesen in die der Akzeptanz zwischen Schaustellerei und Naturschutz ansiedeln. Wer glaube denn noch ernsthaft ein Erlebnis zu haben, wenn er sich einem der Schaustellergeräte ausgeliefert hätte. Sogar Bungee-Jumping habe da stark abgebaut. Die Sicherheitsbestimmungen würden doch meist eingehalten und da passiere doch auch wirklich nichts mehr. Auf der Gegenseite habe man allerdings auch noch keine richtige Akzeptanz dafür entwickelt, wenn wilde Wölfe, wilde Büffel oder Braunbären in unserm Lande wieder angesiedelt würden.

Die Eltern hätten oft etwas dagegen, wenn ihre Kinder auf dem Schulweg vom Wolf gebissen würden, oder vom Bären gekratzt. Da käme die Ansiedlung einer Übergangsform zwischen diesen Erlebnisbereichen, eben das Buschräubergewerbe sehr gelegen. Einerseits biete ein Überfall eine Gewähr für echtes Abenteuererlebnis und im Ergebnis auch für Nachhaltigkeit desselben. Andererseits sei nicht zu vergessen, dass die Leibes- und Lebensgefahr für den Inanspruchnehmenden im Buschräuberfall bedeutend niedriger sei, als beim Angriff eines hungrigen Wolfsrudels. Der Kunde hätte sogar Gestaltungsmöglichkeiten. Wohlverhalten bei der Prozedur senke gerade beim Raubüberfall das Risiko irreversibler körperlicher Beschädigungen wesentlich. Das Buschräubergewerbe könne da auch auf eingefahrene und durchaus akzeptierte Traditionen anderer Berufszweige verweisen. Die Schäfer würden beispielsweise ihre Schafe zwar auch jährlich scheren, aber eben nicht jedesmal töten. Der Friseur nehme doch auch Geld, ohne Ware zu liefern. Man müsse das nur ordentlich durchdenken und nicht immer nach dem jeweiligen Event nach dem sofortigen oder materiellen Nutzen suchen. Ausgeraubt zu werden sei ein Erlebnisbereich, der für den Betroffenen sehr nachhaltige Langzeitwirkung habe. Die Psychologie habe das schon nachgewiesen. Darauf zu verzichten mindere den Umfang und die Breite der Lebensqualität derer erheblich, denen dieser Erfahrungsbereich verschlossen bliebe.

Die Moderatorin erkämpfte sich nun irgendwie die Präsenz ihres Gesichtes auf dem Bildschirm. Vielleicht war es auch nur das Mitleid des Bildregisseurs, weil man sie im Eifer des Argumentationsaustausches schon fast vergessen hatte. Sie schaute noch einmal kurz auf ihren Merkzettel und gab nun das Wort an einen Herrn Meier.

Das war der Vertreter des Verbraucherschutzes. Der stellte erst einmal richtig, dass er nicht Meier, sondern Lackmeier heiße. Na ja, die anderen kannte man schon aus verschiedenen anderen Shows und den noch nicht. Das mochte der Moderatorin wohl auch so gegangen sein.

Kann ja mal vorkommen. Die Moderatorin entschuldigte sich und man blendete wie auch bei den anderen den Namen ein. Da stand dann „Lackmeier", damit auch die Taubstummen wüssten, wer da gerade spricht. Er begann seinen Vortrag damit, dass er die ganze Problematik aus der Sicht des Verbrauchers heraus beleuchtete. Das sei gerade in diesem Fall sehr diffizil. Das Buschräubergewerbe sei nach seiner Erfahrung zwar historisch eines der traditionsreichsten, aber eben auch stets sehr randständig gewesen. Bei manchen Dienstleistungen sei das leider so. Man ginge zwar zum Schuster, um seine Schuhe neu besohlen zu lassen, man ginge auch in eine Fabrik, um sich ausbeuten zu lassen, auch zu Friseur, um sich die Haare schneiden, aber eben nicht zum Buschräuber, um sich ausrauben zu lassen. Die Akzeptanz dieser Dienstleistung sei sehr schwach ausgebildet. So sei früher auch in der Buschräuberei alles umfassender gewesen, als in dieser jetzigen schnelllebigen Zeit. Die zu fordernde Qualität habe sehr gelitten, kein Wunder, wenn dieser Geschäftszweig am Boden liege. Der Präsident versuchte ihn infolge dieser Unterstellung zwar lautstark protestierend zu unterbrechen, aber er ließ sich nicht unterbrechen und bestand darauf, auch so wie die anderen ausreden zu dürfen. Das kam allen zugute, denn er, als Verbraucherschützer, konnte beweisen, dass die Buschräuberei tatsächlich qualitativ nicht mehr das war, was sie früher dargestellt hatte. Da hatte man sich für jeden Kunden noch Zeit genommen, damit er sich auch erinnern könne, wo er seine Wertsachen versteckt habe. Die Ausbeute sei nach intensivster Befragung viel höher gewesen, die Gefahrdrohung auch viel authentischer, wenn das Messer an der Kehle den Kunden schon ein bisschen geritzt habe.

Die Glaubwürdigkeit der Kundenberichte mache derartiges ungemein realistischer. Jetzt hielte man den Kunden einfach die Pistole an die Schläfe. Der Kunde könne noch nicht einmal die Ernsthaftigkeit prüfen, weil derzeitig so viele Attrappen und funktionsuntaugliche Imitate tatsächlicher Waffen im Umlauf seien. Auch Leibesvisitationen würden kaum noch vorgenommen, nachdem die Brieftasche abgezogen sei. Die weibliche Kundschaft beklage zunehmend den Wegfall der früher noch unabdingbar zur Dienstleistung gehörenden Vergewaltigung. Die Vitalität der Buschräuber sei demnach wohl auch nicht mehr sehr hoch anzusetzen. Dazu komme noch, dass derzeit begründet durch den Gebrauch von Schusswaffen die zumindest vorgetäuschte bedrohliche körperliche Präsenz für einen Buschräuber bereits sekundär geworden sei. Was sich da an Jammergestalten als Buschräuber betätigten, könne gar nicht mehr vermittelt werden.

Sogar Mädchen betrieben mangels männlicher Bewerber inzwischen schon diesen Beruf. Deshalb auch der Rückgang der weiblichen Vergewaltigungsopfer. Verwahrlosung und damit Image-Verlust auf der ganzen Linie. Eine Bilanz des Niederganges. Einfach erschreckend.

Die Diskussion geht weiter. Einer vom Ethikrat der Bundesregierung ist dran. Er bemängelt die allgemein zu archaische Betrachtungsweise in der Ausübung dieses Gewerbes durch die Verbraucher und fordert, bei dem allem nicht zu vergessen, dass wir schließlich in zivilisierten Zeiten leben. Das erfordere natürlich auch Reformen bezüglich der Gestaltung dieses Erwerbszweiges. Es könne nicht mehr auf der Ausschließlichkeit herkömmlicher Kundenarbeit bestanden werden. Neue Formen der Buschräuberei, die entbrutalisiert, aber eventuell sogar wirksamer und mit nachhaltigeren Erfolgserlebnissen verbunden seien, wären durchaus am Platze. Nicht jeder sei so naturverbunden, dass er die direkten Methoden bevorzuge. Man solle sich da auch vor Augen führen, wie das in den Großstädten laufe.

Mangels entsprechender ländlicher Areale seien die Akteure der direkten Art auf das Aufbrechen von Wohnungen und sogar persönliche Kundenkontaktaufnahme mitten im normalen Publikumsverkehr auf den Straßen gezwungen. Er verwies auf die derzeit viel unauffälligeren und vor allem wirksameren Praktiken, welche Versicherungen und Banken mit viel Erfolg anwenden, um ihren Kunden zu Aha-Erlebnissen zu verhelfen. Daran sollte sich die Buschräuberei bei ihrer dringend erforderlichen Neuformierung orientieren. Was sei denn schon die Erbeutung einer Brieftasche auf offener Straße gegen ein in vertraulichem Kundengespräch erfolgreich zu hohem Kurswert verkauftes Aktienpaket einer Schwindelfirma, die es vielleicht überhaupt nicht gibt, oder der Verkauf eines Derivates.

Er brachte es auf den Punkt. Die Buschräuberei war hinter der Zeit zurückgeblieben und andere waren dabei ihr das Wasser abzugraben. Nicht nur nicht dafür geeignete Personen, sondern auch Seiteneinsteiger, die es mit berufsfremden Praktiken versuchten, wie Banken und Versicherungen.

Man merkte, dass sie sich verabredet hatten, alle nacheinander zu reden, denn nun nahm unaufgefordert der Vertreter des Bundesinnenministeriums (oder war es einer von der Justiz?) das Wort und gab nun auch noch seinen Senf dazu. Er stimmte den Ausführungen seines Vorredners vollinhaltlich zu. Es ging ihm da sehr um die gesellschaftliche Akzeptanz des Gewerbes der Buschräuber. Selbst er hätte noch, als er Kind war, mit den anderen „Räuber und Gendarm" gespielt. Das sei jedoch endlich überwunden. Das negative Image des Buschräubers habe zwar noch nicht generell ausgeräumt werden können, aber das liege nun einmal in der Tatsache begründet, dass dieses Gewerbe immer noch kriminalisiert würde. Auch er sprach sich für die Anwendung modernerer Methoden aus, die nicht so offensichtlich als kriminell abgestempelt werden könnten. Gütliche Überredung sei immer ein gutes und auch Erfolg garantierendes Mittel gewesen. Wenn man betrachte, wie das die Wirtschaft und der Handel bewerkstelligen, den Leuten das Geld aus der Tasche zu ziehen, dann müsste es doch mit dem Teufel zugehen, wenn das die Buschräuber nicht auch schafften. Generell müsse man jedoch eine Initiative zur Verfassungsänderung befürworten, wenn sie sich endlich dem Ziel der Entkriminalisierung von Straßenraub und Vergewaltigung verpflichte. Da pflichtete ihm der Vertreter der Justiz, ein freier Rechtsanwalt nur bedingt zu. Dieser Staranwalt hatte schon mehrere Freisprüche in diversen Mord- und Kinderschänderprozessen errungen. Er sah das Problem nicht, wie sein Vorredner in der Straffreistellung und generellen Entkriminalisierung der Aktivitäten von Buschräubern, sondern in der Erweiterung des Rahmens der Gesetzgebung sowie zusätzlicher Novellierungen. Es sei wohl deutlich sichtbar, dass seitens der Legislative wie immer aus Unkenntnis noch viel gesetzgeberischer Unsinn verzapft werde, die Bemühungen, das zu verbessern seien aber schon angelaufen. Auch er berate in dieser Hinsicht einige Bundestagsabgeordnete. Das bekäme man schon in den Griff. Viel schlimmer sei doch, dass seitens der Exekutive ein deutlicher Trend zur Versimplifizierung der Arbeit ersichtlich würde. Die Polizei habe sich derartig viele Delikte im Straßenverkehrswesen an den Hals gezogen, dass sie nicht mehr ihrer eigentlichen Aufgabe, der Aufrechterhaltung von Ordnung und Sicherheit im Lande nachkommen könne. Die ganzen neuen Bestimmungen gegen den Alkohol im Straßenverkehr, das Falschparken, Parkzeitüberschreitung, Geschwindigkeitsbeschränkungen im Straßenverkehr, deren Überprüfung, Messung, Dokumentierung und Ahndung, das fresse Zeit. Diese ganzen technischen Kontrollen, der Kampf gegen das Fahren ohne Fahrerlaubnis, unberechtigte Benutzung von Kraftfahrzeugen, die vielleicht sogar gestohlen sind und manchmal auch nicht versichert, das fresse derartig am Etat und an der verfügbaren Arbeitszeit der Polizei, dass es einen Hund jammere.

Welcher unfruchtbare Behördenkram, wie zum Beispiel die Führung der Flensburger Punktekartei daran hänge, oder der ganze Kram mit dem sogenannten Idiotentest, das seien Auswüchse fehlgeleiteter Beschäftigungsentwicklungen. Mit solchem Kram werde er in seiner Praxis laufend belästigt. Ein lohnendes Delikt, von dem ein Anwalt sich ernähren könne, sei kaum noch im Angebot, und wenn, dann seien die Gerichte derart überlastet mit dem eben angeführten unrentablem Prozessmüll, dass es ewig dauere, bis endlich ein Verhandlungstermin für eine wirklich lohnende Sache angesetzt werde.

Auch wenn Deutschland entwicklungsbedingt das traditionelle Autoland mit all seinen auf die Automobilität zugeschnittenen rechtlichen Sonderbestimmungen sei, so müsse man doch auch den Bedürfnissen der nicht immer hinter dem Lenkrad sitzenden Klientel Rechnung tragen. Nun könne man ihm zwar vorwerfen, dass gerade er als Anwalt daran interessiert sein müsse, Verfahren an sich zu ziehen. Aber da liege doch der Hase im Pfeffer. An diesem Riesenaufwand, den die Polizei neuerdings mit dem Straßenverkehr betreibe hänge kein juristisches Futter dran. Ein Rechtsanwalt müsse schließlich auch seine Familie von seiner Arbeit ernähren können. Er hätte wohl noch eine Weile weitergeredet, aber da kam es zu einem Zwischenfall. Ein Mann stürzte in dem Moment in völlig derangierter Bekleidung und blutigem Gesicht ins Studio, fiel direkt in den Freiraum in der Mitte der Studiogäste und schrie laut um Hilfe. Die eine Fernsehkamera schien bei diesem Vorfall einen Stoß abbekommen zu haben, so dass das Bild etwas verkantete und auch zeitweise unscharf wurde. Die Bildregie schaltete auch nicht rechtzeitig um und so sah man, wie da etliches teilverkabeltes Studiopersonal den Mann versuchte zur Seite zu zerren und so aus dem Bild zu bringen, was auch ziemlich schnell gelang.

Zwar waren alle etwas geschockt, nicht nur die Teilnehmer der Gesprächsrunde, sondern auch die Studiogäste. Die Moderatorin fasste sich aber zuerst, überspielte den Zwischenfall kommentarlos, was hätte sie schließlich dazu sagen sollen, entschuldigte sich bei den Zuschauern für die Störung und ermunterte den Juristen, in seinen Ausführungen fortzufahren, nachdem der Störer aus dem Bild geschafft war.

Der hatte aber den Faden verloren und ehe er ihn wiedergefunden hatte, war ihm der Vertreter des Innenministeriums bildlich an die Gurgel gegangen und begann nun gegen die ungeheuerlichen Unterstellungen zu wettern, die er gerade gehört hätte. Sie hätten schließlich noch andere Aufgaben, als das, was er gerade ausgeführt hätte. Da erwähne er gerade die dringendst notwendige Durchforstung des Internets nach strafbaren Dokumentationen zu Sexualdelikten. Er nannte da insbesondere den Handel mit kinderpornografischen Dateien. Das nehme so überhand, dass kaum noch Personal für solche eminent wichtige Dinge, wie die Durchsetzung des Handynutzungsverbotes ohne Freisprechvorrichtung durch Fahrzeugführer in fahrenden Autos verfügbar bliebe.

Die allgemeine Verwahrlosung sei schon so weit vorangeschritten, dass Leute ganz ungeniert und sogar unter Polizeipräsenz öffentlich in Einbahnstraßen geraucht hätten. An irgendeiner Stelle müsse man schließlich mit der Entkriminalisierung beginnen. Die Buschräuberei biete sich da an, um die Beamten zu entlasten. Irgendwie hatte er wohl nicht ganz verstanden, worum es dem Anwalt ging. Dass es die Polizei alleingelassen, im Wald mit der Angst vor den bösen Räubern kriegen könnte, wie Hänsel und Gretel, das wagte ich nicht zu denken.

Da unterbrach die Moderatorin seine Ausführungen, weil sie einen Zettel gereicht bekam, und während man einen Mann hereinführte, den ich glaubte irgendwann schon einmal gesehen zu haben, teilte sie der Gesprächsrunde mit, dass sie hiermit, wenn auch etwas verspätet den Vertreter derer vorstellen möchte, welche die Dienstleistung der Buschräuber in Anspruch nähmen. Der Mann sah noch etwas erregt aus. Es fehlte ihm ein Knopf an der Jacke und er hatte auch einen Riss im rechten Hosenbein. An seiner Stirn glänzte eine Beule und auf seinem linken Ohr klebte ein großes Heftpflaster. In einem Nasenloch steckte ihm ein blutiger Wattepfropf und er hatte auch eine Schwellung der linken Oberlippe. Sein linkes Auge war ganz zugeschwollen. Er erhielt nun den die ganze Zeit noch freien Stuhl zur Linken der Moderatorin zugewiesen.

Er entschuldigte sich, dass er so spät käme, aber vorhin habe man ihn im Fahrstuhl zum Studio überfallen, ausgeraubt und niedergeschlagen. Er hätte nach mehreren Tritten mit einem Stiefel ins Gesicht wohl eine Weile bewusstlos in irgendeinem Kellergeschoss gelegen, das Bein in der offenen Fahrstuhltür, so dass der Lift blockiert war. Das kam so nuschelnd aus ihm heraus, als habe er sein Gebiss vergessen, denn es fehlten ihm vorn auch ein paar Zähne. Das macht keinen guten Eindruck, so verwahrlost in eine Talk-Show zu gehen. Ehrlich, ich fand das peinlich, die Moderatorin und der Gästekreis wohl auch, wie der da seine so ganz persönlichen Probleme coram publico auszuwalzen begann, statt zum Thema zu sprechen. Das interessiert doch keinen.

Meine Mama hat mir schon früher immer gesagt, dass ein exakter Haarschnitt und ein intaktes und gut gepflegtes Gebiss die beste Visitenkarte für öffentliche Auftritte sind. Und jetzt der hier in diesem Zustand, und auch noch als Repräsentant. Der Lackmeier versuchte ihn noch etwas zur Ordnung zu rufen, denn der hatte wohl auf ihn als Unterstützung für seine Argumentation gerechnet. Aber er sei eben bei all seiner Ausrederei eben nun zu spät erschienen und störe nur noch den Ablauf. Als das nicht fruchten wollte, begannen ihm die anderen dabei zu helfen, aber auch sie brachten ihn nicht zur Vernunft. Er war nun einmal beim Jammern. Peinlich, peinlich ...

Man schaltete schließlich das Mikrofon des Gelackmeierten ab. Die Moderatorin teilte mit, dass die Sendezeit leider schon wieder und wie immer viel zu früh abgelaufen sei, entschuldigte sich noch einmal bei allen, die im Studio und an den Bildschirmen ausgeharrt hatten, wünschte noch einen schönen Abend und wendete sich jetzt, demonstrativ ein persönliches Gespräch vortäuschend, von diesem Zuspätkommer und Spielverderber ab und genau so demonstrativ dem Präsidenten der Buschräuber zu ihrer Rechten zu. Der Abspann lief. Die Kamera lief zurück und man blendete sich aus.

Wie schon gesagt. Alle Zuschauer waren seit Jahren der Meinung, es handle sich um eine aktuell politische, zumindest wirtschaftspolitische Sendung. Vor allem kam alles als Gast, was sich politisch oder wirtschaftlich profilieren wollte. Die Moderatorin war benutzerfreundlich. Das heißt, sie nahm zuerst den Höchstrangigen ihrer Gäste dran und stellte ihm irgendeine Frage. Von da an brauchte sie nur noch das Wort an denjenigen weiterzugeben, der sich am stärksten nach vorn drängte. Es ging immer sehr hierarchisch dabei zu, wobei die Gäste allerdings meist über der Moderatorin rangierten. Es kam also durchaus nicht immer der zu Wort, den sie bestimmte, sondern meist der Lautstärkste.

Der von ihr zuerst Angesprochene wies nämlich oft erst einmal die Fragen der Moderatorin als nicht richtig im Rahmen der zu behandelnden Problematik zurück: *„Ich glaube, das sehen Sie nicht ganz richtig ..."*, oder: *„In diesem Zusammenhang erachte ich es für weit wichtiger, vom entgegengesetzten Standpunkt auszugehen ..."* Ganz plump hieß es auch manchmal: *„Das ist nicht die Frage. Sehen Sie, gesetzt den Fall, dass ... dann würde doch ..."*, Sie kennen das.

Daran anschließend redete dann jeder davon, was er für publikumswirksam und für sich imagefördernd hielt, zwar selten, aber manchmal auch zum Thema der Sendung. In die Haare geriet man sich nur, wenn es konkret um die Verletzung ganz privater Interessensphären der Anwesenden ging, oder um einen Griff in die Staats- oder irgendeine Subventionskasse, den man dem anderen nicht gönnte, weil man da selbst noch daran arbeitete, das für sich zu kriegen, was der wollte.

Das lief einige Jahre ganz gut, und plötzlich schien die Moderatorin nicht mehr zu wollen. Sie teilte mit, die Sendung ab einem bestimmten Termin nicht mehr zu moderieren und hinterließ Ratlosigkeit bei ihren Zuschauern und anscheinend auch bei den Programmmachern des Fernsehens.

Diese Sendung so zu moderieren, wie sie es tat, also: Zuschauer und Gäste begrüßen, das Thema bekanntgeben und mit einer vorgetäuschten Frage dem ersten Gast das Wort erteilen, das kann doch nicht überfordern. Den Rest der Sendezeit nur herumsitzen, ein gescheites Gesicht machen und in festgefahrenen Situationen aufs Geratewohl einen zu fragen: *„Was würden Sie denn dazu sagen?"*, das ist auch nicht sehr stressig. Am Ende konnte sie sich die Zusammenfassung meist schenken.

Die Sendung verlief sowieso immer wie das Hornberger Schießen und wurde oft trotz Überziehung mit dem bedauernden Hinweis auf die viel zu knappe Sendezeit abgebrochen. Die Moderatorin wollte nicht mehr. Vielleicht hat sie auch mitbekommen, welche Rolle sie in diesem Zirkus spielte. Lange war nicht klar, wie es weitergehen würde. Es wurden mehrere Kandidaten für die Weiterführung dieser Sendung erwählt, die aber dann absagten.

Eine ganz winzige Pressenotiz brachte dann Licht in die Angelegenheit. Die Sendung war bisher unter der Schirmherrschaft des Ressorts „Unterhaltung" gelaufen, was wirklich nicht zu vermuten war. Mit dem Umstieg auf den neuen Moderator hatte man beabsichtigt, sie dem Ressort „Politik, Gesellschaft, Wirtschaft" zu unterstellen. Da wollen selbstverständlich viel mehr Leute mit hineinreden. Dass dies der Schlüssel zum Problem wäre, wurde mir sofort bestätigt, als ich anschließend die Liste der Ersatzkandidaten las. Das waren alles gewesene oder derzeitige Nachrichtensprecher. Es hatte allen Ernstes in den Chefetagen des Fernsehens ein Aufflackern eines Bewusstseinsreliktes gegeben, dem mündigen Hörer und Zuschauer, der pünktlich seine Gebühren abgebucht bekommt, für etwas verantwortlich zu sein.

Man hatte einen Talk, den Politiker zur Selbstdarstellung im Fernsehen benutzten, zu einer ernsthaften tatsächlichen Politiksendung aufwerten wollen, um den politikverdrossenen Bundesbürger wenigstens ein Stückchen hinter dem Ofen hervorzulocken. Das können Sie überall machen, aber doch nicht in Deutschland! Solche längst von der Praxis überholten veralteten Ansichten können Sie dem heutigen Fernsehpublikum nicht mehr zumuten.

Dieser Vorsatz, in allen Ehren, er musste zwangsläufig ein Wunschtraum bleiben. Es war einfach zu viel auf einmal, was man gewollt hatte. Das Glück ist eben nicht immer mit dem Tüchtigen, wenn es nicht mehr zeitgemäß ist, was man will.

Die Sendung lief weiter, aber eben als Unterhaltungssendung und wohl auch, weil sie deutschlandübergreifend als meinungsbildend akzeptiert wurde und weil sie so realitätsfern und kuschlig-spießig daherkam. Als die Zeit reif war, wurde also eine weitere gewesene Nachrichtensprecherin auf den Stuhl der Talk-Moderatorin gesetzt. Und die Leute glauben weiter, dass es sich da um Politik handelt, was die geladenen Schnarchnasen von sich geben. Ehrlich gesagt, der Fernsehzuschauer will sich auch gar nicht mehr ernsthaft mit Politik beschäftigen. Inzwischen hat dieses sogenannte „Format" massenhaft Junge bekommen. Jeder Sender seine Talk-Show, oder auch zwei oder drei. Man braucht nur lange genug zu zappen, irgendeine dieser Shows läuft immer und es wird dabei so viel zerredet, dass es schon egal ist, worum es im konkreten Fall überhaupt geht.

Aber man sieht deutlich eine Entwicklung. Inzwischen werden Hinz und Kunz zu diesen Shows eingeladen, und sie müssen auch nicht mehr zu einem Thema sprechen, geschweige denn eine Meinung haben. Es genügt, dass sie da sind und in dem Moment, wo sie der Moderator anspricht, etwas von sich zu labern beginnen. Sollten sie dabei vergessen, sich dabei zu outen, dann wird ihnen der Moderator unauffällig dazu verhelfen, um den Zuschauern etwas zu bieten.

Jeder, der einen etwas bekannteren Namen hat, und über irgendeinen Verlag per Ghostwriter seine Biografie gedruckt bekam, muss nun zwangsläufig in Talk-Shows dafür werben. Auch neue CDs von Sängerinnen, Sängern und Gruppen werden jetzt so beworben, oder neue Filme. Da springt für die Hauptdarsteller meist noch ein Interview zum Film dabei heraus. Wenn dann, falls diese Show zufällig von einem werbefinanzierten Privatsender ausgestrahlt wird, zufällig die Werbepause kommt, ist der Unterschied kaum noch zu merken. Die Werbespots sind manchmal schon interessanter als die Sendung. Fernsehen ist nicht mehr nur Unterhaltung oder Information. Fernsehen ist heute schon viel mehr. Fernsehen ist inzwischen schon in geistige Dimensionen vorgestoßen, die sich jedem Vernunftverdacht entziehen. Vom ursprünglich beabsichtigten intellektuellen, künstlerisch-ambitionierten Niveau hat das Fernsehen sich über die Plattheit in die Bereiche der irrationalen Transzendenz vertiefend hinein entwickelt. Da finden Sie eine makabere Art der Tiefe, der es zustrebt, die bei genauerer Betrachtung zurzeit geistig noch gar nicht und vernunftmäßig überhaupt nicht ausgelotet werden kann. Welche Tiefe das sein kann, habe ich Ihnen am Beispiel meines nur nachgestellten fiktiven Polit-Talkes anzudeuten versucht.

Für die Akteure ist das lebensnah und für mich auch, weil ich mich darauf gefasst machen muss, was mir nächstens blüht, wenn ich der Umsetzung solcher Offenbarungen, selbst wenn ich es nicht will, anschließend in der Praxis begegne.

Beobachten Sie den Bildschirm weiter. Falls Sie das jetzt alles, also das Fernsehen, und das, was ich Ihnen bisher erzählt habe als eine Art höheren Blödsinn empfinden, der in diese unsere Welt passt, weil er sie getreu spiegelt, dann habe ich schon mehr erreicht, als ich hoffen konnte. Schauen Sie es sich ruhig an. Wenn Sie sich da schon nicht selbst vermarkten können und ihren eigenen geistigen Sperrmüll abzuladen vermögen, weil sich schon zu viele vor Ihnen danach drängeln, zumindest dass Sie beobachtend dabei gewesen sind, das können Sie dann gutem Gewissens behaupten.

Eins kann ich Ihnen allerdings empfehlen, halten Sie sich beim Fernsehen mehr an das Bildmaterial als an den Text. Die schönsten heutzutage von den Kameraleuten eingefangenen dokumentarischen Szenen sind oft von entlarvender Kraft. Man merkt es besonders, wenn der unterlegte Text das verzweifelt abzumildern und auch Ihre Gedanken in eine vernünftige Richtung zu lenken versucht, damit Sie nicht begreifen, was Sie da in Wirklichkeit sehen.

Machen Sie sich aber nicht zu viele Gedanken darüber. Letztendlich können Sie immer noch den Stecker aus der Dose ziehen, wenn der Fernsehapparat, wie jetzt allgemein üblich, schon keinen Ausschaltknopf mehr hat. Und trösten Sie sich damit, dass Sie schon aus zeitlichen Gründen sowieso nur einen winzigen Bruchteil von dem sehen können, was Ihnen Ihr Fernseher alles übertragen kann.

Vom Eszett und der Zahlenrechtredereform

Ein Beitrag zur Reform der deutschen Sprache

Jetzt, nachdem die deutsche Rechtschreibreform ab 2006 endlich als verbindlich erklärt wurde, ab 2007 gesetzlich eingeführt ist, und man die damit verbundene Aufregung endlich aus den Augen verloren zu haben scheint, darf man nicht vergessen, die nächsten Reformen ins Auge zu fassen. Es ist schließlich wieder eine Menge Zeit vergangen, in der man bestimmt nicht untätig war, und neue Ideen entwickeln konnte, woran man nächstens herumpfuschen könnte.

Für wen ist diese Rechtschreibreform eigentlich verbindlich, außer für Schulkinder? Die Ämter? Die lachen doch nur darüber. Wie wollen Sie einen Beamten für falsch schreiben belangen? Die übrige Bevölkerung darf schreiben, wie sie will. Mit der Neuregelung ist doch genau betrachtet rechtschreibliches Geisterfahrertum erst amtlich legitimiert worden.

Die fleißigen Reformer, die im Hintergrund die Fäden zogen und den Kultusministern die Munition für diese Selbstmordaktion an der deutschen Rechtschreibung geliefert haben, werden nicht aufgeben. Weitere Verschlimmbesserung ihrer Reform, die sie sicherlich für sich als Dauerbeschäftigung und als honorarträchtiges Alterswerk geplant hatten, ist ihnen zwar vorläufig versalzen worden, aber nichts ist von Dauer, auch keine Abscheu vor Veränderungen. Irgendwann geht die Verbesserei wieder los.

Man darf aber jetzt wirklich schreiben, wie es einem passt. Es heißt nicht mehr: „Orthografisch exakt" (rechtschreiblich genau). Jetzt gibt es die Rechtschreibung nach „Duden" (Er würde sich im Grabe umdrehen) und die vielen gleichrangigen, privaten, aber auch nicht verbotenen „Nicht nach Duden".

„Nach Duden" das war mal eine Art Baukasten, eingeräumt nach Vorlage und die eckigen Steine alle rechtwinklig und lückenlos sortiert. Das ist inzwischen auch weitgehend abgeschafft. Man findet dort jetzt für das gleiche Wort gleich mehrere Angebote für dessen Schreibweise. „Nicht nach Duden", das entspricht dann schon einer Blumenwiese. Jeder kann sich seinen Strauß so zusammenstellen, wie er mag. Das hier ist alles „beinahe nach Duden". Bausteine und Blumen durcheinander ... So ungefähr das, was sie innerhalb von ein paar Jahren an Vegetation bekommen, wenn Sie einen Haufen Bauschutt im Freien liegen lassen, und es regnet ab und zu drauf.

Dabei hat alles so harmlos angefangen. Die Tastaturen für Schreibmaschine und Computer enthielten in der deutschen Ausführung das

„ß" (Eszett) und in der englischen nicht. Man wollte es ausrotten, weil ein nicht einzusehendes Relikt vergangener Zeiten. Man hätte wohl gern eine Axt (oder Akst?) dazu verwendet, aber dann merkte man, dass das „ß" nur über den Verordnungsweg in Form einer Rechtschreibreform zu beseitigen ginge. Hätte das geklappt, wäre die Fertigung von Computertastaturen in Drittweltländern für die lateinische Schrift verwendenden Staatengebilde stark zu vereinfachen gewesen.

Man hat aber nicht mit der deutschen Gründlichkeit, vor allem nicht mit der Ignoranz und Prinzipienreiterei der sie amtlich unverlangt, aber anmaßend vertretenden Damen und Herren gerechnet und auch nicht, dass noch mehr Interessen geweckt werden könnten, beispielsweise die persönlichen beamteter Orthografen und deshalb ist das herausgekommen, was herausgekommen ist.

Das Endergebnis zeigt deutlich, wie wertfrei rechthaberisch und unbestechlich, ganz abgesehen von demonstrativer Dummheitspräsentation völlig abgehoben von aller Lobbybeeinflussung und einheitlicher Logik etwas niemals von Naturgesetzen Belecktem eine neue Frisur verpasst wurde. Das Eszett ist immer noch da, auch wenn seltener und anders. Die ganze Lobbyarbeit gegen das „ß" war umsonst, wenn auch nicht kostenlos.

Viele Wörter haben das „ß" gegen das „ss" tauschen müssen, weil das die neue Regel so festlegt. *(Für Ausländer: „ss" ist etwas anderes als „SS". Aber man wird es ihnen schlecht erklären können, ohne zu weit ins Deutschtum unliebsamer Zeit abtauchen zu müssen.)* Aus bestimmten Wörtern war es sowieso nicht herauszukriegen, ob nun aus Vor-, oder Familiennamen, Straßenbezeichnungen oder Ortsnamen. Es ist ein Bastard, denn es gibt diesen Buchstaben nur in klein und das auch noch nicht so lange. Früher hießen die umfassendsten deutschen Wörterbücher *„Der große Duden"* und befleckten sich mit diesem Eszett schon auf dem Titel. Weil das Eszett nie am Anfang eines Wortes steht, gibt es keine Versalausführung davon, und es wird deshalb auch bei der Aufzählung des Alphabetes meist vergessen.

In der längst vergangenen Bleisatzzeit gab es bei den gebrochenen, den Frakturschriften das lange „s" und das uns geläufigere „Schluss-s". Außerdem eine Ligatur, die auf einem Letternkörper deutlich getrennt die beiden Buchstaben „s" und „z" in innigster Zusammengegossenheit zeigt.

Ligaturen nannte man Drucktypen, auf denen sich mehrere Buchstaben befanden. Sie dienten ursprünglich dem Handsetzer einerseits dazu, schneller arbeiten zu können. *(Das häufiger vorkommende Wörtchen „und" gab es unter anderem auch als Ligatur. Um es zu setzen, brauchte der Setzer nur einmal und nicht dreimal in den Kasten zu greifen. Das sind aber Dinge, die sich Ende des 19. Jahrhunderts mit der Erfindung der Setzmaschine erledigten.)* Andererseits gab es im Handsatz Ligaturen aus technisch-ästhetischen Gründen. Darunter fiel auch das „sz".

Das mit der Ligatur „sz" hätte man so lassen können. Der Schriftsetzer weiß, dass es diese Type deshalb gibt, weil doch der obere Haken des langen „s" gebrochener Schriften zu weit nach rechts auslädt. Um das dadurch entstehende ästhetisch unschöne „Loch" im Wortbild zu vermeiden, oder den leicht beim Druck abbrechenden Überhang des langen „s" zu vermeiden, goss man bei den noch in den siebziger Jahren des letzten Jahrhunderts verwendeten üblichen Bleilettern des Buchdrucks das sogenannte lange „s" mit dem „z" zusammen. Bei „st", „si", „ss" war das auch so, und „ff", „fl", „fi", „ft", „ffi", „ffl" wurden früher aus den gleichen Gründen jeweils auf einem Typenkörper als Buchstabenkombination zusammengegossen. Dass sich dadurch der Satz beim Buchdruckverfahren auch nicht mehr so schnell abnutzt, ist also der Hauptgrund gewesen, der zur Geburt des Eszett geführt hat.

Die Ausgabe des „Duden" von 1996 mit den erstmals rot hervorgehobenen Änderungen enthält noch letztmalig das etwas verschämte Kapitel: *Richtlinien für den Schriftsatz*. Da steht noch, dass die Ligatur „ß" als <u>ein</u> Buchstabe gilt. Dass diese Richtlinien von Anfang an mit im Duden enthalten waren, obwohl sie mit mehrfachen Festlegungen gegen die im Duden ebenfalls mit abgedruckte Grammatik verstieß, sei hier nur am Rande mit vermerkt.

Der Grund war eigentlich, dass ein Schriftdesigner für das lateinische Alphabet einst den nicht mehr als zwei Zeichen zu identifizierenden Buchstaben „ß" entwarf, weil er das bei der Fraktur so gewohnt war. Diese künstlerische Eskapade war die Ursache der neuen Regelung. Da erhebt anschließend in Unkenntnis dieser Tatsache die Bürokratie der Orthografen die Buchstabenkombination „sz" zu einem neuen Zeichen, und zwar ohne Not, sogar ohne Grund oder Ziel, also ganz wertfrei.

Dabei ging in diesem Chaos um das „sz" ganz unter, dass man es früher in der als „altdeutsch" bezeichneten Süterlinschrift sogar als „hs" schrieb, das ursprüngliche „sz" demnach nur ein langgezogenes, ein gedehntes „s" war. Die Sütterlinschrift, wie sie Anfang des 20. Jahrhunderts noch als gängige Frakturhandschrift den Schulkindern eingeprügelt wurde, enthält die Regel, statt „ß" ein „hs" zu schreiben. Wer hätte wohl etwas dagegen einzuwenden gehabt, in der lateinischen Umschrift statt dieses neuen Bastards „ß", den die Ausländer gern mit dem großen „B" verwechseln, es als „sz" oder „hs" zu schreiben?

Sie kennen das nicht? Das internationale Hotel lässt die deutsche Menükarte neu drucken und statt „Weißfischfilet in Burgundersauce" steht dann plötzlich „WeiBfisch ..." Ich habe da auch beim ersten Mal gerätselt, was das sein soll. Die meisten haben es sowieso nicht begriffen und waren dann über den Weißfisch auf dem Teller enttäuscht.

Die Bestimmung, warum auch das „st" nicht getrennt werden durfte, war ebenfalls bleisatzbedingt und damit rein technisch erklärbar. Dass sich um das, was unsere beamteten Sprachregler erlassen, wirklich keine Sau kümmert, wurde mir an diesem Beispiel erst neulich wieder bestätigt. Da werden beispielsweise für die Schulanfänger immer noch Zuckertüten im Handel angeboten, auf denen groß und breit steht: *„Eszett wird nie getrennt, und wenn die ganze Schule brennt!"* Soweit eine Einschätzung zur Effektivität unserer beamteten Sprachbürokratie. Es gibt aber noch viel andere Arbeit an der deutschen Sprache zu erledigen, die keiner sehen will. Es ist einfach nur eine halbe Sache, das mühsam ab Konrad Duden errichtete Gebäude der deutschen Rechtschreibung auf den Zustand vor Duden und in die willkürliche deutsche Kleinstaatereirechtschreiberei der Mitte des 19. Jahrhunderts zurück zu bomben.

Nach dieser Leistung, der Rechtschreibreform, die allein auf dem Papier sichtbar wird, denn am Gesprochenen hat sich absolut nichts geändert, sollte nun nach meiner Meinung zur Abwechslung eine Reform in Angriff genommen werden, die sich auf das Richtigsprechen bezieht, die „Rechtsprechreform" *(Nicht zu verwechseln mit: „Recht sprechen" in der Juristerei).* Um Missverständnissen vorzubeugen, sollte man das als „Deutsche Richtigsprechreform" bezeichnen. Bis dahin ist es aber noch ein weiter Weg und vielleicht lasse ich mir später auch einen besser klingenden englischen Titel dafür einfallen. Eine Reform der Sprache wäre es jedenfalls.

Im Sommer 2006 hörte man allerseits, selbst von den Verursachern der Rechtschreibreform ein: *„Nie wieder!"* Das glaube ich aber nicht. Trotz dem letzten *„Nie wieder!"* eines ganzen Volkes, welches zu dieser Erkenntnis Millionen von Toten benötigte, hat man zehn Jahre danach erneut begonnen Soldaten auszubilden, die auch wieder zum Totgeschossen werden in richtige Kriege ziehen, die uns nichts angehen und die uns andere laufend anzudienen versuchen. Das wird uns bei der Rechtschreibung auch passieren, dass man wieder an ihr herumbastelt.

Wenn man etwas nicht verhindern kann, soll man wenigstens versuchen, es ordentlich zu machen. Hier handelt es sich nicht um Dinge, die zwischen Leben und Tod entscheiden und da braucht es auch keine Menschenopfer, die bei ausreichendem Widerstand und Sturheit jedes Mal anfallen, wenn man etwas Überflüssiges verhindern will. Ich baue deshalb vor, indem ich die entsprechende Richtung für die unvermeidlich wieder auf uns zurollende Forderung an eine Änderung gleich vorgebe, in welcher diese Aktion laufen muss, damit uns allen auch etwas bringt.

Jetzt wird mancher denken, das wäre gegen die ganzen eingewanderten Anglizismen und dergleichen gerichtet. Darauf verzichte ich. Es gibt in der deutschen Sprache Schlimmeres. Ich meine da nicht einmal den

Umstand der richtigen Verwendung von Worten, gemäß ihrer Bedeutung, oder deren Reihenfolge in der Verwendung im Text. Auch vom Dialekt will ich nicht sprechen. Der überwiegende Anteil dialekttypischer Ausdrücke steht sowieso nicht im Duden. Österreichisch und Schwyzer Deutsch sind selbst in ihrer hochsprachlichen Form nur ungenügend vom Duden erfasst. Beamtendeutsch, Juristendeutsch, Parteichinesisch und dergleichen lasse ich auch außen vor. Diese Sprachen werden nur mündlich anhand von Beispielen gelehrt und dann auch nur dem anwendungsbefugtem Personenkreis, der uns anschließend damit in schriftlich unverständlicher Form beglückt. Auch Kietzdeutsch oder andere Formen der Multikulti-Bereicherung, bzw. Pidgin-Deutsch will ich hier nicht ansprechen. Es geht mir einzig und allein um Missstände, die sich in das ganz normale gesprochene Hochdeutsch eingeschlichen haben, ohne, dass überhaupt jemand gemerkt hat, was da passiert ist und welche sogar von den Germanisten den Kindern in der Schule mit der Hochsprache unter Androhung schlechter Benotung bei Nichtbefolgen förmlich eingetrichtert werden.

Das ist ein weites Feld für eine Reform und ich werde hier das Problem mit einem Beispiel aus dem Bereich der Zahlen nur kurz anreißen. An diesem Beispiel werden Sie merken, wie groß der Eisberg ist, wenn man das mal als Problemspitze nimmt.

„Die deutsche Sprache ist exakt.“ Exakter ist nur noch die Mathematik. Dabei müssen wir schon bleiben. Wie könnten wir uns sonst ihrer bedienen, wenn sie nicht genau wäre. Das hat man Ihnen erzählt, das glauben Sie und sind stolz darauf, weil es ein Lob Ihrer Muttersprache ist. Trotzdem haben Sie die Kultusminister, die Sie nicht gewählt haben und trotzdem mit Ihren Steuergeldern mästen, daran herummurksen lassen. Machen Sie sich nichts daraus. Die haben nichts daran verdorben. Das mit der Exaktheit war schon immer ein Vorurteil und durch nichts begründet. Sie glauben das nicht? Dieses Vorurteil von der Exaktheit werde ich Ihnen nämlich jetzt ordentlich versalzen:

Nehmen wir eine unverfängliche Situation. Sie sitzen vor dem Fernseher und die „Lottofee" zeigt Ihnen die Zähne. Ich weiß, dass es ein schlechtes Beispiel ist, weil es die nicht mehr gibt, seit sie sich einmal beim Vorlesen der Zahlen verplappert hat, aber ich bringe es wegen der Anschaulichkeit. Sie sagt also etwas verschämt, wie so ihre Art ist, als ob es etwas Unanständiges wäre, die Gewinnquoten des deutschen Lottoblockes an: *„Der Gewinner in der ersten Gewinnklasse erhält 1.897.824 Euro."* Diese Zahl ist auch groß auf dem Bildschirm eingeblendet. Soweit ist anscheinend alles in Ordnung. Als Gewinner fieberten Sie natürlich dieser Zahl entgegen, egal wie man sie Ihnen präsentiert, als Nicht-Lottospieler oder Verlierer interessiert es Sie nicht. Der Normalzuschauer wartet sowieso auf die Tagesschau, Frauen ist es völlig egal und Männer schätzen in dieser Zeit höchstens die weiblichen Qualitäten der

Ansagerin ein. Dabei merkt anscheinend Niemand, was gerade passiert ist. Was die Lottofee gesagt hat, das stimmt nämlich nicht. Sie sagte: *„... eine Million achthundertsiebenundneunzigtausend achthundertvierundzwanzig Euro.“*

Bei der Zahl, die sie gesprochen hat ist die schriftliche festgelegte Wertfolge der Ziffern, die immer von links nach rechts vom höchsten zum niedrigsten Wert fortlaufend folgend geschrieben werden, vertauscht, und zwar so:

Statt 1 8 9 7 8 2 4 hat sie gesagt *1 − 8 − 7 - 9 − 8 − 4 − 2.*

Ganz genau hat sie gesagt:

(1.000.000)+{[(800)+(7+90)]x1.000}+[(800)+(4+20)] Euro.

Nichts mehr von der Ordnung, wie sich die in Zahlen geschriebene Form darstellt. Sie hat beim Sprechen zwei Zahlendreher verursacht und keiner hat etwas dagegen einzuwenden, wo es doch angeblich immer Zahlendreher und Abschreibfehler sind, wenn mal die Bilanz nicht aufgeht, sagt der Chef, und der weiß das vom Buchhalter, und der muss das wissen, wie man eine Bilanz mittels Zahlendrehern fälscht.

Statt die Reihenfolge einzuhalten, nennt sie zwar die Einzelwerte beginnend beim größten, aber jedes Mal die Einer vor den Zehnern, und jeder plappert das nach und findet das auch richtig, weil man es ihm so eingetrichtert hat, als er noch nicht wissen konnte, dass das auch anders geht. Und dann ist man auch noch stolz darauf, wenn man diesen Stuss endlich beherrscht. Kleine Kinder beherrschen im Normalfall mit drei Jahren die deutsche Sprache fließend. Rechnen lernen sie erst spät oder auch nie.

Die Gründe werden Sie begriffen haben, nachdem Sie das hier alles gelesen haben. Wenn Sie im Mathematikunterricht eine solche Aufgabe bekamen, wie vorstehenden Schachtelsalat, dann passte es Ihnen nicht, weil Sie da so leicht mit der Klammerschachtelung durcheinander kamen, vor allem dann, wenn statt Zahlen nur Buchstaben in der Aufgabe drinstanden. Bei Mathe, da maulen Sie, aber in der normalen Umgangssprache da ist es ganz selbstverständlich, so zu quasseln. Die Zahl sieht in ihre Bestandteile auseinandergenommen aus, wie nachstehend abgedruckt:

$(1x10^6+8x10^5+9x10^4+7x10^3+8x10^2+2x10^1+4x10^0)Euro$

Gesprochen wird sie aber so, wie es die Lotto-Fee gemacht hat. Das sieht dann niedergeschrieben so aus:

$(1x10^6+[8x10^2+7x10^0+9x10^1]x10^3+8x10^2+4x10^0+2x10^1)Euro$

Diese typisch deutsche Zahlensprechweise ist übrigens der Hauptgrund, weshalb die ausländischen Standinhaber auf dem Wochenmarkt den erfragten Preis immer in einen Taschenrechner eintippen und die Zahl dann stumm dem deutschen Kunden mit ihrem Zeigefinger auf dem Display zeigen, obwohl sie sonst durchaus des Deutschen mächtig sind. Damit gehen sie allen Streitereien aus dem Wege.

Im Ausland hat sich das auch schon durchgesetzt, wie ich bemerken konnte, sobald man auf dem Markt als Deutscher erkannt wurde. Das muss kulturelles Allgemeingut sein, aus dem Umgang des beliebigen Ausländers mit dem Deutschen entwickelt und sehr bewährt. Daran erkennt der Ausländer den Deutschen, wenn der ihn zu Hause besuchen kommt. Als Basisannahme für die Definition einer deutschen Leitkultur wäre mir das aber zu makaber.

Wir lassen das lieber mal unkommentiert stehen. Es kommt nämlich noch schlimmer: Der Lotto-Gewinner, von aufdringlichen Bettlern bedrängt, verteidigt sich. Es seien doch nur 1.897.824 Euro gewesen, die er gewonnen hat. In Zahlen geschrieben sieht das genau so aus, wie das, was die Lottofee schon falsch vorgelesen hat. Er sagt aber wörtlich:

„Achtzehnhundertsiebenundneunzigtausendachthundertvierundzwanzig Euro.“

Es ist durchaus erlaubt, umgangssprachlich diese Zahl so auszusprechen. Die sprachliche Wertigkeit der von ihm verwendeten Worte ist hier geteilt. Ohne die Zahl zu trennen, verringert er die Wertaussage und erreicht so eine „Verniedlichung“, was psychologisch normalerweise zur Erregung von Mitleid ausgenutzt wird. So auch hier. Das darf er. Die deutsche Sprache erlaubt das. Geiz ist geil. Er versucht sich der Anmutung aggressiver Bettelei zu entziehen. Er zerpflückt die Zahl und verwandelt sie sprechtechnisch in vereinfachter Form dargestellt in folgende Rechenaufgabe:

$\{[(18 \times 100) + 97] \times 1000\} + 824$ *Euro.*

So macht man eine Zahl nieder. Es kommt bei der Nennung dieses Riesenbetrages als höchste Wertigkeit das Wort „Tausend" vor, und das dazu auch noch an zweiter Stelle. Damit lässt sich beim Ausweis des Firmengewinnes zwar der Belegschaft etwas vorjammern, ohne zu lügen, aber das Finanzamt kennt sich da besser aus und fällt nicht darauf herein.

Die sprachliche Wertigkeitsstruktur der Ziffern nach dem ersten Beispiel ist zusätzlich überlagert. Es sind diesmal drei Zahlendreher, also einer mehr, enthalten, weil die Aufteilung eine zusätzliche Einer/Zehnerstelle erzeugt hat und trotzdem beschwert sich niemand: *(8 1 , 7 9 , 4 2).* Für den Deutschen ist das immer noch dieselbe Zahl. Die Million ist erst einmal weg. Die „Tausend" wird sogar hinter Hundertern, die den Zehnern vorgelagerten Einer und den Zehnern versteckt. Mathematisch exakt wird diese Zahl in der zuletzt gesprochenen Variante so dargestellt:

$\{[(8 \times 10^0 + 1 \times 10^1) \times 10^2] + 7 \times 10^0 + 9 \times 10^1\} \times 10^3 + (8 \times 10^2 + 4 \times 10^0 + 2 \times 10^1)$ *Euro*

Zum Vergleich noch einmal die Sprechzahl der Lottofee:

(1.000.000) + {[(800) + (7+90)]1.000} + [(800) + (4+20)]Euro.

Es handelt sich um den gleichen Betrag, man glaubt es aber erst einmal nicht. Das kann eben nur schriftlich bewiesen werden.

Der psychologische Effekt der verringernden Aussprache besteht darin, dass der Mensch ganz allgemein von einer längeren Reihe von Wörtern oder Zahlen sich nur den Anfang und das Ende merken kann, wenn es fix geht. Hier sind das die „*Achtzehnhundert...*" und die „...*Vierundzwanzig.*" So versteckt man eine Million diebstahlsicher, ohne sie auf ein Auslandskonto zu übertragen, wenn auch nicht wirklich. Mit diesen Auswüchsen der Sprachregelung in der deutschen Zahlenwelt müssen sich schon unsere Kinder herumschlagen.

Wir müssen also davon abkommen, dass Kinder, die dann von ihren Lehrern allein gelassen, in Notwehr mit den Fingern zu zählen und zu rechnen beginnen dafür von diesen Lehrern sogar noch disziplinarisch belangt werden, nur weil die ihnen nicht gönnen dasselbe zu tun, wofür man ihnen selbst einst als Kindern auf die Finger geklopft hat. Diesen Neidstrafen gilt es ein für allemal die Grundlage zu entziehen, um über solche autoritären Maßnahmen der geistigen Verkrüppelung unserer Nachfolgegenerationen keinen Vorschub zu leisten.

In wie weit mein Vorschlag den Nerv des Problems trifft, hat man mir bereits berufenerem Orts bescheinigt. Ein allerdings schon pensionierter Lehrer bestätigte mir, der Unterschied zwischen geschriebenen und gesprochenen Zahlen sei vielleicht die Ursache dafür, dass Kinder, die im Kopfrechnen gut seien anschließend in Mathematik völlig versagen. Der an jeder Ecke lauernde Zahlendreherknoten und die verschiedenen Zahlensprechweisen hinderten sie, sich abstrakte mathematische Figuren, wie beispielsweise algebraische Ausdrücke und auch Formeln, wie sie auch in der Physik vorkommen, vorzustellen und zu benutzen. Es sei schließlich bekannt, dass sich Mathematiker im normalen Leben mit Zahlen ständig verrechneten und Mathematiklehrer an der Tafel auch.

Die Abweichung der logischen Strukturen, die einerseits der deutschen Sprache und die, welche andererseits der Mathematik zuzuordnen sind, sind also in der Praxis nur unzureichend zu überspielen, weil doch der Mensch im praktischen Leben schon wegen des Geldes zu rechnen gezwungen ist, andererseits mathematischen Modellen logische Überlegungen zugrunde liegen, die der gesprochenen Rechenlogik widersprechen. Der Mathematiker lebt da in einem Zwiespalt, den er nur durch ein individuelles Übersetzungsmodell überwinden kann, was allerdings oft ziemlich kompliziert sein kann. Er geht, weil es doch seine Arbeitsgrundlage ist, dann üblicherweise von der mathematischen Logik aus und verrechnet sich anschließend prompt beim Wechselgeld.

Das Problem ist also ein ernstes. Auch wenn Sie das jetzt immer noch nicht glauben: Die Exaktheit der deutschen Sprache hat mit der Exaktheit der Mathematik nichts zu tun, weil ihr eine andere Logik zugrunde liegt. Man könnte sie aber einander anpassen.

Bedenken Sie auch, was die Kultusminister jetzt, da sie glauben fertig zu sein, mit den so schon knapp gewordenen Schulkindern anstellen könnten. Diese Leute brauchen Beschäftigung, sonst suchen sie sich selbst welche und richten so noch mehr Unheil an als jetzt. Geben wir ihnen also sinnvolle Arbeit.

Ich rufe hiermit nochmals entschieden alle Menschen deutscher Sprache zur Ordnung. Fordert zusammen mit mir mindestens eine *„Zahlenrechtredereform"*. Das könnte auch als Bürgerinitiative laufen, und vorerst mit anderem verknüpft werden, bis es zum Selbstläufer wird. Da denke ich an Nichtraucherkampagnen militanter Pazifisten oder die nächsten Initiativen eingefleischter Vegetarier. Wenn sich erst einmal Politiker und Beamte damit zu beschäftigen beginnen, wird man ja sehen, was daraus entsteht, was es kostet und welche Auswirkungen das hat.

Dagegen wären vielleicht die Auswirkungen der, wie mir aus sicherer Quelle aus dem Verkehrsministerium zugetragen wurde, geplanten probeweisen und partiellen Parallel-Einführung des Linksverkehrs auf deutschen Autobahnen *(vorläufig nur für Lastwagen im Transitverkehr)* glatt zu vergessen. Im Ernstfall bleibt uns immer noch die Verfassungsklage in Karlsruhe.

Eins sollten wir allerdings sofort ändern. Das Rechnen mit den Fingern dürfte in den Schulen nicht mehr verboten werden. Wir leben definitiv in einem digitalen Zeitalter, da dürfen wir das nicht mehr verleugnen. „Digitus" heißt schließlich „Finger", und ohne Taschenrechner ist der moderne Mensch beim Rechnen doch schon heute total aufgeschmissen. Gönnen Sie Ihren Kindern wenigstens noch diese Freiheit.

Wie man sich Probleme schafft, sie variiert, weiterentwickelt und aussitzt

Vom Nutzen der Bürokratie am Beispiel des Tabakrauchens

Bürokratie wird oft schon als Begriff negativ verwendet. Es haftet ihm etwas engstirnig-pedantisches an, es wird die Herrschaft eines Beamtenapparates postuliert, der sich über die wortgetreue Durchsetzung von Vorschriften definiert. Unter heutigen Bedingungen hat Bürokratie aber noch mehr zu bieten. Bürokratie gängelt nicht nur, sondern sie entwickelt ab einem bestimmten Niveau gestaltende Kraft

Bürokratie ist, und da beißt die Maus keinen Faden ab, eine allen bekannten modernen Gesellschaftsordnungen immanente Herrschaftsform des Papieres. Sie ist unter jeder Art von Gesellschaftsform präsent, ganz gleich, ob sozial, sozialistisch, bürgerlich oder kapitalistisch. Sie beherrscht den Ständestaat genau so wie die globalisierte Welt. Gegen Revolutionen aller Art ist sie immun und entsteht nach ihrer scheinbaren Vernichtung stets neu und vor allem umfassender. Die Bürokratie stützt sich auf traditionelle ererbte, schriftlich festgelegte, vorgegebene und selbsterfundene Regeln, die sie aus sich selbst, aus eigener Machtvollkommenheit heraus ständig zu vervollkommnen sucht. Dabei begründet sie das mit Reformierung, um dem Vorwurf der Stagnation zu entgehen. Ihr liegt bei aller hierarchischen Rigorosität kein selbstsüchtiger individueller Wille eines obersten Einzelnen zugrunde, sondern sie generiert sich nur aus Prinzipen. Diese Prinzipe sind für sich genommen sehr lobenswert und auch moralisch, stützen sich auf ethische Werte, wie Ordnungssinn, Gerechtigkeit, Moral und so.

Die Bürokratie entstand automatisch aus dem positiven Drang des Menschen zur allseitigen Vollkommenheit und auch aus seinem Drang seine Welt möglichst für sich und auch für seine Nachkommen vollkommen zu gestalten. Sie konnte sich aber erst voll entfalten, als die Schrift erfunden war. Mittels Schrift war es möglich, Vorschriften in die Ewigkeit zu transferieren, indem man sie niederschrieb. Überlieferung war nicht mehr an Personen, ihr Wissen oder deren Gut- oder Böswilligkeit gebunden, sie war nun technisch fixiert. Die Vercomputerisierung von beamteten Texten ändert daran nichts. Am Ende haut man Ihnen doch wieder irgendeinen Wisch, der erst auf Papier ausgedruckt werden musste, um die Ohren. Alles, was der Mensch sich nicht mehr zu merken braucht, sondern beliebig jederzeit irgendwo nachschlagen kann, entlastet bekanntlich seinen Kopf. Der wird dadurch wieder frei zum Denken. Es ist nun möglich, auf dieser Basis geistige Systeme aufzubauen und vor allem auszubauen. So auch das der Verwaltung einer beliebigen Institution. Alle bauen am Regelwerk der Staatsordnung und irgendwann verliert der Einzelne selbst der an diesem Regelwerk Bauende infolge der Verflechtungsbeziehungen zu umfangreicher Regulierungsvorschriften und der damit zu bewältigenden Datenmenge der geschaffenen Verordnungen die Übersicht.

Es wurde inzwischen nachgewiesen, dass ein Beamter alle die Gesetze und Vorschriften, die er befolgen und durchsetzen muss, überhaupt nicht alle durchlesen könnte, weil seine Lebenszeit dafür viel zu kurz ist. In der Hoffnung, dass alles vernünftig und sinnvoll geordnet ist, schafft er an seinem Schreibtisch an der schriftlichen Fixierung weiterer ergänzender Verordnungen. Falls sich in der praktischen Durchführung dann logische oder tatsächliche Unvereinbarkeiten verschiedener konträrer Verordnungen ergeben sollten, ist das leider nicht zu ändern und im Zweifelsfalle gibt es auch noch die Justiz. Irgendwelche Bösartigkeit steckt da nicht dahinter. Eingedenk der wissenschaftlichen Erkenntnis, dass die Eigenschaften, welche ein Einzelwesen besitzt, nicht zwangsläufig auch auf die Gesamtheit dieser Wesen zutrifft, sollten Sie bedenken, dass der einzelne Bürokrat zwar sterblich ist, aber die Bürokratie nicht. So gibt es ab und zu bösartige Amtsinhaber unter den Bürokraten, aber keine bösartigen Ämter.

Eine Bürokratie ist voll ausgebildet, wenn sie imstande ist, sich unabhängig von ihrer Umwelt und deren Schicksal vollständig mit sich selbst zu beschäftigen. Der Mensch und seine Bedürfnisse treten dann ganz in den Hintergrund und für sie nur noch störend in Erscheinung. Dann versucht sie das störende Moment zu disziplinieren. Sie lebt, wie schon gesagt, von der niedergeschriebenen Vorschrift, deren Befolgung und Durchsetzung sie zu erzwingen versucht. Ihr stehen dazu verschiedene Zwangsmittel zur Verfügung, die sie bei Widerstand entsprechend einsetzt. Das mit dem Buß- und Ordnungsgeld, der gewaltsamen Durchsetzung von Bestimmungen über die ihr zugeordneten Ordnungskräfte, Polizei, Justiz und so, das lasse ich mal weg, weil das jeder kennt und zu vermeiden sucht.

Ich möchte Ihnen jetzt nicht die Funktion des bürokratischen Regelungsgetriebes beschreiben. Das kennen wir alle aus täglicher Erfahrung. Was ich Ihnen beschreiben möchte ist das, was dann passiert, wenn die Bürokratie einmal nachgeben muss, nachdem jemand ihr vor Gericht erfolgreich die Zähne gezeigt hat, weil er sich nicht alles gefallen lassen will. Am Ende werden Sie mir Recht geben, wenn ich Ihnen sage, dass Sie solche Dinge auch in ihrem ureigensten Interesse nicht provozieren sollten, sich aber aus jeder Sache eine Nutzanwendung ergibt, die zumindest bewusstseinserweiternd ist.

Nun nützt alle allgemeine Erklärung einer Erscheinung nichts. Man muss ihre Wirkung am Beispiel demonstrieren, sonst ist nicht zu begreifen, was tatsächlich geschieht. Nehmen wir beispielsweise das Rauchen von Tabak und wie es dazu kam, dass sich die Bürokratie dieses Problems bemächtigte. Das Rauchen ist angeblich früher eine Unsitte gewesen. Sie wurde aus Amerika, wo man das Tabakrauchen auch für kultische Zwecke verwendete, in der frühen Neuzeit in die übrige Welt und so auch bei uns eingeschleppt. Die Indianer hatten sich damit berauscht, um mit der Geisterwelt ihrer Vorfahren in Kontakt treten zu können. Sie hatten aber auch das Potential des Tabakrauchens als Beruhigungsmittel entdeckt. Ich möchte da nur die Erfindung der Friedenspfeife erwähnen, die im Anschluss an eine gütliche Übereinkunft zwischen verfeindeten Stämmen gemeinsam geraucht wurde. Das Rauchen breitete sich im Zuge der aus der Neuen Welt zurückkommenden Abenteurer auch in Europa aus. Diese Raubeine protzen dann mit dieser sogenannten Feuerfresserei. Das war kein guter Anfang und trotzdem eine, wenn auch nicht gerade gesellschaftsfähige, so doch wirksame Reklame.

Nach und nach führte die Neugier der gebildeteren Kreise dazu, diese Sachen auch einmal selbst zu probieren, zumal den Rauchern das zu bekommen schien, was sie da taten. Anschließend von Wissenschaftlern, vor allem Ärzten im Selbstversuch getestet, untersucht, für gut befunden, wurde das Rauchen plötzlich sogar als Heilmittel für verschiedenste Krankheiten und auch als Kur befürwortet. Als es dann ausuferte und Jedermann immer und auch überall rauchte, wurde es lästig. Also versuchte man es zu beschränken. Es wurde festgelegt, ab welchem Alter geraucht werden durfte, weil es mit fortschreitender Zeit schon die Kinder exzessiv betrieben. Im 19. Jahrhundert wurde sogar in Deutschland deswegen sehr früh geheiratet, weil örtliche Erlasse infolge falschen Basisansatzes bestimmten, dass zwar Männer rauchen durften, Frauen aber nur, wenn sie schon verheiratet waren. Das waren die ersten zaghaften spielerisch anmutenden Versuche, das Rauchen auf dem Verordnungswege in den Griff zu bekommen. Von Sucht war nie die Rede und das mit dem Raucherbein und dem Lungenkrebs war schließlich auch noch nicht bekannt.

Tabak wurde trotz, oder vielleicht gerade wegen diesem ganzen Auf und Ab ein Wirtschaftsfaktor. Er wurde angebaut, kultiviert, importiert, exportiert, gezüchtet, veredelt, fermentiert, gewickelt, geschnitten, verpackt. Geraucht wurde er in der Pfeife, gerollt als Zigarre, in Papier eingewickelt als Zigarette. Mittels Wasserpfeife gereinigt oder durch Filter entteert wurde sein Qualm genossen.

Die vom Tabakrauchen ausgehende Feuergefahr wurde ebenfalls schon früh erkannt. Auf den hölzernen Segelschiffen herrschte dann meist Rauchverbot. Tabak wurde da also ersatzweise gekaut, zu Priem verarbeitet ausgelutscht, fein zerstäubt als Pulver in die Nase aufgezogen und so geschnupft. Als auch Landratten diese Art Tabakgebrauch der Seeleute entdeckten, ahmten sie das nach. Tabak wurde aromatisiert mit Duftstoffen, Zucker und Kognak, roch dann vorher nach Rosinen, schmeckte nach Lakritz oder sonstigen exotischen Gewürzen. Das führte dann zu weiteren Entwicklungen. Auch der Raucher verlangte nach dem besonderen Kick. Besondere Formen der Fermentierung und auch Zusätze kamen zur Anwendung. Der entstehende Rauch stank dann nicht mehr nach angesengten Filzlatschen, sondern roch teilweise penetrant nach Vanille oder noch anderen schwer deutbaren Sachen. Die Biologie nahm sich der Sache an und züchtete neue Tabaksorten. Was da bei der Umzüchtung manchmal gemacht wurde, dabei entstand und nun als Tabak gehandelt wird, das verschweige ich Ihnen lieber. Genmanipulation war da noch das Ungefährlichste. Ich möcht nicht behaupten, dass man schon beim Anblick einer Pflanze dieser neuen Tabaksorten nikotinsüchtig werden kann, aber weit davon weg ist das nicht. An solchen Pflanzen zu riechen, davon würde ich Ihnen aber schon abraten. Das Allerwichtigste sage ich Ihnen zuletzt. Tabak ist eine Ware. Waren wurden und werden besteuert.

Solange sich das als folkloristische Tradition der Indianer darstellte, konnte das mit dem Tabak noch als Spielerei, als Hobby oder als Ulk verbucht werden. Mit der Besteuerung, da wird das mit dem Tabak allerdings amtlich und sofort muss sich die dem Gesetzgeber nachgeordnete Stufe der Exekutive und damit die Bürokratie zwangsläufig auf Gedeih und Verderb dieser Sache annehmen. Die Bürokratie tut das nicht von sich aus, sondern nur gezwungenermaßen im Auftrage des Gesetzgebers. Sie tut das zwar gern, so wie jede Sache, die ihr übertragen wird, aber eben aus Prinzip und dann aber eisern und unerbittlich. Wenn also, wie in diesem Fall eine Angelegenheit wie das Tabakrauchen in die Netze der Administration gerät, und erst im Nachhinein so global als schadensbringend erkannt wird, gibt es naturgemäß Schwierigkeiten.

Das ist etwas, dessen Gefährlichkeit in seiner Tragweite man noch gar nicht erkannt hat. Mit der Aufnahme ins staatliche Reglement wird eine Sache sozusagen auch staatstragend gemacht. Wenn man jetzt das Rauchen, nachdem seine Gesundheitsgefährlichkeit leider zu spät offiziell erkannt werden durfte, weil an den Folgen zu viele Menschen krank werden und daran sterben, jetzt plötzlich verbieten wollte, sind die Auswirkungen vielleicht als gesellschaftspolitische Unstimmigkeit abschätzbar, aber in wirtschaftlicher Hinsicht kaum noch überschaubar. Schon die wegfallende Besteuerung käme aber einer Katastrophe nahe.

Mit dem Protest der Raucher käme der Staat schon zurecht. Das bekäme die Polizei zusammen mit den Gerichten schon in den Griff. Das würde man aussitzen, selbst wenn die Bundeswehr vielleicht hier und da ordnend zum Einsatz gebracht werden müsste. Zu mehr als flächendeckenden terroristischen Auswüchsen führte das wohl nicht. Den militanten Rauchern stehen heute schon militante Antiraucher gegenüber. Es muss nicht immer gleich staatlicherseits eingegriffen werden, wenn sich verschiedene Sympathisantengruppen miteinander herumprügeln. Man wartet ab, wer gewinnt und nimmt dann die Überlebenden bei

Bedarf vielleicht in Gewahrsam. Wenn dann die brennenden Auto-wracks erst einmal gelöscht und abtransportiert, die Straßen wieder aus-gebessert sind, auch die Schaufensterscheiben alle repariert und die Ver-sicherungen alle Plünderungs-, Personen- und Sachschäden reguliert haben, zieht der Frieden wieder ein. Das ist also nicht das Problem.

Das Problem wären die wegbrechenden Einnahmen aus der Tabak-steuer, und natürlich die ganzen Querelen der an der Tabakindustrie hängenden Existenzen. Es würde dann zwar die Subventionierung des Tabakanbaues eingespart, aber die werden Deutschland doch von der EU aus Brüssel zugeteilt. Die bekämen dann nämlich andere Länder. Das wäre ein wirtschaftlicher Totalverlust. Die Tabakbauern der Pfalz oder anderswo brauchten dann irgendwelche Ausgleichszahlungen für ausfallende Verdienste und so. Das ist also nicht die Lösung.

Von der Tabak verarbeitenden Industrie mag ich gar nicht reden. Das ist alles so hochtechnisiert und investitionsintensiv auf rationelle Fertigung hin entwickelt, dass es jammerschade wäre, diesen erreichten fortschrittlichen technischen Standard in Frage zu stellen, der wegen dieses Verbotes plötzlich zu nichts mehr zu gebrauchen ist. Der geistige Extrakt jahrzehntelanger Intensivbemühungen von ganzen Ingenieurs-generationen würde da vernichtet. Eine Schachtel Zigaretten kostet in der Herstellung dank dieser Innovationen fast nichts mehr. Das sind doch nur Bruchteile von Cents. Vergleichen Sie das einmal mit den Preisen, die dann der Handel von Ihnen verlangt. Von den dadurch erreichbaren Gewinnspannen kann manche Branche wegen der garan-tiert sehr niedrigen Erzeugerpreise nur träumen.

Das eigentliche Geld verdient uns doch der Handel mit seinen ver-schieden gestuften Auf- und Zuschlägen. Da entsteht auch der größte Anteil der Mehrwertsteuer, weil die prozentual zum Endpreis an Sie mit berechnet und von Ihnen bezahlt wird.

Wie das mit dem Handel läuft, das wissen Sie: Wenn der Fischer abends seinen Ostseehering mit seinem vorsintflutlichen Kutter in Saß-nitz auf Rügen anlandet, dann kriegt er nur ein paar Cent fürs Kilo. Ist der Hering dann über Nacht per Kühlfracht der Bahn nach Frankfurt am Main gelangt, dann kostet er, nachdem er verschiedene Stufen der Versteigerung, des Transportes und der damit verbundenen Besitzwech-sel hinter sich hat, am nächsten Morgen ungefähr schon einen einstelli-gen Eurobetrag pro Kilo. Ist er erst filetiert, können Sie ihn pro Kilo ab zehn Euro kaufen und wenn sie ihn sich eventuell noch mariniert und garniert aus dem Feinkostgeschäft nach Hause liefern lassen, dann kos-tet Sie schon eine Portion, von der sie kaum satt werden, fast so viel wie ursprünglich der ganze Fang des Fischers. Gegen den immensen Wert-zuwachs der Ware beim Handel, da können Sie nun mal nix machen. Dat is man so. Aus einem manchmal sehr unscheinbaren und auch ziemlich wertlosen Ausgangsmaterial entsteht im Verlauf der Produktions- und Distributionsprozesse das wertvolle Bruttoinlandsprodukt. Das ist auch beim Tabak nicht anders, nur dass er im Gegensatz zum Hering, gesetzt den Fall, der wäre nicht schwermetallbelastet, sehr schädlich sein soll. Die Gesundheitsgefahr entsteht beim Tabak aber anscheinend nur durch das Rauchen. Vom Verbot des Priems und des Schnupftabaks hört man nichts. Vom Nikotin, dem eigentlichen Tabakgift, kann also die Gefahr nicht herrühren. Es gäbe sonst kaum die Nikotinpflaster, mit denen man sich das Rauchen angeblich abgewöhnen soll. Man hört nur immer vom Teer. Im Tabakrauch und Tabakteer seien auch sehr komplizierte chemische Verbindungen enthalten, aromatische Kohlenwasserstoffe, Nitrosamine und so. Ich habe mir das mal aus einer Analyse herausgeschrieben und versucht, diese Substanzen zu kaufen. Das ist zum Teil überhaupt nicht im Handel erhältlich, und wenn, dann nur über Sondergenehmigung unter Verwendungsnachweis zu kriegen. Das ist schon in Kleinstmengen schandmäßig teuer und die meisten Stoffe sogar wegen ihrer Schädlichkeit nach den Bestimmungen des Giftgesetzes Ihrem Zugriff entzogen. Wie das die Natur in den Tabak reinkriegt, Hut ab. Wenn Sie Tabakteer synthetisch herstellen wollten, der wäre überhaupt nicht bezahlbar. Davon wollen wir aber nicht weiter reden, obwohl da bestimmt noch wirtschaftliche Wertschöpfungsmöglichkeiten schlummern, die Ungeahntes in sich bergen.

Das mit den Gefahren des Rauchens, das habe ich erst so richtig begriffen, als die Ärzte nach dem entscheidenden Durchbruch des Gesetzgebers betreffend Rauchverbot sich zu Wort meldeten. Sie meldeten da den Bedarf an gesetzlicher Unterstützung an. Sie forderten aktives Engagement des Gesundheitswesens ein. Wie geht das denn?

Es wurde verlangt, Rauchen als Suchtkrankheit anzuerkennen. Ich dachte, dass das alles schon immer geklärt sei. War es nicht. Hätte man meiner Meinung nach sofort, unbürokratisch und gleich ordentlich geklärt werden können. Man erkennt das an und nun Schluss. Die Ärzte haben ihren Willen und nun gut. So einfach ist das aber im bürokratischen Rechtsstaat nicht. Diese Ärzte fielen nämlich, statt sich mit der Drogenbeauftragten der Bundesregierung anzulegen, die diese Antiraucherkampagne samt Rauchverbot für ihre Profilierung im Rahmen ihrer politischen Karriere dringendst brauchte, dem Gesundheitsministerium in den Rücken. Diese Anerkennung des Rauchens als Sucht bedeutet nämlich, dass man das plötzlich als medizinisches Problem sehen muss. Da greift dann das mit der Verschreibung von Medikamenten und deren Teilfinanzierung durch die Krankenkassen. Gleich schreit jemand entsprechend dem Gleichheitsgrundsatz im Sektor der Suchtkrankheiten nach Therapien für Tabaksüchtige und natürlich nach Therapieplätzen. Das heckt dann wieder Kliniken, die medizinisches Personal benötigen. Das muss dann auch verwaltet werden. Experten für Gutachten müssen her.

Sie sehen, welchen Rattenschwanz von zusätzlichen Maßnahmen das nach sich zieht. Zusätzlich aufzubauende Lehrstühle an Universitäten werden erforderlich, um dieses Personal heranzubilden, auch im pharmazeutischen Bereich. Da sind anschließend die erforderlichen Forschungskapazitäten aufzubauen, die neue Medikamente dafür entwickeln, um effektive Behandlungen zu gewährleisten. Damit hatten die Ärzte bei ihrem unüberlegten Vorstoß wohl nicht gerechnet.

Solche unverantwortliche hanebüchene Argumentation, Rauchen sei eine Sucht, die mit geduldiger Überzeugungsarbeit durchaus nicht zu überwinden und auch nicht zu besiegen sei, sondern medizinisch behandelt werden müsse, das muss erst einmal wissenschaftlich untersucht und bewiesen werden. Dann erst könnte ein Antrag auf Kenntnisnahme an ein Gremium aus noch auszuwählenden und zu ernennenden Gutachter und Experten gestellt werden. Ob dem Gesundheitswesen das dann passt, was am Ende herauskommen sollte, das ist dann immer noch dem Ermessen derjenigen anheim gegeben, die es am Ende entscheiden müssen. Es wird dann auch davon abhängen, ob auch Geld dafür da ist. Da steht das Regelungswerk der Bürokratie zu Ihrem Schutz eisern auf Wacht, damit der Staat, oder zumindest das Gesundheitswesen nicht in die Pleite getrieben wird.

Das mit der Suchtanerkennung, das ist ein ganz mieser Anschlag auf den Gesundheitsetat. Da liegt also die Gefährlichkeit. Die Tabaksteuer wird schließlich schon jetzt dringendst für die Finanzierung von Omas und Opas Rente gebraucht, wenn nicht gar für den Autobahnbau. Auch für die Zahlungen an die EU, aus deren Topf schließlich die Subventionen für den Tabakanbau gezahlt werden. Die Chancen, Tabaksucht als medizinisches Problem, als Krankheit anzuerkennen, sind also gering. Da warten schließlich schon jetzt noch zu viele Säufer auf ihre Therapie. Es ist also nicht ratsam auch noch eine zusätzliche Warteschlange für Suchtraucher einzurichten, nachdem Saufen als Krankheit anerkannt wurde. Man soll es nicht ausufern lassen.

Das Gesundheitsministerium ist gerade dabei, diesen Problemkreis energischst auszusitzen. Das braucht Charakterstärke, davon machen Sie sich als Außenstehender einfach keine Vorstellung. Da beginnt man bestimmt trotz aller zu erwartenden Proteste wieder mit Tierversuchen. Wie viele Kaninchen von jetzt an wieder unter Laborbedingungen rauchen müssen, ehe die statistisch ausreichende Menge der Daten erlaubt, das mit der Wahrscheinlichkeit und Höhe der Suchtgefahr zu sichern, bevor sie am Krebs sterben. Es hat schließlich vor Jahren schon massenhaft Kaninchen gekostet, die sich zum Lungenkrebs rauchen mussten, ehe die Ursache des Rauchens für die Entstehung dieser Krankheit zweifelsfrei feststand.

Schon die Sache mit den ganzen warnenden Aufklebern auf den Zigarettenschachteln ... Nicht etwa, dass sich irgendjemand daran gestoßen hätte, dass die Sprüche in Gestaltung einer Todesanzeige mit breitem schwarzem Trauerrand auf den Schachteln kleben würden. Das war zwar Absicht, aber das war es nicht, was gestört hätte. Raucher interessiert so etwas nicht, solange die in dieser Packung angebotene Zigarette noch eine Zigarette ist. Die gleich darauf in Umlauf gekommenen bunten Hüllen für Zigarettenschachteln, mit denen man diese aufdringlichen Warnungen kaschieren konnte, waren also keineswegs so ein Renner, wie sich das die Erfinder erträumt hatten. Es war schlimmer. Der Absatz an Zigaretten stieg kurzzeitig, weil jeder Sammler von allen Sprüchen mindestens einen haben wollte.

„Raucher sterben früher!" Was soll denn das. Nichtraucher dann eben später. Wenn einer mit dieser Welt sowieso nichts anfangen kann, weil sie ihm persönlich keine Chance mehr gibt, dann ist ihm das doch völlig egal. Das ist vielleicht zu pessimistisch gedacht, aber schon die Schulkinder beginnen heutzutage so zu denken.

Bekommen Sie beispielsweise als Soldat auf Friedensmission eine Packung mit dieser Aufschrift in die Hände, während Sie gerade in irgendeinem Krisengebiet dieser Welt im Auftrag der UNO auf Patrouille unterwegs sind und auf dem gerade befahrenen Straßenstück die nächste Sprengfalle erwarten, dann möchte ich nicht wissen, welchen Assoziationen ihr Hirn da nachgeht. Ein Raucher sagte mir, dass er am liebsten die Zigaretten aus Schachteln raucht, auf denen vor den Folgen des Rauchens für die Schwangerschaft gewarnt werde. Das wäre für ihn dann als Mann wohl kaum gefährlich. Also, ich weiß nicht ...

Dass das Rauchen der Potenz schade, kann sein, aber nicht nur das Rauchen ist da immer die Ursache ... Als da mal eine ziemlich militant auftretende Gesundheitsapostelin (gibt es das als weibliche Form?), na ja, also sagen wir mal, so eine fanatische Emanze in einer Podiumsdiskussion eine Lanze dafür brechen wollte ... Ich sage ja nicht, dass sie nicht ganz annehmbar aussah, ... aber wenn Sie sich so etwas angelacht haben sollten und das Sie dann mit diesem Thema von früh bis spät so penetrant und intensiv, ganz persönlich, konsequent und unerbittlich beaast ... Sie musste da unfreiwillig Erfahrungen gemacht haben, die sie sich nur noch mit dem Rauchen erklären konnte.

Also Frauen, habe ich mir sagen lassen, hätten im Zusammenhang mit dem Rauchen keine Erektionsprobleme. Die Raucherinnen sollen ja letztens schon sehr auf dem Vormarsch sein. Die werden es den Männern schon beweisen, wer sich das mit dem Rauchen leisten kann, ohne davon leistungsgemindert zu werden. Seit es nun mehrmals mit dem prophezeiten Weltuntergang nicht geklappt hat, überzieht der Drang, das Rauchverbot in der Öffentlichkeit, den Amtsstuben und dem Gastgewerbe durchzusetzen, die Medien immer wieder wellenförmig und weltweit, frisst sich inzwischen schon bis zur UNO durch und droht schon das mit der Welthungerhilfe und dem AIDS ins Abseits zu drängen. Die Probleme sind also am Ausufern. Wer die Übersicht behalten will, der muss sich beschränken. Das ist überall so. Wollen Sie weltübergreifende Probleme lösen, dann müssen Sie auch an einem Punkt und mit einem beginnen und wenn sie das nicht gleich stemmen, dann nehmen Sie sich zwischenzeitlich ein anderes vor. Wir befassten uns in Deutschland dann eben mit dem Rauchverbot, als wir zeitweise beim Rückzug aus der Atomenergie zeitweise nicht mehr weiterkamen und Fukushima auch noch nicht passiert war.

Trotzdem man von gesetzgeberischer Seite und auch seitens der Bürokratie mit beispielhaftem zeitlichem Anlauf und aufklärerischer Mühe an das Problem des Rauchverbotes heranging, hat es nicht viel genützt. Bei der Problematik der Raucherei in Deutschland und ihrem Verbot hat man sich wohl anfangs verordnungsmäßig etwas verhoben und muss nun anscheinend nachbessern. Stück für Stück und zwar nacheinander, vor allem praxisnah, also konkret anwendbar. Die finanziellen Interessen derer, an die man gar nicht gedacht hatte, spülten ein Widerstandspotential zu Tage, was nicht zu vermuten stand. So eine Nachbesserung geht nur im Detail und schrittweise, weil dieses Areal schon zu vermint ist. Das liest sich in der Presse dann so: Es gibt zwar die Richtliniengesetzgebung vom Bund, aber jetzt pro Bundesland ein anderes Gesetz für das Rauchverbot, was man allerdings „Nichtraucherschutzgesetz" nennt. Weil die Länderparlamente da jeweils in eigener Machtvollkommenheit gewerkelt haben, ist dann auch jedes Gesetz anders.

In Sachsen hat also der Hahn gekräht. Man hat das Problem zwar anfangs beruhigend zu deckeln versucht, aber da es um Geld ging, was nicht mehr verdient und somit auch nicht mehr besteuert werden konnte, war diese Verfahrensweise nicht durchsetzbar. Nach Klageeinreichung verschiedener Querulanten, denen das Wasser wirtschaftlich schon bis zum Hals stand, wurde das Problem dann doch lieber dem Sächsischen Verfassungsgericht zur Überprüfung übergeben. Beim Bundesverfassungsgericht, da ruhen solche Dinge meist sehr lange friedlich und manchmal legt sich mit der Zeit auch die ganze Aufregung. Ab und zu ergeben sich nämlich auch ganz neue Gesichtspunkte, welche die Behandlung dann erübrigen. Der Sächsische Verfassungsgerichtshof hat aber dummerweise gleich darüber gesessen und auch geurteilt.

Entweder saßen da noch Raucher zu Gericht oder die Sachsen als Neubundesbürger sind noch nicht dahintergekommen, dass man Probleme nicht zur Klärung anweist. Sie haben sich mit dieser überstürzten Entscheidungssucht, bestimmt bei den Organen der nachgeordneten Exekutive keine Freunde gemacht. Diese Leute macht man sich, wie man noch sehen wird, selbst als Verfassungsrichter nicht ungestraft zu Feinden, auch wenn es dann andere ausbaden müssen. Was hat also das Verfassungsgericht festgestellt: Sachsen muss sein Nichtraucherschutzgesetz innerhalb eines Vierteljahres ändern. Das strikte Rauchverbot in

Einraumkneipen und Diskotheken verstieße gegen das Grundrecht der Betreiber auf Berufsfreiheit. Außerdem sei der Gleichheitsgrundsatz verletzt. Nur weil größere Kneipen sich Nebenräume leisten können, in denen gequalmt werden darf, seien die Budiker mit nur einem Gastraum unangemessen benachteiligt.

Ein ganzes dazu erlassenes und unter Verbrauch bedeutender Mengen Gehirnschmalz erarbeitetes Paket von Regelung und Bestimmungen wurde damit hinfällig. Das mit der Einraumraucherkneipe gab es in anderen Bundesländern und auch in Sachsen bereits, aber da nur über Ausnahmeregelung. Diese bezog sich allerdings nur auf Kneipen bis zu einer Gastraumgröße bis zu 75 m². Diese Sonderregelung war aber mit dem Zutrittsverbot für Jugendliche unter 18 Jahren gekoppelt.

Ursprünglich, so habe ich es aus dem Gezänk in der Presse entnommen, diente dieses Gesetz fast ausschließlich dem Schutz des Bedienungspersonales, welches während seiner Arbeit in einer Raucherkneipe dem Tabaksqualm der Raucher die ganze Zeit zwangsweise ausgesetzt, und damit gesundheitsgefährdet sei. Das hat mir auch einmal eine Kellnerin bestätigt, als wir einmal gemeinsam draußen vor der „Hundeblume" standen und rauchten. Ich als normaler Raucher und sie während ihrer gewerkschaftlich genehmigten Zigarettenpause, bevor sie wieder zum Servieren in die nun rauchfreie Kneipe rein musste. Am Arbeitsplatz ist ihr jetzt genauso das Qualmen untersagt wie den Bediensteten und Angestellten, auch den Beamten in öffentlichen Gebäuden und dergleichen. Das ist gerecht. Warum soll es sie besser haben als die? Es war mir jedenfalls nicht klar, was der Nichtraucherschutz mit dem Alter der Kneipenbenutzer in unter 75 m² großen Gasträumen zu tun haben könnte. Auch die da plötzlich mit auftauchenden Bestimmungen, dass nun in Gasträumen unter 75 m² keine zubereiteten Speisen mehr angeboten werden dürfen, hat mich etwas irritiert. Kekse darf man da im Qualm konsumieren, eine warm gemachte Bockwurst nicht. Wie ist das dann mit der kalten Bockwurst? Wenn Sie das tiefgründig betrachten wollten, dann könnten Sie darüber schon heute verrückt werden. Gehen Sie also nicht erst hin.

Solche Schilder wie: „*Achte auf deinen Ruf ... sauf zu Hause*", das kannte man schon. Die hingen schon immer in den Kneipen, waren auch nicht ernst gemeint und man hielt sich daran, oder auch nicht. Aber jetzt das mit dem Rauchen, und so kategorisch und brutal, vor allem amtlich? Dass das mit dem Nichtraucherschutz noch weitere Dimensionen hat, war mir schon klar. Man muss solche Dinge etwas schmoren lassen, dann kommen die Probleme mit der Zeit von ganz allein zum Vorschein.

Darüberhinaus haben Sie in Sachsen noch das Ding mit der Disko. In Diskotheken herrsch jetzt generelles Rauchverbot, wahrscheinlich wegen der Jugend. Die muss sich nun mit Amphetaminen, Alkohol,

Lösungsmitteln, Treibgas aus Spraydosen, Feuerzeugen und ähnlichen Dingen behelfen. Diskotheken war es bislang auch nicht erlaubt, Raucherräume einzurichten. In wie weit sich das auch auf Räume bezog, in denen man sich einen Schuss setzen konnte und wo manche davon träumen, dass einem dort ein Streetworker ein keimfreies Einweg-Spritzbesteck dazu stellt, das weiß ich nicht, will es auch nicht erörtern und halte es auch nur für bösartiges unverantwortliches Gequatsche von destruktiv und missgünstig eingestellten Leuten.

Die Sächsischen Verfassungsrichter haben dieses Verbot zur Einrichtung solcher Räume, also Raucherräume und nicht die von mir erwähnten anderen, beanstandet. Die Sächsische Gesundheitsministerin und die ihr nachgeordnete Bürokratie haben darauf sofort reagiert, und sich auch gleich, sozusagen im Eilverfahren dazu geäußert. Sie sagte, dass die Sächsische Regierung die Novellierung des Sächsischen Nichtraucherschutzgesetzes vorantreiben werde. Sie hatte da schon konkrete Vorstellungen. Zu Diskotheken sähe das dann ungefähr so aus:

„Diskotheken, die nur Gäste ab 18 einlassen, können einen separaten Raucherraum ausweisen, in dem aber nicht getanzt werden darf."

Was sagen Sie nun? Das kommt am Ende bei der ganzen Nörgelei derer heraus, die sich nicht ruinieren lassen wollen, wenn sie einen Spruch des Verfassungsgerichtes provozieren, der den Gesetzgeber kritisiert. Jetzt wird das in dieser Art zur Gesetzesnovelle. Ein Alptraum. Hätte man bloß nicht diese Klage beim Verfassungsgericht eingereicht.

Dass der Tanzstundenherr beim Ertönen der Tanzmusik erst seine Zigarette löscht, dann aufsteht und sein Jackett schließt, bevor er die Tanzstundendame mit einer kurzen Verbeugung zum Tanz bittet, das habe ich immer als spießig, aber durchaus als höflich und notwendig im Rahmen des normalen gesellschaftlichen Umgangsrahmens erachtet. Es gab schließlich zeitweise festliche Bekleidung, die infolge ihrer Herstellung aus Chemiefasern äußerst feuergefährlich war. Die Haupttanzfigur des Twists beruht ja auch auf einer Fußbewegung, die dem Austreten einer Zigarettenkippe auf dem Tanzboden nachempfunden ist. Die heutige Rentnergeneration wird sich daran noch gut erinnern können.

Disko war immer lockerer, jetzt aber solche Bestimmungen zum Gesetz erheben? ... Tanzverbot in einem zum Raucherraum beamtet aufgewertetem Nebenzimmer der Diskothek. Ich weiß nicht. Wie würde denn das dann bestraft. Gibt es da auch schon Bestimmungen, oder zumindest Vorstellungen dazu? Ab wann ist Diskogeschlenker überhaupt schon Tanz? Da würden sich wohl auch oder gerade die Experten für Ausdruckstanz der weltberühmten Dresdner Paluccaschule vor Gericht mit den Polizeibeamten und auch untereinander in die Haare kriegen. Wenn schon Tanz nicht definiert ist, welche Bestimmungen besagen nun, wie ein solcher Raucherraum beschaffen sein muss. Man könnte schließlich in irgendwelchen Räumen rauchen und dazu tanzen. Ist das dann auch strafbar, oder nur, wenn diese Gelass als Raucherraum deklariert ist. Ab wann gilt ein Raum als Nebenraum einer Disko? Muss er durch eine Wand abgetrennt sein und wenn ja, darf darin eine Tür zur Disko angebracht sein oder nicht.

Wie ist das dann, wenn zu vorgeschrittener Stunde ein Go-Go-Girl in einer Gaststätte mit einem Gastraum unter 75 m² vor rauchenden Zuschauern auf einem Tisch tanzt? Dazu braucht sie noch nicht einmal minderjährig zu sein. Ist dann die Verabreichung zubereiteter Speisen an die Gäste immer noch vorrangig strafbar? Wer darf das überhaupt festlegen und wer prüft das alles? Vor allem, wie wird das bestraft und welche Strafen gibt es für welche Delikte?

Wieso ist die Einrichtung diese neuen genehmigten Raucherräume plötzlich daran gebunden, dass keine Jugendlichen unter 18 Jahren in dieser Disko tanzen dürfen. Wohlgemerkt, nicht der Raucherraum, sondern die rauchfreie Zone ist für sie deswegen zukünftig gesperrt, obwohl sie im Gefahrenfall einen Raucherraum bestimmt straffrei betreten können, sofern sich da kein Raucher aufhält, der da noch nicht einmal rauchen müsste.

Sie merken, wie viel schöpferische Arbeit aus bürokratischen Regelungen, deren Splittung, Vervielfältigung und Vermehrung generiert werden kann? Ganze Heere von Arbeitslosen könnten so in Vollbeschäftigung gebracht werden, das alles durchzusetzen, zu kontrollieren und zu bestrafen. Bedenklich ist allerdings, wie viele Dinge durch diesen Entscheidungseingriff des Verfassungsgerichtes und der notwendige Reaktion des Gesundheitsministeriums plötzlich nicht geregelt sind und erst noch neu in entsprechende Form gegossen werden müssen.

Sehen Sie, dafür brauchen wir die Bürokratie. Darüber hinaus lenkt sie uns von den unlösbaren Problemen dieser Welt ab und entlastet unseren Geist von schicksalhaften Dingen, die unsere Existenz bedrohen. Der Zusammenhang von Rauchen und Lungenkrebs tritt wenigstens zeitweise in den Hintergrund und belastet da die Psyche der Öffentlichkeit nicht mehr so vordergründig und penetrant, solange solche organisatorischen Dinge nicht geregelt sind, wie gerade erwähnt. Also das mit dem Angebot zubereiteter Speisen in Gasträumen unter 75 m² Fläche in Abwesenheit von Personen unter 18 Jahren und das mit dem Tanzverbot in Diskotheksnebenräumen, sobald da geraucht werden darf und der Aussperrung von Jugendlichen von Tanzveranstaltungen infolge der Einrichtung dieser Rauchernebenräume.

Darüber hinaus ist die Bürokratie arbeitsbeschaffend für Gutachter und Ordnungskräfte, und auch wenn die Juristen sagen, dass da kein Futter für sie dran sei, es übt zumindest und sorgt dafür, dass der Stoff für Streitigkeiten nie ausgeht. Die Leute haben was zu reden. Sie beißen sich an Sachthemen fest, die überflüssig sind und beliebig aufgeworfen und auch wieder fallengelassen werden können, weil es einen zwar nicht bedroht, aber eben doch beschäftigt. Das bringt die Leute zusammen, und wer einmal festgestellt hat, wie gemütlich es sich in der Kneipe am Stammtisch bei Bier, Brezen, Weißwurscht, Hendel oder Halver Hahn und Zigarette, vielleicht auch einer guten Zigarre über diese Themen schwadronieren lässt, wenn der Teer in der Pfeife schmurgelt und ...

... Entschuldigung. Da muss mir etwas durcheinandergeraten sein. Eins ist aber sicher: Ohne Bürokratie geht es eben nicht. Ende. Ohne wären wir nicht vollkommen. Denken Sie doch was Sie wollen. Wenn Sie nämlich denken, gegenüber der Bürokratie durch Auflehnung oder auf dem Klageweg sich irgendeinen Freiraum erstreiten zu können, dann haben Sie sich gründlichst verrechnet. Was Sie auf der einen Seite gewinnen, das nimmt man Ihnen bestimmt andererseits wieder weg. Es ist nach behördlicher Klärung eines Sachverhaltes zwar anschließend anders, aber selten so, wie gerade von Ihnen ursprünglich gewollt. Die Diskothekenbetreiber haben schließlich nur die begrenzte Raucherlaubnis vor Gericht erstreiten wollen, und was haben sie dafür gekriegt? Ein begrenztes Tanzverbot ...

Hätten Sie vielleicht mal eine Fluppe für mich? Kennen Sie nicht? Ich meine, eine Lulle. Auch nicht? Keine Sargnägel am Mann? Keine Zigarette? Was sind denn Sie für einer? ... Nichtraucher? ... Ahnte ich's doch. Sie wissen es zwar nicht, aber Sie sind ein Niemand, ein Nichts. Sie können sich ja noch nicht einmal eigenständig und amtlich definieren. Sie brauchen uns dazu, die Raucher. Sogar der Gesetzgeber kann sie nur als Gegensatz, als unsere Negation definieren. Ich bin Raucher, aber ich definiere mich nicht als solcher und auch der Gesetzgeber definiert mich nur nebenbei als Rauchenden. Ich bin noch etwas anderes. Ich bin Bürger, Ehemann, Familienvater, eben rauchender ... Sie sind schon laut Gesetz nur Nichtraucher, als ob das ein Beruf wäre oder eine Dienststellung, vielleicht sogar ein Titel, eventuell ein Ehrenamt mit besonderen Vollmachten! Was bilden Sie sich denn eigentlich ein? ... Wie Sie schon dastehen ... Was haben Sie denn auf der Bemme? ... Das kennt man, immer gesund gelebt, bestimmt Antialkoholiker, Vegetarier. Dem armen Vieh das Futter wegfressen, Auto auf Raten zusammengehungert, Haus auf Kredit. Vielleicht sogar Magengeschwüre. Wozu gebe ich mich denn überhaupt mit Ihnen ab?! ...Sie ..., Sie ..., Sie Nichtraucher, ... Sie ... Sie vom Gesetzgeber der Vermassung übereignetes oppositionelles Individuum, Sie ... Hau'n Sie bloß ab ... Sie könnten ja sonst wer sein...!!! ... Schämen Sie sich ...! Nehmen Sie lieber einen Strick und hängen Sie sich am nächsten verholzten Seitenspross des straßenbegleitenden Großgrüns auf, wenn Sie noch so viel Courage aufzubringen in der Lage sein sollten ...".

Adel verpflichtet zu nichts

Ein unverbindlicher Vorschlag zur Sanierung
der deutschen Staatsfinanzen

Weil wir gerade von der ständig wachsenden Staatsverschuldung reden, Deutschland hätte es äußerst nötig, seinem stets schwindsüchtigen Staatssäckel in verschiedenster Hinsicht aufzuhelfen, zumal es sich in letzter Zeit auch noch dazu verstiegen hat, für die Schulden anderer Länder zu bürgen. Ich habe da einen Vorschlag zu unterbreiten, der die derzeitige finanzielle Schieflage Deutschlands beheben könnte.

Mein Vorschlag zielt auf die allgemeine Hebung des internationalen Ansehens der Deutschen im Allgemeinen im Ausland und das Ansehen Deutschlands überhaupt. Im Besonderen könnte man das mit dem Wiederaufleben lassen der Adelskultur erreichen. Ich meine nicht die Wiederherstellung des Ständestaates, sondern nur die Aufwertung des Adels und die Schaffung erweiterter Möglichkeiten, auf legalem Wege adlig zu werden. Deutschland hat im Gegensatz zu Österreich glücklicherweise den Adel nicht abgeschafft, sondern ihm nur die von ihm seit Jahrhunderten angemaßte Regierungsgewalt entzogen.

Adel an sich ist wieder sehr in Mode. Er versucht sich momentan in den Medien ziemlich breit zu machen. Es sind aber nach meiner Ansicht zu wenige und zu unpräsentable Leute, die sich da servieren lassen. So ein Graf, wenn Sie den in Gummistiefeln und mit einer Mistgabel auf den Hof seines ererbten Rittergutes stellen, den hält doch jeder für den Pferdeknecht und wenn die Gräfin beiläufig mal gegenüber unbotmäßigem Personal ausrastet, dann klingt das auch oft nicht besser als auf dem Fischmarkt. Der Adel ist eben auch nicht mehr das, was er mal war. Das hat nichts mit Degeneration zu tun, sondern mit seiner Abschaffung als per Geburt privilegiertem Stand in Deutschland. Da können Sie viel von historischen Verdiensten, langem Stammbaum und angeblich blauem Blut reden, wenn der Adel es mit der Angst kriegt, dann macht er sich genau so in die Hosen wie unsereiner.

Trotzdem war der deutsche Adel immer sehr gefragt. Das galt besonders für deutsche Prinzessinnen, weil sie gesundheitlich robust und auch fruchtbar waren. Als der Usurpator Napoleon Bonaparte sich auf den französischen Königsthron schwang, anschließend im Beisein des Papstes sogar selbst krönte und zum erblichen Kaiser der Franzosen ausrufen ließ, da haben sie alle gekuscht. Der bis dahin amtierende stockkatholische Kaiser der Deutschen legte ihm sogar seine eigene, eine echte Kaisertochter, eine echte Habsburgerin, eine hochadelige Prinzessin, dazu erwiesenermaßene Jungfrau, ins Ehebett. Dazu hatte sich der neue Franzosenkaiser erst von seiner ersten Frau scheiden lassen müssen. Eine Reihung von Eklats, jeder folgende größer als der vorhergehende. Die Repräsentanten des jetzigen deutschen Hochadels sollte einmal nachzählen, welche seiner Königskronen und sonstigen Titel sich eigentlich von Napoleon her schreiben.

Der deutsche Staat dürfte nicht mehr so g'schamig tun mit der Adelei. Er sollte der ganzen Brut, die sich privat mit dem Handel von Adelstiteln und der Vermittlung von Adoptionen und durch Adoptieren die Taschen füllt, endlich das Handwerk legen und auch Nägel mit Köpfen machen. Das kann er besser als die. Napoleon hat es schon damals allen gezeigt: Entschlossenheit ist alles, was man braucht, und was nicht groß genug aufgezogen wird, daraus wird auch nichts. Jeder Werbefachmann kann Ihnen das bestätigen. Die Herumpfuscherei auf diesem Gebiet muss ein Ende haben.

Da gibt es noch die Ewiggestrigen, welche allen Ernstes behaupten, dass Adel etwas mit Verdiensten für Kaiser, Volk und Vaterland oder so zu tun gehabt hätte. Das muss wirklich sehr lange her sein. Mein Lexikon von 1704, aktualisiert so um 1800 herum und noch vom sächsischen Kurfürsten (vor seiner Erhebung zur Königswürde durch Napoleon) abgesegnet, weist folgende Taxen für den Adelsbrief aus:

Fürstenbrief:	12 000	Thaler
Grafenbrief:	4 000	Thaler
Freyherrenbrief:	2 000	Thaler
Ritter- oder Adelsbrief:	200	Thaler

(Zahlbar innerhalb von drei Monaten an die Reichskanzlei. Bei Zahlungsverzug Verlust des soeben erworbenen Titels.)

Der Österreicher, der damals als Kaiser des „Heiligen Römischen Reiches Deutscher Nation" amtierte, machte es nicht billig. Titel gegen Geld. Schluss. Von Verdiensten um eine Sache steht da nichts und auch nichts von Ehre. Natürlich war eine Begründung für die Verleihung eines Adelstitels erforderlich. Da wäre doch sonst jeder gekommen, der ausreichend Geld flüssig hatte. Vielleicht war das auch so. Wer weiß das schon noch. Statt eines polizeilichen Führungszeugnisses reichte der übergeordnete Herr die ehrenhafte Begründung für die Erhebung in den Adelsstand ein, für die er dem Kaiser aber auch geradestehen musste.

(Nur so beiläufig gefragt: War Goethe wirklich so arm oder so geizig, dass er sich nur den normalen Adelsbrief leisten konnte, oder wollte sein Herzog ihm keinen höheren Titel kaufen oder gönnen? Goethes Bescheidenheit war es jedenfalls nicht, seiner Gier nach Auszeichnungen nach zu urteilen, denn er hat sich fleißig darum gekümmert und sich Orden von allen Kaisern erbettelt, die es damals gab, als sie zufällig einmal alle in Erfurt waren: Dem russischen, dem französischen und auch dem österreichischem.)

Da herrschte jedenfalls noch Ordnung und jeder wusste, woran er war. Warum geht das jetzt nicht, man könnte die Titelvergabe auch nach einer eventuell veränderten Tariftabelle vornehmen. Die Gerichte verurteilen doch auch nach Tagessätzen, wieso dieses bewährte Prinzip nicht auf die Titelkäufe übertragen. Finanzielle Leistungsfähigkeit gegen Titel. Das ist es doch, wonach alle schreien, nach der finanziellen Gerechtigkeit … Wenn das mit dem Mindestlohn gesetzlich durch ist, kann man auch das mit der Mindestgebühr auch auf viel praktikablere Füße stellen. Es werden so viele akademische Titel an Kretins verkauft und verliehen, wobei Geist vorgetäuscht werden soll, wo keiner ist. Mancher mit Wissenschaftstiteln behängte Dummkopf hat hinterher schon viel Unheil angerichtet. Aber das ist heutzutage das ziemlich Einzige, was offiziell an geistiger Imageaufwertung mittels Geld im Angebot ist. Da habe ich die erschwindelten akademischen Grade noch gar nicht erwähnt, und den ganzen Krawall auch nicht, wenn das wieder in Ordnung gebracht werden muss. Beim Adel wäre dieses Risiko von vornherein ausgeschlossen. Man erwartet doch auch heute vom Adel nicht mehr als die *„Persönliche Zurschaustellung zwecks Vermittlung eines guten Eindrucks".*

Das hieß bei der Wehrmacht, bei der NVA und auch noch bei der Bundeswehr: *„Die Stabsgefreitenprüfung".* Der Adelstitelgeschmückte müsste doch nichts können und wäre außer einer schönen Dekoration, für Firmen, bei denen er sowieso nur den *„Grüßaugust"* oder *„Frühstücksdirektor"* macht, ganz ungefährlich. Er stellte darüber hinaus, als neue Schicht der Bevölkerung gesehen, eine unerschöpfliche Quelle zur Sanierung der Staatsfinanzen dar.

Ob die Firma, die ihm den Titel kauft, das aus dem Werbeetat zahlt, oder er sich den kaufen muss, um angestellt zu werden, das ist doch in diesem Zusammenhang nur müßiges Zeug und unwichtig. Warum nicht die Gewährung eines Kredites zum Titelerwerb. Es gibt doch sonst auch alles auf Kredit. Die Banken leben schließlich von den Schulden anderer Leute. Nehmen Sie beispielsweise den Kauf eines Autos auf Kredit. Das müssen Sie anschließend versichern gegen alles Mögliche. Es kann Ihnen gestohlen oder beschädigt werden. Das Design unterliegt einem Wertverfall. Der Abnutzung müssen Sie entgegenwirken mittels TÜV, ASU, Sommer- und Wintercheck, Scheckheftpflege, Reparaturen, Reifenwechseln und Ersatzteilen. Nichts als Ärger und am Ende sind Sie froh, wenn es Ihnen der Schrotthändler noch ohne Entsorgungszuzahlung zur Verschrottung abnimmt. Nichts Bleibendes und wenn Sie sterben erben das womöglich noch die, denen Sie nie erlaubt hätten, damit zu fahren. Sie kommen nackt in den Sarg und die erben Ihr Auto, was Sie so viel gekostet hat. Ungerecht.

Beim Adelstitel ist das anders. Kein Wertverfall, keine Versicherungen gegen Diebstahl, Naturgewalten oder dergleichen, keine Abnutzung. Und wenn Sie sterben nehmen sie ihn mit. Wer sagt denn, dass Sie ihn vererben müssen. Kaufen Sie sich doch einfach einen Adelstitel für Ihre Lebenszeit. Der ist billiger. Sollen Ihre Erben sich doch selbst einen kaufen. Am besten lassen Sie sich diesen schon zu Lebzeiten auf einen Ihnen genehmen Grabstein meißeln. Das Sterbedatum lassen Sie den

Erben ... Ist das ein Angebot? Das Dauergelaber bei jedem Wahlkampf, dass man die Goldreserven der Deutschen Bundesbank endlich veräußern sollte, weil sich der Erlös gut zur Verteilung an die jeweilige Wahlklientel eignet, wäre vom Tisch. Gold verkauft man nur einmal und dann ist es weg. Adelstitel kann man aus dem Nichts schöpfen, gut verkaufen und gibt als Staat doch nichts von Substanzwert ab. Schluss mit dem Verscherbeln des staatlichen Tafelsilbers! Ideelle Werte schöpfen und dann meistbietend verhökern. Der Kaiser hat es doch auch gemacht. Tausend Jahre hat man aus diesem Reservoir geschöpft und den Boden nicht erreicht. Als Beispiel von neuerlicher konkreter Wertschöpfung des Staates aus dem Off verweise ich auf die letzten Versteigerungen von zeitlich befristeten UMTS- und anderen Sendefrequenzlizenzen. Ein ständig wiederholbares Milliardengeschäft für den Staat. Und welche Substanz steckt wirklich dahinter?

Das ist bei Adelstiteln ungleich lukrativer und vor allem unaufwendiger. Zwecks Erlass der Durchführungsbestimmungen und Novellierungen der neuen Adelskultur entstünden Verordnungen zur Bildung von Verwaltungs- und Kontrollgremien, also Arbeitsplätze für Beamte und Verwaltungsangestellte im öffentlichen Dienst. Und vor allem finanzieren die sich mit diesem Geschäft erstmals vollständig selbst. Wo haben Sie das noch außer bei einigen Unternehmen im Staatsbesitz?

Über Rabatte beim Erwerb von nicht weitervererbbaren Titeln, für die Gewährung eines Vorkaufsrechtes der Nachkommen, oder Titeln in Erbpacht, Titelnutzung auf Leasingbasis und dergleichen würde ein unermüdliches Sprudeln der Einnahmequelle, nicht nur für Notare gesichert. Bei Leasing könnte der Einflussfaktor, in wie weit der auf Zeit verliehene Titel durch das Verhalten des Trägers beschädigt wurde, bestimmt zur Hebung des Ansehens des Adels beitragen. Bei Geld ist man ganz anders motiviert. Es sollte nur beachtet werden, dass der geleaste Titel nicht zu stark beschädigt wird. Es müsste da auch Bußgeldparagraphen oder ähnliches geben. Gutachter bekämen Arbeit in reichlichem Maße. Konzerne könnten Frühstücksdirektoren auf Zeit adeln lassen, solange sie noch gut aussehen und so. Über Castings und Miss-Wahlen, Model-Ausscheide gewinnt man die Kandidaten und ist dadurch auf der sicheren Seite. Man könnte einfach ganz anders in diesen Sphären wirtschaften. Zumindest versucht werden sollte es. Diese Sache würde bestimmt zu einem guten Selbstläufer. Den Beamten würde schon etwas einfallen. Erst fängt man ganz langsam an und erweitert dann bei Bedarf. Man kann da das Beispiel mit dem Ladenschlussgesetz nehmen. Das ist auch nicht rational begründbar, aber man hält das im Gespräch, indem man zäh tut mit seiner Ausweitung, indem man um jede Minute kämpft. Dabei ist das der Versuch am untauglichen Objekt. Ist es erst einmal beseitigt, ist auch der Konfliktstoff weg. Beim Adel muss man das nicht befürchten. Die Parlamente könnten sich streiten wie man es überhaupt machen sollte, wer zuständig ist, ob der Bund oder das Land und wofür. Auf diese Weise wird die nationale und internationale Öffentlichkeit mit einem neuen Thema wach gehalten und man macht auf diese Art Werbung für etwas, was sich finanziell lohnt und dabei nichts kostet. Die Klatschpresse kocht ihr Süppchen und alles ist gut. Den Ausländer wollte ich sehen, der nicht scharf auf einen deutschen Adelstitel wäre. Mit solchen Kampagnen könnte beispielsweise auch die Presse beschäftigt werden, während die Wirtschaft mit Hilfe ihrer Lobby wieder mal irgend ein Schäfchen, was der Öffentlichkeit nicht unbedingt gezeigt werden sollte, sich durch die Politiker ins Trockene und damit in Sicherheit bringen lassen kann. Und vergessen Sie nicht die derzeit oft arbeitslosen Rechtsanwälte, die sich auf diesem Gebiet kräftig sprudelnde Honorarquellen erschließen können, wenn sie erst einmal die entsprechenden Paragraphen zum Verdrehen in die Hände bekommen haben. Denken Sie nur an die ganzen Anwendungsbeschränkungen, die da gesetzlich festlegbar wären, Markenpiraterie oder das unübersichtliche Gebiet der Heraldik, was endlich einmal neu und vor allem ästhetischer zu ordnen ginge. Die *„von Honsperge"* hatten beispielsweise eine Henne im Wappen, die auf einem Misthaufen scharrt. Das sind verliehene Titel und Wappen. Das kommt noch aus archaischer Zeit. Da kann man hinterher nichts dagegen tun. Das wirkt nicht sehr distinguiert in heutiger Zeit, aber es ist Adel. Die *„von Müller"* könnten jetzt beim Titelkauf auswählen, welche Art Mühle sie auf dem Wappen haben wollten: Wind- oder Wassermühle, Schiffsmühle. Mehl-, Pulver-, Pfeffer-, Kaffee-, Öl-, Papier-, Tret- oder Knochenmühle, und auch das Design.

Die DDR hat sich diese Sache mit dem Adel verkneifen müssen, denn der Adel war da ideologisch zu einer Kategorie des Vorgestern abgestempelt. Marx hatte das verzapft, weil er Feudaladel und Leibeigenschaft in einen Topf geworfen und es zusätzlich als überholte Gesellschaftsform abgetan hatte. Trotzdem gab es dann in der DDR den sozialistischen Handwerkeradel, aber eben ohne Titel. Man weiß es nicht genau, aber es sollen Bemühungen gelaufen sein, dass Bürger des kapitalistischen Auslands gegen Devisen oder per Intershopverrechnung vakante Adelstitel aus dem historischen Reservoir des DDR-Territoriums hätten käuflich erwerben können. Es ist nur ein Gerücht.

Die Behauptungen, dass eine Republik keine Adelstitel vergeben könne und eine Demokratie schon überhaupt nicht, sind irrig. Wer wollte es ihr verbieten. Kaiser Napoleon stiftete den Orden der Ehrenlegion. Die französische Republik schlägt immer noch Bürger zu Rittern dieses Ordens. Der Bedarf zur Aufwertung des eigenen Namens ist da. Man spürt es am Überhandnehmen der Doppelung von Familiennamen, besonders bei Frauen. Warum nicht noch ein *„von"*, ein *„von und zu"*. Es gibt auch *„von und zu ... auf"*, warum kein *„auf und davon"*?

(*„Was soll denn das jetzt!* – *Na schön, aber ich kann ihn hier nicht gebrauchen bei der Arbeit.*" Entschuldigen Sie bitte, das macht sie immer so, meine Frau. Im unpassendsten Moment, wenn ich gerade beschäftigt bin, steckt sie mir den Hund mit rein: *„Platz! Hasso! Leg' dich hin...!*")

Wo es sich gerade anbietet, man könnte die Erfahrungen der Rassehundezüchter und anderer mit einbinden, welche Rassetiere züchten. Deren Phantasie zur stammbaumgestützten adligen Namensgebungen für ihre blaublütig-reinrassigen Krepier'l sollte unbedingt nachgenutzt werden. Was mancher Töle für ein klangvoller Adelstitel anhängt da werden die aus dem Mittelalter überkommenen folkloristischen Namensgebungen des Adels einfach deklassiert.

Der Finanzminister sollte täglich daraufhin angesprochen werden. Vielleicht braucht er doch Geld. Steter Tropfen höhlt den Stein. Der Außenminister könnte auch etwas Reklame dafür machen. Im Ausland gilt ein deutscher Adelstitel schon noch etwas. Nicht umsonst haben alle ausländischen Herrscherhäuser ständig in die Familien der souveränen deutschen Duodezfürsten hineingeheiratet. Eine deutsche Prinzessin, da hatte man wenigstens was Herzhaftes im Bett. Denken Sie an Anna von Cleve, Katharina die Große oder an die Lieselotte von der Pfalz, meinetwegen auch an Marie-Antoinette oder an Marie-Louise, die Frau Napoleons. Der deutsche Adel war fruchtbar, wo hätte man sonst die vielen strammen, robusten und fruchtbaren Prinzessinnen her gehabt, die dafür sorgten, dass weitere Prinzen und Prinzessinnen verfügbar wurden. Der gesamte europäische Hochadel ist auf diese Weise miteinander versippt und verschwägert.

International gesehen ist dem Adel diese Fruchtbarkeit deshalb immer noch immanent. Schauen Sie sich die Vermehrungsrate derzeit regierender Herrscherhäuser an. Alles irgendwie über die weiblichen Linien versippt mit immer noch existierenden deutschstämmigen Adelsfamilien. Es wird zwar behauptet, dass die es sich nur deshalb leisten können wie die Karnickel zu hecken, weil man halt als Aushängeschild für die Touristen eine Königsfamilie braucht, die materiell sorgenfrei gestellt werden muss, damit ihre Mitglieder immer alle fröhlich gucken und nicht die Leute auf der Straße anbetteln. Es wurde allerdings schon versucht, dem einen Riegel vorzuschieben, indem man die Anzahl der Nachkommen begrenzte, die auf eine staatliche Apanage Anspruch haben. England ist da sehr vorbildlich, aber die Queen hat trotzdem noch einen Sohn in Reserve, falls mal was passiert. Die Engländer machen das wie bei der Hundezucht. Die Überzähligen eines Rassewurfes bekommen da auch keine vollwertige Anerkennung. Andere Länder leisten sich für solche repräsentativen Zwecke statt einem Königshaus angeblich beispielsweise einen Nationalpark oder einen Zoo. Das glaube ich aber nicht. Vielleicht wirkt die staatliche Zusicherung Wunder, ab dem, sagen wir mal: dritten Kind, den Adelsbrief verliehen zu bekommen in diesen unseren kinderarmen Zeiten. Um es nicht ausufern zu lassen, könnte dann auch wieder eine Begrenzung gesetzt werden, wie beispielsweise bei der Tierzucht. Ab dem, sagen wir mal, fünften Kind sind die neuen Nachkommen wieder bürgerlich, bekommen eventuell kein Kindergeld mehr, und so. Die höheren Politiker sollten es doch schon satt haben, nur immer Ehrendoktorhüte verliehen zu bekommen. Wie klingt denn das: *„Dr. h. c. mult. Heini Lehmann"?,* wenn man auch als *„Heini Baron Lehmann zu Wespennest"* durchgehen kann. Adenauer hatte am Ende über zwanzig Ehrendoktorhüte. Das war ihm schon lästig. Den akademischen Titel kann man dann trotzdem noch mit in den Adelstitel einbauen: *„Dr. h. c. mult. Heini Baron Lehmann zu Wespennest"* klingt doch noch besser. Es schafft doch jeder Depp in den diplomatischen Dienst, wenn er adlig ist. Warum nicht auch, wenn ihm Papa rechtzeitig den richtigen Titel kauft? Da wäre wieder ein Arbeitsloser von der Straße. Was ist schon dieses Bundesverdienstkreuz. Es soll schon vorgekommen sein, dass seine Annahme verweigert wurde. Das wird so heimlich und in Massen an Hinz und Kunz verliehen, darum schert sich noch nicht einmal die Presse. Als neulich sogar versucht wurde, Auswahlmäßig die Frauenquote für diese Auszeichnung einzuführen, waren die da ausgezeichneten Frauen selbst ganz überrascht, und ich kann Ihnen gar nicht sagen wie überrascht erst die übergangenen vorgeschlagenen Männer waren. Die Fernsehübertragung der Verleihung von Karnevalsorden an Spitzenpolitiker, Diplomaten und ausländische Staatsoberhäupter ist den Medien mehr Aufwand und Sendezeit wert, als die für die Verleihung dieser staatlichen Verdienstorden und Medaillen. Ich denke da nur an die Show in Aachen mit dem *„Orden wider den tierischen Ernst".* Haben Sie den schon mal gesehen, den „Tierischen Ernst", gegen den die Ordensmitglieder eingeschworen werden? Nicht einmal ein Fahndungsfoto hat die Polizei von ihm ... Das muss ein sehr großes Tier sein, „der Ernst". Wie weit der Drang nach wenigstens adligen Vorfahren bereits im Volk, selbst in meiner eigenen Familie verwurzelt ist, habe ich neulich wieder mal erfahren, als sie sich unbeobachtet glaubten und sich ganz zwanglos unterhielten. Man sollte es nicht glauben, sie versuchten da ihre Abstammung zu korrigieren und sich darüber abzustimmen. Da sagte meine Frau unter anderem zu den Kindern: *„Euer Vater ist Sowas von Bescheuert ..."* Ich hatte ihnen gerade allen ordentlich den Marsch geblasen, der Frau auch gleich mit, damit sie mal wieder wissen, wo der Hammer hängt. Verstehen kann ich sie. Wer heißt schon gern Müller, Meier, Schulze oder Lehmann. Aber gleich zu behaupten, dass irgendein hergelaufener Adliger plötzlich Vater meiner Kinder sein soll ... Übrigens, *„Sowas"* als Vorname, das war selbst mir nicht geläufig. Da bin ich natürlich gleich dazwischen gegangen und habe sie zur Rede gestellt. Und was sagt da mein Eheweib zu mir: *„Du bist wirklich Sowas von Bescheuert!"* Da finde sich einer noch zurecht. Wir sind nicht adlig! Das war, als ich wieder nach Hause kam, nachdem ich mit meiner Adelsidee bei den entsprechenden zuständigen Ämtern unterwegs gewesen war. Das Patentamt hat mich da am allergemeinsten abzuservieren versucht. Das kann man hier einfach nicht wiedergeben, womit die einen abzuwimmeln versuchen. Mir fehlen da die Worte. Also diese Beamten, ein „Sowas" schlimmer als der andere. *Sowas von Borniert, von Abgebrüht, von Arrogant, von Gemein, von Ausgekocht, von Abgefahren, von Verantwortungslos und von Durchgeknallt.* Ich rufe hiermit in letzter Minute die regierenden Parteien und auch die Oppositionellen, die Bundesregierung direkt an, diese Chance nicht vorbeigehen zu lassen, denn wenn erst die Rechtsanwälte in den USA diesen Braten riechen und über entsprechende Bestimmungen damit versuchen sollten, das Zahlungsbilanzdefizit ihres Landes auf diese Art auszugleichen, dann ist es für Deutschland zu spät. Das war es eigentlich, was ich noch zu sagen hatte. Mit den besten Empfehlungen, ergebenst, Ihr, ... Na, Sie wissen schon ... *von Wegen* ... Ich bin *Sowas von der Rolle*...

(Jetzt hat sich doch der Hund schon wieder auf meinem Lieblingsplätzchen breit gemacht, wo ich doch so allergisch auf Hundehaare reagiere: *Hasso! Runter vom Sofa!!* Wer sagt es denn, auf seinen Namen hört er wenigstens ...)

Sie werden schon sehen, irgendjemand wird diesen meinen Vorschlag, weil ich ihn öffentlich gemacht habe, verschlampen. Ohne Lobby wird alles nix. Und woher soll ich mir die besorgen? Außer dem Finanzminister und dem Staat hat doch keiner etwas davon. Das ist doch kein Anreiz. Da winken weder große Geschäfte für die Wirtschaft, noch Bestechungsgelder für Leute, die sich da engagieren. Heutzutage gibt es Bonuszahlungen, damit niemand das Prämie nennt. Mit solchen Argumenten hantiert eine Bank, wenn sie um einen Kredit für eine große Sache angegangen wird oder einen Börsengang begleitet. Hier kostet es nichts. Somit ist nicht einmal die Möglichkeit zur Veruntreuung von Anlauffinanzierungsgeldern gegeben. Ein ordentliches Privatgeschäft im landläufigen Sinne ist mein Vorschlag also nicht. Da bleibt nur noch die Wertediskussion. Vielleicht erreicht man aber doch etwas mit dem Patriotismus, indem man ihn mit einigen materiellen Anreizen verknüpft: Wer Deutschland retten will, der hat die verdammte Pflicht, darauf zu sehen, dass alle die, welche ihm dabei helfen sollen auch ordentlich daran verdienen können. Das haben, solange ich mich erinnern kann, immer alle so gemacht und Deutschland ist nun schon zu den verschiedensten Gelegenheiten und an den unmöglichsten Orten auf diese Weise so oft gerettet worden, dass schon alle glauben, dass es nun bald genug sein sollte. Das entbindet uns trotzdem nicht vom nächsten Versuch, denn wenn wir uns selbst nicht retten können, dann machen das andere und dieses Geschäft sollten wir ihnen nicht schon wieder überlassen. Sagen Sie ehrlich, glauben Sie ernsthaft, mit Patriotismus allein locken Sie noch einen Hund hinter dem Ofen hervor? In Deutschland?

Vom Versemmeln und vom Verdaddeln

Der Versuch einer Mohrenwäsche –
oder wie die Maus dem Herrn Männel das mit der
Bankenkrise vielleicht erklären würde

Man hat mich letztens ungerechtfertigter Weise und auch für mich völlig überraschend in diese psychiatrische Klinik überwiesen und auch gleich zwangsweise eingeliefert. Wenn das auch sehr komfortabel mittels Blaulicht, Polizeisirene und unter gleichzeitiger polizeilicher und ärztlicher Betreuung per Einsatzwagen erfolgte, unangenehm ist es doch. Das kam zwar für mich sehr überraschend, aber anscheinend für meine Familie nicht ganz unvermutet. Egal. Eigentlich bin ich nur zur Beobachtung hier und benehme mich entsprechend unauffällig. Schließlich will ich irgendwann auch wieder raus, ohne ausreißen zu müssen.

Ich hatte gerade dem Bundesfinanzminister meinen berühmten Vorschlag zur Sanierung der deutschen Staatsfinanzen zu unterbreiten versucht und war ziemlich brüsk zurückgewiesen worden, worauf ich mich energisch zur Wehr zu setzen versuchte, was mit dieser vorläufigen Einweisung für mich endete.

Zufällig lief gerade die Sache mit dem Banken- und Börsencrash im Fernsehen, woran Sie sich bestimmt auch noch erinnern können. Weil sonst nichts weiter los war, verbrachte ich anschließend ziemlich viel Zeit vorm Fernseher im Gemeinschaftsraum der Klinik. Erst habe ich das mit dieser Pleitewelle, die in Amerika losgetreten wurde für eine dieser Endlosserien aus dem Seifenopernmilieu gehalten, bis man mir sagte, dass es sich um die offiziellen Nachrichten handele. Wie man sich irren kann. Eigentlich hätte ich das merken müssen, weil keine intriganten Frauen mitspielten, kein Sex vorkam, an Toten nur ganz wenige Selbstmörder gemeldet, und auch sonst keine Gefühle außer Angst angesprochen wurden. Ich hatte also Zeit und verfolgte die Entwicklung.

Mich geht das nichts an. Ich habe kein Geld. Meins verwaltet meine Frau, wenn Sie verstehen, was ich meine. Wenn ich das machen wollte, bei mir würde es nie so lange reichen wie bei ihr. Ich hätte am Ende vom Geld immer noch viel zu viel Monat übrig.

Ich schaue mir normalerweise im Fernsehen natürlich auch andere Sachen an. So auch Kinderfernsehen. Da haben Sie beispielsweise eine Wissensvermittlungssendung, die man sogar als Erwachsener sofort und nicht erst bei ihrer zweiten Ausstrahlung begreift, ohne laufend andere, die auch mit dabeisitzen dauernd mit Rückfragen belästigen zu müssen. Ich meine da nicht Lucky Luck, wo erst Lucky sagt, was er denkt, was er machen könnte, dann sein Pferd das noch mal verständlich rüberbringt und zuletzt auch noch der Hund sagt, dass er das für gut hält und nun zum drittenmal erklärt, was dann tatsächlich gleich passiert. Da sagen Ihnen sogar die Bösen, denen Lucky ans Fell will, vorausahnend, was ihnen gleich passiert. Dann passiert alles so, wie schon viermal prophezeit, und zuletzt wird noch einmal von Lucky, seinem Pferd und dem Hund nacheinander durchgehechelt, was passiert ist. Auch die gefangenen Bösewichte rekapitulieren anschließend im Gefängnis für jeden verständlich noch einmal bedauernd die Geschehnisse, damit es auch der Allerletzte endlich begriffen haben muss. Da können Sie, auch wenn keine Werbepause dazwischen liegt, bei jeder halbstündigen Episode locker zwei Rauchpausen auf dem Balkon einlegen und zwischendurch aufs Klo gehen. Es entgeht Ihnen nichts von der Handlung. Dieses Fernsehen meine ich nicht. Ich meine eine andere Sendung, und zwar die mit der Maus.

Die Sendung mit der Maus im Fernsehen ist schon ziemlich bejahrt, aber sie hat immer noch ihren treuen Zuschauerkreis, der ihr anhängt, selbst wenn diese Leute nun etwas älter geworden sind. Auch Oma schaute die noch im hohen Alter und versuchte oft ihre Enkel vom Computer wegzulocken, damit sie sich lieber das antun, statt sich am Bildschirm virtuelle Ballerspiele mit Außerirdischen zu liefern. Was ich immer an dieser Sendung geschätzt habe, das war die Aufrichtigkeit, mir die Welt so einfach begreiflich und kurz vorzuführen, wie sie die Maus verstand. Sie wissen schon, so ganz logisch, systematisch und alles strikt der Reihe nach, damit man es auch nachvollziehen kann. Die Maus hat mir schon zu DDR-Zeiten viel vermittelt, als das Westfernsehen bei uns nicht so gern gesehen wurde. Das heißt, staatlicherseits nicht gern gesehen, dass es jemand guckte, von der Bevölkerung schon, Sie verstehen ...

Die Maus hat mir jedenfalls immer die Welt wieder einigermaßen in Ordnung gebracht, wenn ich an ihr zu zweifeln begann. Da zeigt man Ihnen alles ganz genau und erklärt es auch. So haben Sie, nur mal angenommen, beispielsweise gleich am Anfang einer Sendung mit der Maus, einen Mann mittleren Alters, der keinerlei Besonderheiten und Merkwürdigkeiten aufweist in einer stinknormalen Wohnküche sitzen und frühstücken. Der frühstückt da genau wie Sie, sitzt da mit seinem Frühstücksbrot und seinem Kaffeetopf, kaut vor sich hin und liest dabei in der Zeitung. Dazu dann der Kommentar aus dem Off:

„Das ist der Herr Müller. Das sind seine Wohnküche und sein Tisch mit dem Frühstück. Der Herr Müller frühstückt gerade und liest Zeitung. Eigentlich müsste er jetzt schon bei seiner Arbeit sein, aber heute geht er nicht hin. Der Herr Müller ist nämlich Tagedieb. Das ist zwar kein Beruf und der Herr Müller hat das auch nicht gelernt. Der Herr Müller macht das in seiner Freizeit. Heute hat er einen Tag Urlaub genommen, da hat er Zeit für sein Hobby und ist nun dabei, dem lieben Gott den Tag zu stehlen. Falls er keinen Urlaub genommen hätte, dann würde er auch noch seinem Chef diesen Tag stehlen, wenn er nicht zur Arbeit ginge, aber

solche Sachen sind verboten. Er stiehlt also heute nur dem lieben Gott den Tag. Das darf er, weil es vom Gesetz nicht verboten ist. Wie macht er das ... "

Nun geht das los, mit dem wieso er das macht und warum zu Hause und nicht bei seiner Arbeitsstelle, den Vorbereitungen, der Methodenbeschreibung für Tagedieberei, was er davon hat, warum das nicht verwerflich ist und wie das dem Herrn Müller und uns allen etwas nützt, also sogar notwendig und unabdingbar ist. Das werde ich hier nicht weiter auswalzen. Sie haben bestimmt auch schon die Sendung mit der Maus gesehen.

Ich werde also versuchen, Ihnen die wirklichen Gründe des damals in Amerika begonnenen und nun weltweit Kreise ziehenden Börsen und Bankencrashs so zu erklären, wie die Maus das vielleicht gemacht hätte. Sich das selbst aus den Fernsehberichten und der Presse richtig zu erarbeiten, das ist nämlich sehr kompliziert, zumal die Redakteure und Reporter mit Ihnen anderes im Sinn haben, als Sie zu informieren und zudem das auch nicht gelernt haben, wie das mit der Finanzwirtschaft funktioniert. Falls sie das wüssten, müssten sie mir sonst auch nicht die Zeitung und das Fernsehen machen, sondern würden an der Börse Geld scheffeln und sich dann damit zur Ruhe setzen. Da geht es ihnen genauso wie dem normalen Bankangestellten, allerdings mit dem Unterschied, dass der Bankangestellte denkt, dass er es weiß, wie das geht. Wieso dann einer ein Leben lang als Bankangestellter arbeitet, statt Geld zu scheffeln, womit er sich zur Ruhe setzen könnte, das habe ich nie begriffen.

Ich meine, es gibt viele Möglichkeiten der Darstellung und Begründungen für etwas, man sich lieber nicht vorstellen sollte, aber eben vorstellen muss, weil es einen am Ende doch betrifft, ob nun gewollt oder nicht. Manche Dinge muss man einfach zur Kenntnis nehmen, um sich in der Welt zurechtzufinden. Wenn also die Welt sich darauf vorbereitet unterzugehen, dann weiß ich besser, was mir blüht, obwohl dem sowieso nicht zu entgehen ist. Ich jedenfalls will mindestens wissen, wer das veranstaltet und daran schuld ist.

Das mit dem Zusammenbruch der Banken, was in den USA begann und sich dann wie ein Krebsgeschwür durch die ganze Finanzwelt zu fressen begann, das ist auch so ein Beispiel dafür und schon näherer Betrachtung wert. Irgendeiner, dem gerade nichts Besseres einfiel, hat gleich nach dem Crash gesagt, dass daran die Banken schuld seien und alle haben das dann nachgeplappert. Ich werde mich da nicht in der höheren Sphäre der Ökonomie herumtreiben und Ihnen das mal so zu beschreiben versuchen, wie mir das die Maus erklären würde, wenn ich wieder einmal etwas Grundlegendes und nicht mehr Änderbares einfach nicht begreifen will. Ich habe nämlich festgestellt, dass die Banken eigentlich überhaupt keine Schuld an diesem Debakel trifft. Die sind daran ganz unschuldig und werden uns von den wirklichen Schuldigen nur zum Fraß vorgeworfen. Wenn ein ganzer Dienstleistungssektor, wie ihn die Banken darstellen dem Mob zum Fraß vorgeworfen wird, dann ist es kein Wunder, dass er in Verruf gerät. Es ist also allerhöchste Zeit, etwas für den Ruf der Banken zu tun.

Wir haben da also die Bank, die ihre Zahlungsunfähigkeit erklärt hat. Wenn eine Bank zahlungsunfähig ist, dann ist sie pleite. Wie kommt das, wo eine Bank doch überhaupt nichts besitzt, sondern doch nur ein Dienstleistungsunternehmen für Finanzdienstleistungen, sogenannte Geldgeschäfte ist. Streng genommen, ist eine Bankpleite mangels überhaupt fehlender Substanz überhaupt nicht möglich. Deshalb immer die große Überraschung bei denen, die nichts davon verstehen, wenn es immer wieder passiert.

Im produzierenden Gewerbe ist das klar, wie ein Konkurs entsteht. Nehmen wir das einfachste Beispiel: Wenn ein Fabrikant sein eingekauftes Material mangels Können nur verurscht, also Ausschuss erzeugt, keine Ware absetzt, deshalb auch nichts einnimmt, seine Arbeiter dann mangels Geld nicht bezahlt, dann kann er wohl dem Finanzamt gegenüber beweisen, warum er keine Steuern bezahlen kann, aber er hat dann auch kein Geld mehr zum Wirtschaften. Wasser, Strom und Gas, was er dabei verbraucht hat und was ihm meist erst anschließend berechnet wird, sollte er schon bezahlen. Sein Geld ist aber schon weg. Kann er das also nicht, dann wird er früher oder später von einem derjenigen, die er nicht bezahlt hat vor Gericht gezerrt. Da kann er nun sein leeres Portmonee zeigen, aber das nützt ihm nichts. Man wird ihn trotzdem bestrafen, weil er nicht bezahlt hat. Alle Wirtschaft beruht auf Vertrauen, dem Vertrauen von Leistung und Gegenleistung. Wer früher in der Kneipe die Zeche prellte, der musste das dann dort meist abarbeiten, wenn er nicht wollte, dass die Polizei ihn holt.

Der Unternehmer ist zahlungsunfähig, also insolvent, und weil das erst über eine Anzeige seiner Gläubiger vor Gericht festgestellt werden musste, bekommt er wegen sogenannter Insolvenzverschleppung meist mehr Strafe aufgebrummt, als er vermutet hätte.

Um dem mit der verschärften Bestrafung rechtzeitig aus dem Wege zu gehen, wurde der Begriff der Insolvenzanmeldung geprägt. Das kann als Selbstanzeige gemacht werden und ist so eine Art Geständnis, bevor noch jemand weiß, dass mit Ihrer Firma etwas nicht stimmt. Weil Sie das aber bisher nur selbst wussten, ist es für alle anderen immer wieder überraschend. Mir wurde allerdings gesagt, dass ein Unternehmer auch Pleite machen kann, weil ihn seine Auftraggeber oder Kunden für seine Leistungen oder Produkte nicht bezahlen, aber das ist wohl ein Märchen. Das darf es unter anständigen Menschen und Geschäftsleuten doch gar nicht geben.

Eine Bank ist aber nur eine Durchlaufstelle für Geld. Sie lieh es sich vor gar nicht langer Zeit noch von Ihrem Konto gegen die Zinsen, gab es dann gegen Kreditzinsen weg und aus der Differenz der Zinsen, die sie einnahm und denen, die sie weggab, ernährte sie sich. Neuerdings ist das anders. Sie bekommen keine Zinsen mehr, wenn Sie der Bank ihr Geld leihen, und es wird wohl nicht mehr lange dauern, da wird die Bank von Ihnen Zinsen verlangen, wenn sie Ihr Geld für Sie aufhebt. Schließlich sichert sie damit ab, dass Ihnen dieses Geld nicht gestohlen werden kann. Aber ich sehe, dass ich schon viel zu weit vorgreife. Geld bleibt Geld. Die Bank stellt es nicht her, sie verändert es nicht. Es gehörte ihr vorher nicht und auch hinterher nicht. Wieso kann sie also pleite gehen? Da muss ich etwas weiter ausholen. Hinter dem sogenannten Bankencrash steckt eigentlich ein Staatsbankrott. Weil wir aber jetzt im Zeitalter der Globalisierung angekommen sind, ist dieser Bankrott anscheinend auch global. Darunter tun wir es nicht. Die durchcomputerisierten Finanzsysteme unserer Welt machten es erstmals möglich festzustellen, dass die Welt pleite ist. Das Ergebnis gründlicher Kontrolle ist schließlich immer überraschend. Das will man nicht wahr haben und weist natürlich das Problem von sich, schiebt es, weil es um Geld geht den Banken zu und denkt nun, damit alles in die richtigen Bahnen gelenkt zu haben. Die große Angst, zugeben zu müssen, dass die Welt pleite ist, führt so zu solchen abstrusen Schuldzuweisungen. Die Welt ist pleite, na schön, aber wer hat denn da etwas davon. Niemand.

Ja, wenn die Außerirdischen dann uns unsere Welt über eine Zwangsvollstreckung für ein Butterbrot an jemand anderen verscherbeln würden, wir dann ohne Welt auskommen müssten, anschließend im luftleeren Raum hingen und dazu noch Restschulden tilgen müssten, dann müssten wir Angst davor haben. Das ist hier alles nicht der Fall. Diese unsere Welt bleibt uns erhalten, so pleite wir auch sind. Außerirdische Schulden haben wir nicht. Dazu kommt noch der Umstand, dass Materie unzerstörbar ist. Sie kann zwar ineinander umgewandelt, aber weder geschaffen, noch vernichtet werden. Auch wenn sie pleite ist, die Materie, sie bleibt uns erhalten. Habe ich im Physikunterricht gelernt.

Dass beispielsweise die DDR pleite war, das lag angeblich daran, dass sie im Inland mehr Geld im Umlauf gehabt hätte, als sie dafür Waren zum Austausch bereitstellen konnte und auch über den Außenhandel hätte sie zuletzt nur noch Verluste eingefahren. Das hat man uns eingeredet. In Wirklichkeit hat die DDR das mit ihrer Pleite auch nur selbst gewusst, und zwar als Folge ihrer zu genauen Buchführung, die ihrer Regierung die komplette Übersicht über ihre tatsächlichen finanziellen Verhältnisse ermöglichte. Ob das damalige Westdeutschland auch genau so pleite war wie die DDR, konnte gar nicht festgestellt werden und hat sich erst nach der Wiedervereinigung als kleiner Nebeneffekt herausgestellt, als alles in einen Topf zusammengeworfen wurde, aus dem dann alle Geschenke verteilen wollten.

Da steckte allerdings ein mathematisches Problem dahinter, woran das gelegen hat, dass es nicht erkannt wurde. Sie kennen es nicht? Ich erkläre es Ihnen an einem abstrakten technischen Modell. Also, Sie haben einen Fahrstuhl. Er kommt aus dem Keller und fährt nach oben. Drei Personen sind drin. Im Erdgeschoss steigen noch zwei zu. Im ersten Stockwerk steigen neun Personen aus. Wenn nun beim nächsten Halt im zweiten Stockwerk vier Personen zusteigen, dann ist er leer. Kein Mensch weiß, wie das funktioniert, aber mathematisch exakt ist es. Noch einmal in Zahlen: $3 + 2 - 9 + 4 = 0$. Das ist, wenn man es auf Geldgeschäfte bezieht, dann eine ausgeglichene Bilanz. Im Finanzwesen funktioniert es immer. Genau so ist das bei der Wiedervereinigung und mit den Finanzgeschäften der Treuhand gelaufen. Es hat aber deswegen nicht geklappt, weil der Fahrstuhl zwischen dem ersten und dem zweiten Stockwerk stecken blieb. Man hütet solche Geheimnisse allerdings gut. Das ist eine der Segnungen des Datenschutzes in der Demokratie, die Sie auch heute noch nicht hoch genug einschätzen können. Auf alle Fälle schlafen Sie da gut. Eins ist jedoch sicher, mit einer Schuld der Banken hatte das alles nichts zu tun, das mit dem Staatsbankrott der DDR. Daran war nur der im sozialistischen System fehlende Datenschutz schuld und die Dummheit der Regierung, das einzugestehen, das mit der Pleite. Kommunistische Diktatur eben.

In einer freiheitlichen Demokratie geht das alles nicht. Da kann der Staatsbankrott nur auf Beschluss der Gläubiger erklärt werden, wenn also die Nachbarländer nicht mehr liefern wollen, weil man ihnen nichts bezahlen kann oder wenn sie kein Geld mehr herborgen wollen, weil sie es nicht wiederbekommen. Dann setzen sich meist alle um einen Tisch zusammen und beraten, wie man das behebt. Das heißt dann Konferenz oder Gipfelgespräch. Das Ergebnis ist dann eine Entschuldung und legt fest, wann und vor allem wie der verschuldete Staat seine Schulden wieder zurückzahlt und auch an wen. Man hilft ihm meist dabei, steckt noch einmal Geld hinein, legt aber auch fest, wie er das machen muss, um sich zu entschulden.

So war, glaube ich, beispielsweise Argentinien letztens gleich zweimal hintereinander pleite. Das zweite Mal konnte es nur nichts dafür weil man ihm dabei seitens der Weltbank mit entsprechenden Entschuldungsbedingungen geholfen hat. Überall sind da Banken beteiligt. Notenbanken und Privatbanken, börsennotiert oder nicht, auch Genossenschaftsbanken und Sparkassen mischen mit, staatliche Landesbanken und weiß der Teufel, wer noch, aber sie tun doch nur, was die Wirtschaft und manchmal auch die Politiker von ihnen verlangen.

Woanders läuft das eventuell auch über eine andere Schiene. Da macht ein pleite gegangener Staat, der diktatorisch verwaltet wird, notfalls am besten eine Revolution. Ein Putsch ist oft besser, aber darüber streiten sich noch die Experten. Anschließend bildet sich eine neue Regierung, und weil es sich förmlich anbietet, eine Militärjunta, die nichts mehr vom Gewesenen wissen will, alle Gesetze außer Kraft setzt, das über die Verhängung des Ausnahmezustandes absichert und die natürlich auch keine Schulden bezahlen wird. Deshalb streicht dann die staatliche Notenbank auf Beschluss der neuen Regierung schweren Herzens die Staatsschulden aus ihrer Währungsbilanz und die Gläubigerstaaten mit ihren Notenbanken schreiben das besser auch gleich in die Esse, wenn sie weiter mit diesem Staat Geschäfte machen wollen, oder sie verbuchen das für die UNO unter Entwicklungshilfe.

Das geht aber auch noch anders, und zwar ganz einfach über eine Inflation, wie von Deutschland 1923 sehr erfolgreich, wenn auch unfreiwillig praktiziert. Der Dollarkurs betrug in Deutschland in der Friedensparität der Goldwährungen 4,20 Goldmark. Das war 1914, als alles noch in Ordnung war. Er stieg bis zum Ende des 1. Weltkrieges 1918 auf 8 Mark. Die Inflation begann dann ganz langsam und Ende 1919 kostete der Dollar 49 Mark. Das ging weiter und am Jahresende 1920 war er schon auf 75 Mark geklettert, um sich 1921 auf 185 Mark zu steigern. Wenn es bergab geht, wird die ungebremste Karre immer schneller. Die Marke von 7.350 Mark feierte er zu Silvester 1922. Nun ging es endlich richtig los. Bis zum 30.6.1923 erreichte der Kurs schon 160.000 Mark (für einen Dollar). Kurz vorm 1. August 1923 musste schon 1 Million Mark dafür bezahlt werden. Am 19. Oktober durchbrach der Dollar die Milliardenmarke und am 20. November erreichte er den Gipfel. Da kostete ein Golddollar 4,2 Billionen Papiermark.

Die dann eingeführte Rentenmark bekam nun eine Parität von 1 Dollar gleich 4,20 Rentenmark. Man strich 12 (zwölf) Nullen von den neuen Preisen und auch auf den Geldscheinen und schon war die Welt wieder in Ordnung. Das ordnet die Regierung in Abstimmung mit den Regierungen der an diesem Deal beteiligten anderen Staaten an, obwohl sich das durch keinerlei Maßnahmen begründen ließ. Das basierte alles auf der Ausrede, das deutsche Staatsgebiet mit allem, was sich darauf befände, böte die Sicherheit für die neue Währung. Die Banken müssen dann der Politik parieren. Außerdem hatten sie etwas davon, denn nun konnten sie endlich wieder ins Geldgeschäft einsteigen.

Sie sehen, wie einfach das mit einer Inflation des Geldes gemacht werden kann. Nicht erst lange herum eiern. Innerhalb eines Jahres war das am Ende abgelaufen und es hat auch nur deshalb so lange gedauert, weil niemand das anfangs hat wahrhaben wollen, das mit dem reinigenden Gewitter der Inflation zur rigorosen Entschuldung des Staates. Erst vier Jahre Anlauf gegen den Widerstand der Uneinsichtigen nehmen, die nur an ihrem Geld hängen und es nicht verlieren wollen, das gab es nur damals und auch nur, weil noch keine richtigen Erfahrungen mit einer Inflation vorlagen. Die lange Verzögerung hat am Ende auch nichts genützt und außer ein bisschen Gejammer ganz alter Leute, deren Eltern es damals getroffen hat, ist von dieser Aktion auch nichts mehr zu hören. Heute kann man das mit Hilfe von Computern praktisch von heute auf Morgen realisieren.

Wenn beispielsweise der amerikanische Präsident 2008 nicht so sehr darauf gedrungen hätte, dass ihm seine Parlamente, also der Kongress und das Repräsentantenhaus erlauben, der angeblich insolventen Bankwirtschaft, die er der Nation plötzlich als Buhmann präsentierte, auf Anhieb, also aus dem Stand heraus, vorläufig als erstes Hilfsangebot eine staatliche Sicherheitsgarantie von 700 Milliarden Dollar zu geben, dann hätte er das mit einer plötzlichen inflationären Abwertung des Dollar vielleicht viel besser gedeichselt. Davor haben aber wahrscheinlich die Abgeordneten der genannten Parlamente auch Angst gehabt. Auf Kosten des eigenen Vermögens den Staat zu retten, so viel Patriotismus können Sie von keinem, auch von keinem Abgeordneten verlangen. Höchstens ein Soldat wirft sich heutzutage noch unter Einsatz seines Lebens dem Feind entgegen und auch da redet man ihm vorher ein, dass es dabei um den Schutz seiner Familie geht.

Zuzutrauen wäre es dem Herrn Bush gewesen und einen Präsidenten laut Verfassung absetzen, das kann auch in Amerika ein Parlament nicht ohne entsprechendes langfristiges Ermittlungsverfahren zur Amtsenthebung. Zudem hatte das mit der Amtsenthebung beim Vorgängerpräsidenten schon einmal gerade nicht geklappt, so dass man das nicht schon wieder probieren wollte. Einen anderen Grund für das Einknicken der Abgeordneten im zweiten Abstimmungsanlauf zu dieser Sicherheitsgarantie kann man angesichts des da geschaffenen zeitlichen Entscheidungsdruckes kaum annehmen.

Diese 700 Milliarden Dollar Sicherheitsleistung waren schließlich auch Schweigegeld, damit die Banken weiterhin akzeptieren, sich als Buhmann bezeichnen zu lassen. Was wäre denn passiert, wenn sie die Schuld am Crash von sich gewiesen hätten und ihrerseits die Regierung oder die Wirtschaft beschuldigt hätten?

Diese 700 Milliarden Dollar können aber auch am Ende bedeuten, dass sie gezahlt werden müssten und was das bedeutet, glauben Sie bestimmt nicht. Da entsteht ein Komplex von 700 Milliarden Dollar Staatseigentum, den ich durchaus als das bezeichne, was es ist, nämlich diese so verhasste Form des Volkseigentums, die mit dem sogenannten „real existierendem Sozialismus" in Europa gerade abgeschafft wurde.

Stellen Sie sich vor, jahrzehntelanger Kampf, Ausgrenzung und Verteufelung des „Socialismo" kubanischer Prägung, und nun eine solche Wende, die Entstehung vergesellschafteter Strukturen, ausgerechnet in den USA. Soviel Vertrauen haben allerdings die Abgeordneten in ihren Präsidenten gehabt, dass er das nicht zulassen wird, auch wenn es am Ende vielleicht ganz danach aussieht und sich auch nicht davon unterscheiden lässt. Ganz anders wäre dieses Szenario bei einer „Flash-Inflation" abgelaufen. Diesen Begriff gibt es zwar noch nicht, aber erlebt haben ihn schon viele, wenn von einem Moment auf den anderen das Geld weg ist. Wenn also der Dollar über Nacht heimlich eins zu einer Milliarde abgewertet würde, dann brauchte der amerikanische Botschafter in Berlin nur am Abend vorher gleich bei sich um die Ecke am nächsten Geldautomaten mit seiner normalen Sparkassencard etwa fünfhundert Euro abzuheben. Das wären 2008 bei einem Kurs von 1,40 Dollar pro Euro dann 700 alte Dollar gewesen. Damit geht er am nächsten Tag gleich früh zur Bank und überweist es der Bundesnotenbank der USA, die gerade den Dollar wie oben genannt auf ein Milliardstel abgewertet hat, worauf sie die amerikanischen Banken mit dieser Devisenspritze ausstattet, die nun umgerechnet 700.000.000.000 (Siebenhundert Milliarden) neue Dollar darstellen. So mit frischen Dollar ausgestattet, damit wieder zahlungsfähig gemacht, was gleichzeitig bedeutet, dass die Ursache der Dollarabwertung wieder beseitigt wäre, stürzt man sich mutig ins Tagesgeschäft. Der Dollar wird natürlich sofort wieder auf seinen alten Stand aufgewertet. Wenn die Börse öffnet, ist schon alles wieder wie vorher. Passiert ist ja eigentlich nichts, außer einer währungspolitischen Nacht- und Nebel-Rettungsaktion, bei der sich die USA komplett entschuldet hätten. Wenn Sie bisher nicht gewusst haben, wozu eine Inflation gut ist, dann wissen Sie es jetzt. Wann das aber einmal so rabiat durchgezogen wird, wie gerade beschrieben, darüber wird wohl noch einige Zeit hingehen.

Geld ist zwar das Äquivalent, mit dem man Materie bewertet, aber es besteht doch nur aus den niedergeschriebenen Zahlen auf den Bankkonten. Der amerikanische Kongress beschloss eigentlich nur, dass die USA bereit wären, 700 Milliarden mehr Schulden zu haben, und schon gab es dieses Geld, um es auszugeben, obwohl gar nichts dahinter stand. Geld lässt sich demzufolge durch Beschluss aus Nichts erschaffen, was offensichtlich auch fleißig getan wird, wie die Folgejahre zeigten und wie man das auch in Europa mit dem Bankenrettungsschirm praktiziert hat. Auf ein paar Billionen kommt es dabei auch gar nicht mehr an und auch nicht mehr, ob es Dollars, Euros oder Bimbes sind. Wenn man einmal beim Verfrühstücken ist, dann klappt das von einem zum anderen Mal immer besser. Eine Begrenzung gibt es da nicht, weil die Mathematik doch so eingerichtet ist, dass es keine höchste Zahl gibt.

Halten Sie mich nicht für verrückt, wie das alle in dieser Klinik, in der ich das schreibe, um mich herum zu denken scheinen und mich auch so behandeln. Alle sagen mir, dass das nicht funktionieren würde. Hat vielleicht einer das schon mal ausprobiert?

Ich habe es ausprobiert. Als ich, im Besitz von zwei fast leeren Girokonten bei der gleichen Bank eine Überweisung von 100.000 Euro von einem Konto auf das andere vornahm, bekam ich am nächsten Tag zwei

Kontoauszüge, von dem der eine mir eine Kontoüberziehung von 100.000 Euro bescheinigte, der auf dem anderen Konto ein Guthaben von 100.000 Euro gegenüberstand. Ich hatte so 100.000 Euro geschaffen, die mir die Bank am Vortag noch nicht geben wollte. Vor Gericht wies ich aber nur den Auszug mit dem Guthaben vor, und entging so erst einmal einer Verurteilung wegen Insolvenzverschleppung und Zahlungsunfähigkeit. Wie das weiterging, interessiert Sie wohl kaum. Wir haben hier einen, den sie wegen irgendetwas eingeliefert haben, was ich nicht verstehe. Der hat jetzt angeblich zu starken „Tremor". Nie gehört. Ich weiß auch nicht, wozu man das braucht. Der entschärfte, wie er sagt Bomben, die Attentäter neuerdings irgendwo herumliegen lassen. Das mit dem Tremor hätte er sich dabei eingefangen, weil das mit dem Bombenentschärfen so riskant wäre. Entweder hat er das nun gelernt, dann muss er es können, oder er kann es nicht. Mit Tremor könnte sich ja dann jeder rausreden und anschließend nicht mehr arbeiten wollen. Der hat mir jedenfalls gesagt, dass man bei solchen Dingen wie dem Bankencrash auch die gleiche Situation vorfindet wie bei einer aufgefundenen unbekannten Bombe. Die müsse auch entschärft werden. Probieren könne man in jedem Fall zwar mehrmals, aber man irrt nur einmal. Ansichten haben die Leute hier, also ... Wo, frage ich Sie, hätte ich denn sonst wirklich Zeit, mich ernsthaft und gründlich mit der Lösung der wichtigen Probleme dieser Welt zu befassen, außer in einer Nervenklinik. Die Hetze des Arbeitsalltages erschlägt doch normalerweise alles, was längere Überlegung erfordert und nicht unbedingt sofort erledigt werden muss.

Ein heute noch regierendes angesehenes europäisches Herrscherhaus hat schließlich vor geschichtlich noch gar nicht so langer Zeit an einem Tag sein ganzes in Geld verfügbare Privatvermögen und auch noch eine große Menge schnell noch geliehenes Geld ins befreundete Ausland überwiesen, wechselte es in die dortige Währung um und erlaubte anschließend zuhause dem Parlament die Verkündigung einer Abwertung der Landeswährung um die Hälfte. Anschließend transferierte man das gerade überwiesene Geld umgewechselt wieder ins Land zurück. So verdoppelt man als Königsfamilie sein Privatvermögen. Da hat sich niemand darüber aufgeregt und das mit dem Begriff der angeblich nicht erlaubten Insidergeschäfte wurde auch erst später geprägt.

Das hat zwar nichts mit dem Bankencrash zu tun, aber es war etwas, was Sie sich nie gewagt hätten, und wenn, dann wenigstens nur in der gleichzeitigen Furcht vor dem Staatsanwalt, falls es herauskommt. So große Geschäfte von Leuten, welche befugt sind Gesetze zu erlassen sind straflos. Im Notfall können sie auch Gesetze erlassen, durch die sie nachträglich straffrei gestellt werden. Die Gründe finden sich dann schon noch rechtzeitig. Komme mir also keiner und sage, es gäbe keine Erfahrungen auf diesem Gebiet.

Weil es natürlich eine Menge Leute gibt, die sehr spät begreifen, dass alles nur zu ihrem Besten geregelt wurde, die in Panik verfallen und auch etwas unternehmen wollen, wovon sie nichts verstehen, auch vielleicht dabei ihre ganzen über Jahre hinweg erhungerten Ersparnisse verloren haben, empfehlen sich solche Aktionen wie eine Flash-Inflation am besten zu Wochenenden oder in Verbindung mit Feiertagen, die nicht auf der ganzen Welt gelten, wenn also die wichtigsten Banken und auch die wichtigsten Börsen der Welt geschlossen haben. Und wenn es gar nicht anders geht, setzt man eben den Handel mit Aktien, Wertpapieren und Geld erst mal eine Weile aus. Es gibt dann keine Kurse und weil diese Information fehlt, kommt alles von selbst zur Ruhe. Erfahrene Bänker, Wirtschaftsmanager und auch Politiker haben ähnliche Dinge bereits praktiziert, wenn auch nur im kleineren Format, aber bisher, manchmal auf sehr lange Sicht, doch meist ohne schlimmere Folgen für sich selbst, wenn auch für die übrigen Betroffenen nicht immer genauso erfolgreich. In wie weit das entsprechend vororganisiert online in Abstimmung derer, die es verbockt haben, über Nacht und ganz abgeschottet von jedwedem Publikumsverkehr und eventuell sogar in dauernder Unkenntnis der Betroffenen abgewickelt werden kann, das habe ich dabei noch gar nicht in Betracht gezogen. Das können Sie sich selbst weiterspinnen.

Die Ernsthaftigkeit einer durchgeführten Aktion kann von autoritärer Warte her auch heute noch bekräftigt und auch so die Akzeptanz ihrer Richtigkeit förmlich erzwungen werden. Ich will damit nicht gesagt haben, dass im Falle, ein Staat würde nach einer solchen Aktion wie einer Flash-Inflation des US-Dollars anschließend den Wert des Dollars anzweifeln, er dann mit einem Besuch eines Flugzeugträgers rechnen müsste, weil die amerikanischen Soldaten und besonders die Marines sehr neugierig sind und unbedingt alle sehen wollen, wer sich das getraut hat. Aber schon der Gedanke daran diszipliniert sichtlich. Die Weltwährungen orientieren sich schließlich alle am Dollar und im Ernstfall ist da auch noch der Nato-Generalsekretär, welcher den Bündnisfall ausrufen darf.

Wenn ein Konzern an der Börse einen anderen Konzern plötzlich und unangemeldet aufkauft, dann gibt man das möglichst auch erst hinterher bekannt, weil es da sonst zu einer Spekulantenrallye an der Börse kommt, welche die Kurse der Beteiligten total unvorhersehbar hochtreiben oder in den Keller verorten könnte, bevor die Beteiligten ihre Schäfchen im Trockenen haben.

Es geht also bei finanziellen Dingen alles, wenn man nur will, an der richtigen Stelle sitzt, es genügend Leute auch wollen oder auch nicht mehr wissen, wie es sonst weitergehen soll.

Geld, so wird in letzter Zeit allerorten gepredigt, wäre doch sowieso nichts Reales. Jeder Euro-Geldschein nur ein Schuldschein, auf dem mir die dahinter stehende Staatengemeinschaft der EU durch den Präsidenten ihrer Zentralbank bestätigen lässt, dass sie dafür gerade steht, dass ich etwas dafür kaufen kann. Und wenn er dann gelogen hat, dann tritt er von seinem Amt zurück, setzt sich zur Ruhe und verzehrt seine Pension, während Sie in die Röhre gucken und alles verloren haben. Das ist die ganze Sicherheit, die Sie eigentlich heutzutage haben oder kriegen können. Was ich dann dafür kriege, für dieses papierene Versprechen Geld, falls ich welches habe, das bestimmt schon jetzt nicht mehr die Staatengemeinschaft der EU, sondern der Händler, bei dem ich das in Ware umtauschen will. Ich soll Vertrauen haben, glauben. Alle sollen glauben und Vertrauen haben, sonst würde es nicht funktionieren. Jeder soll ans Geld glauben, weil es angeblich alle tun. Dass Sie und mit Ihnen alle anderen Menschen einmal daran glauben müssen, das war Ihnen schon klar, aber Sie hätten doch dabei bestimmt nie ans Geld gedacht.

Aus den angeführten Beispielen konnten Sie auch ersehen, dass zwar die Banken da immer mit hinein verwickelt werden, aber doch nie Auslöser oder Verursacher von Pleiten waren. Ursache war doch das schlechte Wirtschaften der Leiter oder Besitzer von Wirtschaftseinheiten, sogar ganzer Staaten oder vielmehr deren Geldgier. Deren Pleiten waren es doch, die mittels staatlicher Eingriffe wieder ausgebügelt werden mussten. Den Banken schiebt man nur den schwarzen Peter zu, weil über sie zwangsläufig die Abwicklung dieser Geschäfte gemacht wird.

Ich glaube, dass ich jetzt etwas vom Thema abgekommen bin. Eigentlich wollte ich erklären, warum die Banken überhaupt nicht an ihrer eigenen Pleite schuld sein können. Dass die Banken nicht an Staatsbankrotten schuld sind, dürfte aber immerhin klar geworden sein.

Eine Bank nimmt also vorn von Ihnen Geld ein und gibt Ihnen dafür nach einiger Zeit mehr Geld zurück. Da haben Sie dann die Zinsen zusätzlich. Angeblich hat sie es über ihr Bankgeschäft vermehrt. Dass Sie dann mit Zinsen zwar einen höheren Betrag zurückbekommen, als Sie eingezahlt haben, freut Sie, auch wenn Ihnen der Staat diese Zinsen vorher runtersteuert. Dass Sie mit diesem Geld jetzt weniger Ware kaufen könnten, als wenn Sie es gleich ausgegeben hätten, als es bei der Bank liegen zu haben, das merken Sie erst nach einer Weile, und zwar, wenn Sie es ausgeben. Das hängt mit der Inflationsrate zusammen, die Sie und Ihre Zinsen in der Zwischenzeit überholt hat. Damit hat die Bank wieder nichts zu tun. Daran ist sie auch unschuldig. Mancher wird da denken, dass er Geld dann gleich im Sparstrumpf oder unter der Matratze bunkern sollte. Das stimmt nicht, denn vom Sparstrumpf bekommen Sie noch nicht einmal diese gerupften Zinsen. Im Sparstrumpf schlägt die Inflationsrate Sie doppelt.

Gehen Sie zur Bank, zahlen Sie es aufs Sparbuch oder kaufen Sie Staatspapiere. Es ist das kleinere Übel. Wenn der Staat pleite ist, dann nützt Ihnen das Sparstrumpfgeld auch nichts mehr, weil es dann auch genau so entwertet ist, wie das, welches auf der Bank liegt. Beim erklärten Staatsbankrott ist sowieso alles weg. Ich habe da sagen hören, dass es einem das schon wert sein müsse, dieser Wertverlust, um diesen Staat pleite gehen zu sehen, das sagen aber nur Leute, die nichts haben.

Kommen wir wieder zum Thema. Die Bank gibt Ihr Geld nun weg an Leute, die welches brauchen und auch bereit sind dafür zusätzlich zu zahlen. Die haben beispielsweise eine Geschäftsidee, die ihnen bedeutend mehr Geld bringt, als sie der Bank für den Kredit zur Realisierung dieser Idee Zinsen zu zahlen haben. Da verdient dann erst einmal die Bank ihre Kreditzinsen und macht dabei einen guten Schnitt, weil sie Ihnen davon nur Ihre Sparzinsen zu bezahlen braucht, wenn sie überhaupt welche zahlt ...

Die wissen, wie das geht und weil sie nichts anderes machen, und auch nicht so darauf fixiert sind wie Sie, ihr Geld mit körperlichem Einsatz am Band oder auf dem Bau, bzw. am Computer Euro für Euro zu erschuften, kennen sie auch die Gelegenheiten, bei und mit wem sich gute Geschäfte machen lassen. Jeder, was er gelernt hat. Soweit ist alles rechtens und auch so in Ordnung, sagt der Gesetzgeber.

Nun gibt es gierige Leute, die nutzen das aus, dass es mehrere und vor allem verschiedene Banken gibt. Die bringen manchmal nicht nur Geld zur Bank, um es dort für sich „arbeiten" zu lassen, die wollen außerdem auch mehr Zinsen von dieser Bank für ihr Geld, weil sie es sonst zu einer anderen Bank brächten, die ihnen höhere Zinsen verspricht. Wenn die Bank da nicht zugreift, dann entgeht ihr das Geschäft. So ein Bankkunde sind Sie hoffentlich nicht? Ihnen sind 0,1% Zinsen auf dem Sparbuch zu wenig, wenn die Hypothekenzinsen 5,4% betragen? Sehen Sie, da geht das los mit der Gier. Schämen sollten Sie sich. Manchmal ist es aber auch so, dass der Bank mehr Geld angeboten wird, als Kunden dafür da sind, die welches haben wollen. Da kommt natürlich eine Bank in Druck, wenn ihr das Geld so zugeschaufelt wird, weil sie es doch verzinsen muss. Sie wirbt dann mit Sonderkonditionen für Kredite. Der Discounter macht das doch auch so: *„Kaufen Sie heute und bezahlen Sie es über mehrere Jahre in Raten ab."* Oder: *„Kaufen Sie heute und bezahlen Sie in sechs Monaten."* Dann beginnt mit dem Raten abstottern für Sie eben erst in einem halben Jahr.

Die Außendienstmitarbeiter der amerikanischen Banken haben das zuletzt so gemacht: *„Sie haben kein Geld? Wir beschaffen es Ihnen. Kaufen Sie ein Haus und bezahlen sie es nicht. Wir geben Ihnen das Geld dazu. Der Kredit wird Ihnen in den ersten zwölf Monaten rückzahlungs- und auch zinsfrei gestellt."*

Ein unmögliches Angebot, einfach hirnrissig. Der Bankberater verspricht aber noch mehr, was die Sache für den Bankkunden erst lukrativ macht: *„In einem Jahr, wenn die erste Abzahlungsrate fällig ist, ist dieses Haus sowieso schon viel mehr wert, als es gekostet hat. Dann verkaufen Sie es, zahlen uns*

den Kredit zurück und dann haben Sie außerdem noch eine Menge Geld übrig,
wovon Sie gut leben können. Für das nächste Haus, was Sie dann kaufen, geben wir
Ihnen dann den nächsten Kredit, der auch erst wieder nach Jahresfrist bedient werden
muss. Von dem Geld, was Ihnen dieses Geschäft einbringt, könnten Sie sich even-
tuell sogar zusätzlich die Anzahlung für ein neues Auto oder einen schönen Urlaub
leisten. Greifen Sie zu."

So bekommt man das überflüssige Geld seitens der Bank erst einmal
unter. Am Jahresende bekommt der Bankangestellte seine Gratifikationen für diese ganzen Abschlüsse, ohne dass sich einer einen Gedanken
darüber macht, ob nach Jahresfrist eine Rückzahlung erfolgt. Ich hätte
das nicht geglaubt, aber man hat mir das aus dem Fernseher heraus so
gesagt. Und dass der Fernseher am Fernsehprogramm unschuldig ist,
das wissen Sie bestimmt auch schon. Teurere Fernseher bringen genau
denselben Programm-Scheiß, wie billige. Das sagt aber nichts über den
Wahrheitsgehalt des Programms aus. Das Schlimme stimmt nämlich
meistens. Leider.

Manchmal klappt das aber nicht so ganz mit dieser eben genannten
Kreditwirtschaft im Häuslebauermilieu. Wenn das nämlich alle so machen, dann gibt es nach einer Weile zu viele Häuser, gemessen an
Kaufwilligen, weil eine sogenannte Marktsättigung eintritt. Das wäre der
Nachteil solcher Schneeballsysteme. Die Lawine käme zum Stillstand,
mangels verfügbarem Nachschubes und die Schuldner haben, wenn es
an die Abzahlung geht, plötzlich kein Geld.

Dazu kommt noch, dass die neuen Käufer des Hauses das auch alles
über Kredit finanzieren. Die Bank bekommt plötzlich für ihre Kredite
keine Zinsen mehr zurück und manchmal auch kein Kapital. Ihr ange-
legtes Geld, was die Bank da hingegeben hat, ist nun erst einmal weg. Es
steckt in irgendeiner Bauruine irgendwo in der Taiga (Taiga, das ist zwar
russisch, aber in Amerika gibt es auch solche Gegenden.). Das Geld ist
draufgegangen für Prämien, Gratifikationen, Löhne, Material, Projektie-
rungskosten, Gebühren, Versicherungen, Werbung, Maklercourtagen
und Gutachten. Es haben jedenfalls eine Menge Leute vereinnahmt und
davon gelebt. Da bleibt jetzt der Bank auch in Ihrem Interesse doch nur
noch die Einziehung der Sicherheit. Sie veranlasst also die Zwangsversteigerung des vom Kredit gebauten oder gekauften Hauses. Das kennen Sie, was nun kommt. Wenn die Ware weg muss, sinkt der Preis,
auch mangels Nachfrage. Das ist nicht gut für Sie, aber auch nicht für
die Bank.

Die Bank muss sich selbst vor solchen Konsequenzen hüten, aber
auch Sie absichern. Sie will Ihnen helfen, Ihnen, dem Anleger, der ihr
das Geld aufgedrängt hat, weil er Zinsen will. Sie ahnt, was kommen
kann und sichert sich gegen solche Eventualitäten vorher ab. Sie leitet
also rechtzeitig die Verbriefung dieser Kredite in die Wege. Das geht so,
dass sie diese ganzen von ihr vergebenen Kredite an eine übergeordnete

Bank gebündelt zum Kauf anbietet. Sie begründet das damit, dass sie frisches Geld brauchte, um weitere Kredite vergeben zu können, denn das ihr zur Verfügung gestellte Kundengeld stecke in diesen abgeschlossenen Krediten und ihre Mitarbeiter, die sonst immer auf Kundenfang draußen unterwegs gewesen wären, säßen nun herum und hätten nichts zu tun. Dass da die Mitarbeiter, welche diese faulen Kredite gegen Bonuszahlungen vermittelt haben feste mitziehen, damit das klappt, können Sie sich bestimmt vorstellen. Denen geht der Arsch sowieso schon mit Grundeis. Die wissen schließlich, was sie angerichtet haben, auch wenn sie das verdrängen und nicht wahr haben wollen.

Da wendet sich also in dieser Notlage Ihre Bank an eine andere, die sich nicht mit dem Tagesgeschäft befasst, sondern mehr über den Dingen steht. Die macht dann Geldgeschäfte höherer Ordnung. Sie macht aus Geld direkt mehr Geld. Was alles darunter fällt, wissen Sie besser nicht. Das ist ein weites Feld voller finanzmathematischer Konstrukte, in denen Sie sich auch gewiefte Bankkaufleute kaum zurechtfinden, weil es sonst nicht immer wieder zu Bankpleiten käme. Unter anderem verbrieft diese Bank höherer Ordnung Kredite, worüber ich Sie hier informieren will. Außendienstler, die sich wegen der Aufspürung neuer Kreditkunden draußen an der Basisfront der Einzelkunden auf die Klingeltour begeben und dabei den Hintern abfrieren müssen, braucht die für ihre Geschäfte nicht.

Diese Bank leiht sich jetzt diese Kredite zu einem niedrigeren Satz von Ihrer Bank. Das heißt, sie bietet weniger dafür als sie wert zu sein scheinen und will auch erst zahlen, nachdem das verbriefte Material wieder am Markt abgesetzt ist. Sie nimmt die Kredite in Kommission. Sie weiß aber genau, dass unter den Krediten eine Menge fauler Eier sind, die eventuell nichts mehr bringen. Deshalb auch der Abschlag. Sie würde sich sonst nicht auf so einen Handel einlassen. Die Verhandlungen sind von Glauben, Misstrauen und Erwartungshaltung geprägt. Wichtig ist die Gier beider Seiten, ein gutes Geschäft zu machen. Die veräußernde Bank will auf die sichere Seite, sprich: das Geld ihrer Anleger retten, was sie aus den faulen Krediten nie wieder herauswirtschaften könnte.

Die kaufende Bank, so glauben Sie jetzt, würde dabei beschissen. Das wäre auch so, wenn da nicht die Geschäftsidee der Verbriefung gäbe. Das im Zusammenhang mit der im ersten Jahr ausgesetzten Rückzahlung der Kredite schafft nämlich ganz unerwartete finanzielle Möglichkeiten für die aufkaufende Bank. Kein Mensch außer vielleicht den an diesem Deal beteiligten Insidern des Bankgeschäftes ahnt, dass man mit schon längst verlorenem Geld handelt. Sie machen eigentlich nur wie immer ihre Arbeit und auch der Staatsanwalt könnte ihnen nicht Einhalt gebieten. Sie stehen nämlich dabei beide auf dem Boden des Gesetzes. Nicolai Gogol hat dieses Prinzip sehr anschaulich in seinem unvollendeten Schelmenroman „Die toten Seelen" schon 1842 darzustellen versucht. Da kauft der Kollegienrat Tschitschikow im alten Russland von den Gutsbesitzern in der Provinz billigst die Namen und Adressen kürzlich verstorbener Leibeigener auf, die noch nicht aus den Verwaltungsregistern gestrichen sind, um sie dann en bloc als lebendes Inventar eines Gutshofes, den es wahrscheinlich auch gar nicht gibt, bei einer Bank für einen Kredit als Sicherheit zu stellen, sie also zu verpfänden. Er wollte sich dann mit dem so ergaunerten Kreditgeld aus dem Staub machen. Es hat zwar nicht geklappt, aber nur aus ganz persönlichen und privaten Gründen, die vordergründig dann die Handlung des Romans ausmachen.

Wer liest heutzutage schon noch so alte Schwarten und Gogol beschreibt das auch als einen versuchten Kreditbetrug gegenüber einer Bank, was natürlich verboten ist, während es bei meinem Beispiel nur um die Verfahrensweise einer Bank mit den Vermögen von Bankkunden mit Hilfe einer rechtlich abgesicherten großzügigeren Auslegung der Finanzgesetze geht, obwohl sich das voneinander nicht unterscheidet, sondern nur anders nennt.

Diese Bank macht das bei ihrer gesetzlich ausdrücklich erlaubten Verbriefung von Krediten genau so wie Tschitschikow. Sie sammelt nämlich billig die Kredite der vor Ort tätigen Banken ein und wirft sie alle in einen Topf. Das wird auf diese Weise gemischt, zu etwas zusammengefasst, was man vielleicht Pool nennt. Das ist dann eine Art Apfelmus. Niemand findet dann mehr heraus, wie viele der verarbeiteten Äpfel faulig waren. Wenn man schon von den eigenen weiß, dass sie faul sind, von denen der anderen glaubt man, zumindest redet man es sich ein, dass sie es nicht waren, bevor sie in den Pool kamen.

Was ein Pool ist, wissen Sie doch. Beim elektrischen Strom gibt es das beispielsweise nur so. Alle Erzeuger liefern ihren Strom in ein Netz und alle Verbraucher entnehmen zu gleicher Zeit ihren Strom aus diesem Netz. Strom kann man nicht aufbewahren, höchstens unter Verlust über Pumpspeicherwerke anteilig und zeitversetzt puffern. Da kommt also Strom aus Wasserkraft, aus Öl-, Gas- und Kohlekraftwerken, der von den Windmühlen, aus Erdwärme, Solarstrom und auch solcher aus Atomkraftwerken hinein und man kann dann diesen Strom zu verschiedenen Preisen kaufen. Ökostrom ist beispielsweise im Vergleich zu Atomstrom sehr teuer, aber man kauft ihn, weil man damit etwas für die Umwelt tun will. Nicht dass Sie denken, Ihr Strom kommt nun von der Windmühle. Sie zahlen nur einen Öko-Aufschlag auf den Atomstrom, damit Geld für den Bau von Windmühlen und die Subventionierung der Betreiber dieser Windmühlen hereinkommt. Es soll aus diesem Pool ohne schädliche Nebenwirkungen für die Umwelt schon notgedrungen jede Menge hochpreisiger Ökostrom aus Atomkraftwerken verkauft worden sein. Wichtig ist also beim Pool, dass man nicht mehr herausfinden kann, woher das ist, was alles drin ist und vor allem, dass das Ding einen Namen hat. Man verpasst also diesem Pool aus eingekauften Krediten einen zugkräftigen Namen, portioniert dann dieses Mus und gibt es neu gestückelt und repräsentativ aufgemacht als neues Wertpapier heraus. Da steht drauf, was dieses Wertpapier jeweils kostet und wie viel Gewinn in Form von Ausschüttung an Dividenden oder dergleichen man da jährlich bekommt. Ich sage jetzt nicht Pfandbrief, sonst denken Sie gleich wieder an die „Toten Seelen".

Es nennt sich dann eventuell offener Immobilienfonds, Investment oder noch englischer, und weil von allem etwas aus der ganzen Welt drin ist, wie in jedem Eintopf, glaubt jeder an eine gewisse Krisensicherheit gegen Verlust, weil auch Sie es nicht für möglich halten, dass alle, die dahinterstehen gleichzeitig pleite gehen. Das nennt sich dann international gut und vor allem breit aufgestellt, wie das in jedem Börsenprospekt steht, wenn man Ihnen die Aktien einer bestimmten Firma anbietet. Meist ist es ein weltweiter und auch überspannter Spagat, den Sie da kaufen sollen, denn dieses neue Wertpapier bietet Ihnen dann ausgerechnet Ihr Bankberater Ihres Vertrauens wieder Ihnen am Schalter Ihrer Bank als Geldanlage zum Kauf an. Wem denn sonst?

Der Bankmitarbeiter versteht zwar auch nicht, was er Ihnen da verkaufen soll, weil selbst die Leitung der Bank weiß, dass es nicht ratsam ist, den auch noch zu verunsichern, aber man hat ihn betreffs der Auswirkungen beruhigt und seine Schulung darauf ausgerichtet, wie er Ihnen das neue Wertpapier am besten andreht. Vertrauensvermittlung ist alles. Die Bank weiß doch auch nicht, wie sie das gesetzlich anders einwandfrei mit den Kreditnehmern regeln soll, wenn die vielleicht plötzlich kein Geld haben.

Sie kaufen also dieses Wertpapier von dieser Emissionsbank am Schalter Ihrer Hausbank, legen das in Ihr Depot, was diese Bank für Sie einrichtet und lehnen sich zurück, in Erwartung des zusätzlichen Geldsegens aus ihrer neuen Geldanlage, die einen höheren Zinssatz ausweist, als Ihr vorheriges Sparbuch.

Bis jetzt haben alle etwas davon gehabt. Sie von den Sparzinsen, als Sie ihr Geld der Bank zur Kreditvergabe überreichten. Der Kreditnehmer hat sich davon sein Haus finanziert. Die Bauwirtschaft hat verdient und die anderen schon Genannten auch. Die Bank hat den Kredit zur Verbriefung verkauft und so ihren Zwischengewinn realisiert. Die verbriefende Bank hat beim Verkauf dieser neu geschaffenen Wertpapiere an Sie ihren Schnitt gemacht und Sie erwarten nun von der Umschichtung ihres Geldes vom Sparbuch auf Ihr neues Wertpapierdepot jetzt eine höhere Rendite.

Was Sie nicht bemerkt haben, ist, dass auf der ganzen Strecke, die es durchmessen musste, Ihr Geld schon lange verdaddelt ist und Sie die Bank mit dieser neuen Umschichtung Ihrer Forderungen an Sie selbst, aus der Verantwortung entlassen haben. Stellt sich nämlich plötzlich heraus, dass diese Wertpapiere wertlos sind, weil nichts dahinter steht, außer diesen anonymen inzwischen wertlosen, weil unverkäuflichen Immobilien, deren Besitzer kein Geld haben, dann tragen Sie das Risiko ganz allein. Die Bank hat Sie vielleicht schlecht beraten, aber das müssten Sie ihr erst einmal nachweisen können. Schließlich liegt die Verbriefung dazwischen, die Sache mit dem Pool. Der Bankberater hat die Pflicht, Vertrauen in das zu haben, was er Ihnen verkauft. Er müsste sonst gefeuert werden, wenn er Zweifel an der Seriosität seines Arbeitgebers seinen Kunden gegenüber haben oder sogar äußern würde. Das fiele unter vorsätzliche Geschäftsschädigung. So müssen Sie das sehen. Der macht das gutgläubig und höchstens fahrlässig schlechten Gewissens. Er muss schließlich seine Familie ernähren.

Ihr Geld ist nun allerdings leider weg. Gelackmeiert sind nur Sie, und weil Sie etwas aus einem Pool gekauft haben, können Sie noch nicht einmal feststellen, wer denn ganz genau der Schuldige ist, den Sie vor Gericht ziehen können.

Wenn auch behauptet wird, dass mittels dieser gerade von mir beschriebenen Finanzmanipulationen die Banken sich aus der Verantwortung schleichen, dann ist das üble Nachrede. Wenn das stimmen würde, dann hätte doch kein Staat hier regulierend eingegriffen, indem er die Banken mit Haftungsgarantien stützt, weil er das doch von Ihren Steuergeldern macht, von denen Sie immer gedacht hatten, dass er die für soziale Zwecke, für die Infrastruktur, die Verwaltung, die Pensionen der Beamten und das Arbeitslosengeld, staatliche Baumaßnahmen, Gutachter, Beraterhonorare und das Bildungswesen vertut, falls es nicht die EU als Subventionszahlung an andere abfordert oder es im Rahmen der Weltfriedenssicherung dem Verteidigungshaushalt oder der Entwicklungshilfe anheim fällt.

Die Banken können Sie nicht für das verantwortlich machen, was da passiert ist. Die waren doch Ihrer Gier nach der Geldvermehrung über die Zinsen hilflos ausgeliefert. Die haben doch nur versucht ohne Schaden für sich selbst den Zwängen der Finanzwirtschaft auszuweichen. Wie sollen sie es denn sonst machen, wenn es auf normalem Wege nicht geht. Sie waren es doch, der sein Geld den Banken aufgedrängt hat. Wie schon erwähnt, spielt da auch die Konkurrenz untereinander und auch die der Märkte eine Rolle. Und letztendlich muss sich das Bankunternehmen auch selbst finanzieren. Die Bank kann nicht einfach sagen: Was ich jetzt habe, das reicht mir bis ans Lebensende. Mehr brauche ich nicht, und dann die Schalter schließen. Das kann ein Mensch, aber doch kein Unternehmen. Das ist dazu verdammt, ständig weiter zu wursteln, auch wenn die Zeiten und Wirtschaftsbedingungen dafür gerade sehr schlecht sind. Verstehen Sie endlich, in welchen Zwängen ein solches

Dienstleistungsunternehmen allein als Folge seiner Existenz, seiner Verflechtung im Geldgeschäft und erreichten Größe nun einmal steckt. Das haben unsere Regierungen erkannt und natürlich geholfen. Sie können einer so weitsichtigen Regierung von nun an blind vertrauen und sie auch jederzeit wieder wählen. Ein Wirtschaftsexperte hat zwar in einer Talkshow einmal gesagt, dass die Bankenvorstände und auch die Manager großer Unternehmen nach der Erstellung der vorläufigen Jahresbilanz den gesamten Gewinn vor Steuern bis zu 90 % erst einmal verballern. Da hagele es dann Gratifikationen und erfolgsorientierte Sonderzuweisungen, Gehaltserhöhungen und was weiß ich noch, wofür man da Geld zum Fenster hinauswerfe. Da wurde er aber ganz diskret vom Moderator unterbrochen und es zeigte sich, dass auch die da mit ihm in der Gesprächsrunde sitzenden Politiker und anderen Manager der Geldinstitute kein Interesse an diesem Thema hatten. Sie haben es in unser aller Interesse nicht weiter vertieft, schließlich verderben schlechte Beispiele gute Sitten. Manches weiß man besser nicht und schwarze Schafe gibt es überall. Soviel war mir danach klar, von dem verbleibenden kläglichen Rest lohnt es sich dann kaum noch von der Bank Steuern abzufordern, und Rücklagen für die Sicherheit der Einlagen der Kunden braucht die Bank schließlich auch noch. Dass es noch nicht einmal dafür immer gelangt hat, haben Sie wohl gemerkt.

Solche Dinge, dass man den gerade entlassenen Chef eines pleite gegangenen Geldinstitutes vor den amerikanischen Kongress zitiert und ihm seine letzte Jahresgratifikation von gerade mal 325 Millionen Dollar vorzuhalten wagt, das ist doch absurd. Lassen Sie ihm doch seine Luxusvillen und Ländereien, auch die große Yacht und den Privatjet. Das Glück war eben nicht mit ihm und gesellschaftlich erledigt ist er auch. Mancher Broker verdient da bedeutend mehr an seinen Boni. Da hätten Sie sich angesichts dieser Großverdiener an seiner Stelle schon lange den Strick genommen. Ist doch so. Dass das obere Management einer gerade pleite gegangenen amerikanischen Großbank, nachdem der Staat sie mittels Steuermilliarden wieder saniert hatte, gleich mal eine längere Party ansetzte, die sie in einem in Las Vegas dafür eigens angemietetem Hotel feierte und dabei nur eine halbe Million Dollar für Wellness, Begleitservice, Massagen, Kulturveranstaltungen und Bankette auf den Kopf haute, halte ich für ein Gerücht. Las Vegas ist keineswegs so billig.

Keiner will wissen, woher man das alles wissen will, ob es überhaupt wahr ist. Alle stürzen sich nur auf die Einzelheiten. Einer aus der Suchtabteilung, mit dem ich mich hier bei einem Spaziergang im Klinikpark darüber unterhielt, hat mir das auch bestätigt. Ihm wäre es auch so gegangen. Alle hätten immer nur geschimpft, wenn er besoffen war, aber wenn er Durst gehabt hätte, das hätte niemanden interessiert.

Es ist schon ein Kreuz mit dem Geld der Anleger, was sie laufend der Bank zur Vermehrung aufdrängen. Man hat ja nun endlich die Zinszahlungen an Bankkunden stark reduziert, um solche Auswüchse in den Griff zu bekommen. Nirgendwo steht, dass man für Geld Zinsen bekommen muss. Wohin aber nun mit den Zinsen der Bank, die sie einnimmt. Man kann schließlich nicht alles denen in den Rachen werfen, die es haben wollen. Am besten ist es da für eine Großbank, eine Tochterfirma im geeigneten Ausland zu gründen, der man unvermutet erwirtschaftete Überschüsse und nicht im Inland vermittelbare Einlagen zur weiteren kreativen Verwendung überlässt. Das braucht man in der Bilanz des Stammhauses im Inland nicht detailliert aufzuführen und lässt das auch besser weg, solange das nebenbei lukrativ läuft. Wenn da zusätzliche Gewinne auflaufen, dann hat man die eben extra, sozusagen als Polster. Den Fiskus geht das nichts an. Mit Schwarzgeld und Geldwäsche muss das beileibe nichts zu tun haben.

Das haben nämlich sogar staats- und ländereigene deutsche Banken eine Zeit lang praktiziert. Die hatten zwar die Aufgabe staatlicherseits die Finanzierung des Mittelstandes in allgemein wirtschaftsfördernder Art vorzunehmen. Wenn aber die dafür vorgesehenen Gelder zu lange herumliegen, bis sie endlich abgerufen werden dürfen, weil die Parlamente und Ämter zu lahmarschig über die jährliche Fördermittelverteilung entscheiden, dann versucht man das bankseitig in der eben genannten Weise zwischenzeitlich kreativ zu überbrücken. Das geht, wie ich erstaunt zur Kenntnis nehmen musste, auch bei einer staatlichen Bank mit einer solchen Tochterbankgründung im Ausland. Warum dann plötzlich alle aus der EU ausgerechnet Irland als Basis dieser Tochterbankgründungen wählten war mir unverständlich, wo doch die Irländer sogar die EU-Verfassung im ersten Anlauf abgelehnt hatten.

Das hat auch manchmal ganz gut geklappt mit diesen Nebengeschäften, bis die dabei aufgetretenen Verluste sich nicht mehr vertuschen ließen, man ihnen drauf gekommen ist, weil sie als beamtete Leute und im Vertrauen auf ihr Wissen um das Ansehens Deutschlands, wohl auch etwas zu sehr auf ihre Unantastbarkeit als Hoheitsträger dieses Staates und die göttliche Ordnung der Welt bauten und natürlich keine Ahnung davon hatten, welches Haifischbecken das ist, in welches sie sich da begeben hatten und in dem sich börsennotierte Privatbanken schon immer tummeln müssen, wenn sie ihrer Aufgabe, dem Geldverdienen, gerecht werden wollen. Gauner bescheißen jeden, den sie können und schon allein die Existenz von Banken in Steueroasen ist nicht mit deutschen Grundwerten moralisch in Einklang zu bringen. Gegen Betrug ist niemand gefeit, zumal, wenn der unter dem Deckmantel der Seriosität agiert.

Meine Oma hat mir einmal gesagt, dass nur wirklich große Gauner es sich leisten können immer und überall, auch öffentlich wie seriöse Geschäftsleute aufzutreten, weil die genug Geld dazu haben. Der letzte

Mensch, der bei ihr zu Hause vorbeikam, um mit dem Enkeltrick Geld abzugreifen kam mit einer großen Limousine, zeigte Manieren, war gut frisiert, hatte noch alle seine Zähne, trug sogar einen Siegelring, teure Schuhe und einen Anzug mit Weste und Schlips wie die Vertreter. Sie schaut wieder auf solche Dinge, seit sie die neue Brille hat, aber sie hat ihm trotzdem kein Geld gegeben, weil sie keins hat. Es hat ihm also nichts genützt.

Um das mit der Gründung von Tochterbanken abzuschließen: Wer das Lehrgeld dafür am Ende zahlt, wenn eine Landesbank sich ohne Not über derartige Finanzspielchen ihrer aufsichtsführenden Politiker verspekuliert, braucht man nicht zu sagen. Das ist in diesem Falle der Steuerzahler direkt. Und der muss zahlen, ob er Geld hat oder nicht. Dessen walte das Finanzamt. Das ist wenigstens sicher. Bombensicher.

Eine Bank ist sozusagen ein Blatt im Winde, ein bedauernswürdiges von der Willkür der Politik und der Wirtschaft gebeuteltes Verwaltungs- und Dienstleistungsunternehmen, dessen Manager gar nicht hoch genug bezahlt werden können, damit sie ihren Krempel nicht jederzeit hinzu- schmeißen versucht sind. Manchmal ist aber eine Bank sogar nur ein ideologisch vorgeschobenes Tarnunternehmen, eine Waffe im Klassen- kampf, um den ideologischen Gegner zu täuschen und in Sicherheit zu wiegen, die als Spätzünder sogar noch hinterher hoch gehen kann.

Ich werde es Ihnen beweisen: Als man bei Treuhands die Banken der DDR abwickelte, wurden sie verkauft. Nun werden Sie fragen, was es da außer dem Namen zu kaufen gibt. Banken besitzen doch nichts. Da würde ich als blutiger Finanzlaie sagen, dass das wie bei einer Zeitung läuft. An deren Namen hängt der Abonnentenstamm. Die Zeitung selbst besitzt außer ihren Leuten, welche für sie recherchieren und sie unter Verwendung der Informationen der bekannten Nachrichtendiens- te redaktionell für den Druck zusammenstellen, der Anzeigenabteilung und ihrem Vertriebssystem eigentlich gar nichts. Oft gehört ihr nicht einmal die Druckerei. Sie hat nur einen Ruf. Den hat sie sich erworben. Er wird daran gemessen, welche Wirtschaftsunternehmen in welchem Umfang da regelmäßig inserieren. Das bewirkt der redaktionelle Teil. Der ermöglicht das, weil die Menge der Abonnenten vom Inhalt und manchmal, aber nicht immer, der Qualität dieses Teiles abhängt. Je mehr Leser, umso höher die Auflage, und umso teurere Anzeigen, aber auch eine größere Menge Leser, die man mit der Anzeigenflut der Wer- bung erreichen will. Man kauft sozusagen das Vertrauen der Leser, wenn man ein Zeitungsunternehmen kauft. Produktion allein macht es nicht.

Es muss auch der Kunde da sein, der über den Vertrieb erreicht werden muss, selbst bei einem Billigprodukt wie der Zeitung, die als Ware gesehen, heutzutage oft weniger kostet als ihr Postversand, wes- halb das auch jetzt nicht mehr über die Post, sondern oft über ein speziell aufgebautes Netz pauschal bezahlter Billiglohnboten abgewickelt wird.

Die Treuhand verkaufte also die Banken der DDR, aber für die Käufer war nicht die Menge der Kunden, die da ihr Spargeld und ihre Girokonten hatten waren interessant, auch wenn da jetzt von gestern auf heute plötzlich aus wertlosem Binnenwährungspapiergeld plötzlich die international frei konvertierbare harte Währung der D-Mark geworden war. Interessant waren den Käufern eigentlich nur die wirklich großen Verbindlichkeiten, die sonst immer bei einer Bankübernahme verkauft werden, was der Normalbürger gar nicht zur Kenntnis nimmt, weil er das gar nicht vermutet.

Da glaubten die Käufer, dass sie hier auch die Rückzahlungen und Zinsen von Riesenkrediten kauften, welche die DDR-Wirtschaft bei diesen Banken aufgenommen hätte. Aus den unter der Hand eingeholten Informationen ging jedenfalls hervor, wie viele Millionen Mark ein VEB oder ein Kombinat monatlich an die Bank einzuzahlen verpflichtet war und auch regelmäßig einzahlte. Das ist also im normalen Geschäftsverkehr unter Banken dann die Abstotterung der Kredite und der Kreditzinsen. Solche Kredite gibt es für Investitionen oder für die Umlaufmittelfinanzierung zur Überbrückung, weil man von etwas die Kosten finanzieren muss, bis die Ware abgesetzt ist.

Eine andere Begründung konnte es nicht geben. Man war das im westlichen Finanzgebaren nur so gewöhnt. Aus diesen Zinsen wurde im Vorfeld heimlich rechnerisch ganz leicht das ausgegebene Kapital, was allerhand Milliarden im dreistelligen Bereich betragen müsste, überschläglich ermittelt, und man wusste nun, was für ein gutes Geschäft der Kauf dieser Bank darstellte. Der Treuhand gegenüber wurde das nicht groß erwähnt. Die hatte auch andere Sorgen und war froh, wenn sie etwas losschlagen konnte, egal was und an wen. Man kaufte ihr dann eine Bank für ein paar Milliönchen ab und versuchte anschließend die da laufenden Einkünfte aus der Abstotterung der vermuteten Milliardenkredite durch die Wirtschaft abzugreifen.

Es war nur nicht berücksichtigt worden, dass DDR-Banken tatsächlich wirklich nichts besaßen, auch keinen Grundstock von eigenem Gründungskapital, und natürlich auch nicht diese Kredite. Es waren zumindest für die Industrie keine vergeben worden. Der Staat borgt sich doch nichts selbst aus einer Tasche in die andere. Eine DDR-Bank war nur ein vorgeschobenes Verwaltungsorgan des Staates, über welches er sein Geld zwangsweise aus der Wirtschaft einzog. Den Begriff des Kredites gab es schon, aber er war doch nur als Anreiz und als Kontrollinstrument gedacht, mit dessen Hilfe man einen gewissen künstlichen Ehrgeiz zum Wirtschaften zwischen den ganzen verstaatlichten Betrieben und Institutionen erzeugte. Ein VEB bekam nämlich alle Jahre seinen Produktionsplan verpasst. Darin war dann alles von vornherein festgelegt, auch das, was am Ende herauskommen sollte. Nun wartet dieser Staat nicht wie heute üblich, das ganze Jahr, um sich dann vom Ergebnis überraschen zu lassen. Da würde der Finanzminister wie heutzutage gang und gäbe, am Jahresende ein langes Gesicht machen, wenn er das laufen ließe.

Es wurde also eine monatliche Nettogewinnabführung festgelegt, wie das das Finanzamt heutzutage bei Privatleuten auch oft macht, indem es Steuervorauszahlungen anweist. Ob diese Gelder dann erst gesammelt und über verschiedene Hierarchien gebündelt, oder direkt an den Staatshaushalt abgeführt wurden, das ist dabei nebensächlich. Am Ende bekam der Staat alles. Es war schließlich sein Betrieb und auch seine Binnenwährung und da bestimmte er die Spielregeln.

Die volkseigene Wirtschaft als größter finanzieller Faktor zahlte erwiesenermaßen keine Steuern. Sie leistete die Nettogewinnabführung an den Staat, nachdem nach den Kosten alle notwendigen Rücklagen beispielsweise für Investitionen und so abgezogen waren. Hinter diesen Zahlungen stand nichts, außer der Verpflichtung, sie aus dem Erlös aus der laufenden Produktion zu leisten. Und das war ihr ganzes Geld. Auch sie besaß, genau so wie die Banken, kein eigenes Kapital. Um diese Geldmengenzahlung auch garantiert abzusichern, gab es keine marktorientierten kostenkalkulierten Preise, sondern gleich staatlich genehmigte Festpreise.

Das hat man bei der Übernahme des Beitrittsgebietes alles nicht gewusst, und die es wussten, denen wurde es nicht geglaubt, weil man besser zu wissen glaubte. Das teuflische an dieser Sache war allerdings, dass die DDR, um sich abrechnungsmäßig im eigenen Laden zurechtzufinden, die altbewährten Methoden der buchhalterischen Aufbereitung der Daten und das gleiche Schema für die Abwicklung ihrer Geldgeschäftes als Abrechnungsmethodik verwendete, wie alle anderen Länder auch, nur dass es sich dabei um eine reine Schattenwirtschaft aus vergleichbaren Verrechnungseinheiten und zugehörige verrechenbare Spielgeldeinheiten handelte.

Geld an sich war eigentlich schon lange abgeschafft. Das, was an Scheinen und Alu-Chips untereinander weitergegeben wurde waren so gesehen auch nur Wertverrechnungsgutscheine.

Warnung an den Leser: Sie müssen das jetzt ideologisch sehen und auch politisch auseinanderhalten. Das war damals das angeblich vergesellschaftete System der Kommunisten, was uns politisch und diktatorisch übergestülpt war. Wenn Sie das nicht beachten, dann könnten Sie das mit der Verrechnungseinheit im Range von Spielgeld auch jetzt noch von jeder Art Geld behaupten, die heutzutage im Umlauf ist, also auch vom Euro oder Dollar. Das dürfen Sie aber auf keinen Fall. Erklären kann ich Ihnen das leider nicht, und ob es da überhaupt einen Unterschied gibt, weiß ich auch nicht, aber auseinanderhalten müssen Sie es unbedingt, um nicht beunruhigt zu sein! Merken Sie sich also: Das was der Ostblock früher finanziell abwi-

ckelte, hatte mit Geld in unserem Sinne nichts zu tun, absolut nichts, auch wenn es so hieß und jahrzehntelang auch international, also weltweit und systemübergreifend damit gerechnet, gekauft und verkauft wurde! Vergessen Sie auch nicht, dass die Banken in diesem System keinerlei Macht besaßen, weil sie nur dem Staat als Organisationsstruktur zur Aufrechterhaltung des Geldflusses und zur Verrechnung der Wirtschaftsleistung dienten. Ein in der Wolle gefärbter Bänker würde sich heutzutage niemals so weit erniedrigen, dem Staat, den er wie eine Weihnachtsgans auszunehmen gedenkt, so zu dienen, wie das die DDR-Bänker taten.

Nach außen wurde aber das Zahlenwerk als real verkauft. Wie hätte die DDR und mit ihr der ganze Comicon sonst außenwirtschaftlich tätig werden können. So getarnt schlüpfte dieses Kuckucksei mit in die Fundamente der Wiedervereinigung.

Mit dem Westen wurde zwar in D-Mark und Dollar abgerechnet und auch mit tatsächlichen Warenwerten, mit dem Osten aber meist nur in transferablen Rubeln, was aber wirklich nur ein Phantom in Form einer Verrechnungseinheit war, genau wie die DDR-Mark. Man hat mir das jedenfalls hinterher so gesagt.

Das mit der Wende, das konnte keiner im Voraus wissen, aber das mit der Funktion der DDR-Wirtschaft, das hätte rechtzeitig abgefragt werden können und man hätte auch Auskunft bekommen. Weil niemand zugeben wollte, da etwas falsch gemacht zu haben, entstanden so die Verluste der Treuhand und weil die Käufer auf ihren Erwartungen bestanden, kam dann wahrscheinlich anscheinend dieser nicht unerhebliche selbstgeschaffene Verlustposten auch mit in den Erblastenfonds.

Normalerweise würde ein Geschäftsmann das einfach abschreiben. Entgangener Gewinn infolge Fehlspekulation oder so. Aber wer hätte damals zugeben wollen, keine Beute gemacht zu haben. Ich las neulich staunend, in welcher Form einer unserer nachmaligen Bundespräsidenten beim Verkauf der DDR-Banken als Finanzexperte der Bundesregierung maßgeblich seine Finger mit in diesen Vorgängen gehabt haben soll. Er wurde anschließend bei einem wichtigen internationalen Geldinstitut tätig. Diesen Vertrauensposten hatte er sich gewiss verdient. Auch da hinterließ er sehr wirksame Spuren. Ein großes südamerikanisches Land verdankt ihm der Fama nach seinen letzten Staatsbankrott. Ich glaube das nicht. Das hätte man doch bestimmt gemerkt und ihn dann nicht anschließend bei uns zum Bundespräsidenten gemacht. Es wird in den Zeitungen heutzutage auch über allerhand Unsinniges nur deswegen geschrieben, weil jetzt ausreichend Papier dafür da ist.

*

„Nein, das passt mir aber jetzt überhaupt nicht. Sie sehen doch, dass ich hier bei der Arbeit bin. Wenn Sie mir wieder diese Jacke anziehen wollen, wo einem die Ärmel über den Rücken hinweg nach vorn wieder zusammengebunden werden ... Wie soll ich denn da weiter arbeiten. Nicht mal das Diktiergerät kann ich mehr bedienen ... und diese Tabletten, die können Sie sich sonst wo hin stecken. Die nehme

ich nicht, auch nicht als Zäpfchen! Und glauben Sie ja nicht, dass Sie mit einer Beruhigungsspritze bei mir viel erreichen ... Das Licht der Wahrheit werden Sie nicht verhindern ... Was heißt hier, es wäre ausgemacht, dass ich am Tag nur eine Stunde auf Band diktieren dürfte, und zwar auf eigenen Wunsch und zu meiner eigenen Beruhigung ausschließlich Briefe an meine Angehörigen. Wie soll ich mir denn sonst Zeit für meine wichtige Aufklärungsarbeit verschaffen? Sie hätten mich doch sonst nicht gelassen.

Das mag schon sein, dass Sie glauben, das wären irgendwelche erfundenen Szenarien und Hetzschriften, ersponnene Verschwörungstheorien zur Destabilisierung der internationalen Wirtschaft und zur Diffamierung des Bankwesens. Zu Ihrer Beruhigung, ich kann ihnen das nur bestätigen, aber da ist doch nichts weiter dabei. Wer zwingt ausgerechnet Sie, das ernst zu nehmen. Sie wissen es nicht anders und ich werfe Ihnen das auch nicht vor, aber Sie behindern mich bei meiner Arbeit ... "

Entschuldigen Sie bitte, dass das jetzt mit aufs Diktatband geraten ist. Sie sehen, nichts als Ärger und Regulierungswut. Wenn das so weiter geht, dann werde ich mit meinen Ausarbeitungen nie fertig und den Faden verliert man auch bei diesen ständigen Unterbrechungen. Was ist denn dabei, wenn ich mal ein oder zwei Stunden länger mache. Nein, die Stundeneinteilung in dieser Klinik muss angeblich strikt eingehalten werden. Aua! Müssen Sie denn so grob sein, wenn Sie mir die Spritze geben? ...

... Eigentlich ist es hier ganz schön. Man bekommt seine ordentliche Verpflegung. Das Zimmer wird sauber gehalten, man kann raus in den Park wann man will und sie reden auch mit einem. Fernsehen und Radio zur freien Verfügung. Auch die Zeitung liegt aus. Ob ich das Internet benutzen darf, habe ich noch nicht gefragt. Die Schwestern sind nett, nur wenn man tobt und tätlich wird, vielleicht sogar etwas von der Einrichtung beschädigt, dann verstehen sie hier keinen Spaß.

Es geht mir gut. Die Verwandtschaft besucht mich ab und zu. An Unterhaltung fehlt es mir nicht. Wenn nur die Verrückten nicht wären. Jeder besteht da unbelehrbar auf seinem Standpunkt und keiner will nachgeben. Was Sie hier alle Tage allein an Verschwörungstheorien abgreifen könnten. Eine hirnverbrannter als die andere. Schrecklich, sage ich Ihnen. Und dann erst das Klinikpersonal. Das kann man nicht beschreiben, das müssen Sie erlebt haben ... Das mit der Zwangsjacke gerade eben ... Sie sehen, wie schwer man es mir hier macht...

*

Es ist Ihnen wohl nun klar, dass die Insolvenz, der Crash einer Bank eine Sache ist, welche die Politik oder auch die Industrie immer dann als Vorwand dafür nimmt, wenn wieder einmal jemand etwas verbockt hat. Ich werde Ihnen das jetzt erklären und auch die Ursache dieser ganzen Entwicklungen.

Ursprünglich hängt das alles mit dem Geld und seiner Verteilung auf die Bevölkerung zusammen. Die meisten Leute glauben doch immer noch, dass man Geld zur Reproduktion seiner Arbeitskraft bekommt, wie das Marx behauptet hat, weil der Mensch doch die Energie, die er für die Lohnarbeit verausgabt hat, auch wieder hereinholen muss. Lohn ist sozusagen eine Wiedergutmachung. Das ist jedenfalls der Hauptgrund für Lohnzahlung. Es gibt da noch andere Gründe für Zahlungen, auch lukrativere, aber die lassen wir mal beiseite und ich will Sie in dieser Hinsicht nicht verunsichern. Worum geht es also beim Lohn. Es geht um die Reproduktion, aber es geht auch darum, den Geldfluss im Land im stetigen Umlauf zu halten und ihn mittels des Umweges über die Wertschöpfung zu vermehren und den Wohlstand, und damit auch die Lebensqualität der Bevölkerung zu erhöhen, zumindest nicht absinken zu lassen, weil sie sich doch reproduzieren muss, und wenn es geht, sogar erweitert. Das ist die Version für Sie, die schöne, die offizielle, für Sie, den Lohnempfänger.

In Wirklichkeit ist für den Unternehmer der Lohn ein Kostenfaktor, den er um jeden Preis senken muss, um wirtschaftlich zu produzieren. Er wird sonst auch nicht reich. Wie das im Produktionsprozess gemacht wird, das mit der Wertschöpfung, das lesen Sie am besten direkt bei Marx nach. Der hat das ganz systematisch aus den Erkenntnissen der schon vor ihm mit Ökonomie befassten Wissenschaftler zusammengefasst. Da fährt ihm keiner an den Wagen, weil es nicht von ihm ist.

Der wichtigste Posten ist dabei die Steigerung der Arbeitsproduktivität. Je höher also die in einer bestimmten Zeiteinheit erzeugte Produktionsmenge ist, umso höher ist dieser Betrag. Das nützt einem allerdings überhaupt nichts, wenn der Aufwand dafür zu hoch ist. Das hat zum Schluss dem Staatssozialismus auch das Genick gebrochen. Am Ende ist für den Unternehmer doch der Gewinn das Wichtigste. Wie man das macht mit der Rationalisierung, Mechanisierung und Automatisierung, das erkläre ich Ihnen nicht. Das können Sie überall in der Praxis sehen, wenn nach Anschaffung der nächsten neuen Maschine plötzlich zu viele Leute herumstehen, die nichts mehr zu tun haben, weil nun einer ausreicht auf die Maschine aufzupassen, die jetzt die Arbeit für sie alle erledigt. Die meisten dieser Leute werden nun nicht mehr gebraucht und man muss sie entlassen. Im Interesse der Kostensenkung würden dann auch Sie nur die behalten, die für den geringsten Lohn bereit sind für Sie am längsten zu arbeiten.

Durch solche blind wirkenden ökonomischen Zwangsläufigkeiten kann es dazu kommen, dass für die Bewältigung einer Riesenmenge von Warenproduktion nur noch sehr wenige Leute gebraucht werden und natürlich diesen wenigen auch weniger Lohn gezahlt zu werden braucht. Besonders in industriell ausgedünnten Gebieten mit hoher Bevölkerungsdichte ist das sehr effektiv anwendbar. Man nennt das heutzutage „Standortvorteil". Da klingt das auch besser, wenn darüber gesprochen wird. Hält man nun nach außen hin die Preise konstant, zumindest schwächer fallend als die Kosten, umso höher ist natürlich der Gewinn für den Eigner. Es muss dafür natürlich eine Menge Kapital investiert werden, um konkurrenzfähig bleiben zu können. Das holt man sich nun wieder am besten an der Börse, falls keine staatlichen oder EU-Subventionsmittel dafür zu bekommen sind.

Da sieht das dann am Ende sehr demokratisch aus, weil doch nun jetzt nicht mehr der Einzelunternehmer als Person, sondern die Gemeinschaft der Aktionäre hinter der Firmenpolitik steht und Gewinne sehen will. Die Gier des Einzelunternehmers nach Profit wird dadurch anonymisiert, weil er doch nun nur noch Manager, also Verwalter des Geldes der Aktionäre ist. Er kann nun immer behaupten, dass er das eigentlich gar nicht will, so rigoros mit dem Humankapital der Gesellschaft umzugehen, nun aber eben wegen der anderen muss. Das ist Imagepflege. Man sieht ihn dann trotz aller von ihm aufgewendeten Brutalität mehr als Mensch, auch wenn er oft unmenschlich viel Gehalt dafür kriegt.

Unmerklich aber stetig fortschreitend verlagert sich im Verlauf dieses Prozesses nun der Besitz an Geld von denen die Arbeiten zu denen, die davon profitieren, weil sie sich ihr Kapital über den Produktionsprozess verzinsen lassen. Es steht nun jedenfalls eine Riesenmenge produzierter Güter, die in Preisen eine hohe Summe ergeben, dem gegenüber, was den Leuten, die noch Arbeit haben, an Löhnen nach dem Abzug der Versicherung gegen Alter, Krankheit, Arbeitslosigkeit und einer anschließend vom Staat abgeschöpften Steuer noch übrig geblieben ist. Diese Geldmenge stellt dann die Kaufkraft der Bevölkerung dar.

Da klafft schon einmal eine riesige Lücke, die ausgefüllt werden will. Das plötzlich im Inland fehlende Kaufkraftgeld holt sich das Unternehmen nun praktischerweise aus dem Ausland. Wo die im Ausland dann das Geld her haben, kann Ihnen egal sein. Ob nun aus der Entwicklungshilfe oder aus Krediten, die sie dafür aufnehmen ist doch nicht so wichtig. Am günstigsten hat sich für die deutsche Wirtschaft immer noch herausgestellt, wenn sie sich ihre Erzeugnisse, die sie ins Ausland verkaufen musste, sich am besten von dem Geld bezahlen ließen, das der ausländische Käufer sich gleichzeitig bei Deutschland als Kreditgeber beschaffte. Unsere Exporte wurden sozusagen von unserem Steuergeld bezahlt.

Damit habe ich Ihnen mal ganz nebenbei erklärt, warum Deutschland in der Lage ist, so viel zu exportieren. Wir hatten nie genug Geld, unsere eigenproduzierten Waren selbst alle zu kaufen und mit fortschreitender Modernisierung, Ausweitung der Produktion und sinkenden Löhnen wurden wir dann zwangsläufig eine Zeit lang Exportweltmeister. Auch das kann eine Art, wenn auch lukrativer wirtschaftlicher Notlage sein. Die Unternehmerverbände haben schließlich immer geklagt, zwar nicht so spezifisch, sondern mehr verdeckt, also pauschal, aber immer laut genug. Wir wollten es nur nicht hören weil wir als Arbeitnehmer nur immer hinter dem Geld her waren, was sie uns nicht gezahlt haben. Andererseits bewirkt die Zahlung zu niedriger Löhne, dass ausreichend preiswerter Warenüberschuss für den Export zur Verfügung steht, und weil die Erzeuger im Interesse der Erhaltung ihres ganz persönlichen Arbeitsplatzes auch auf die Qualität achten, ist diese Ware im Ausland auch gern gesehen. Diese Lohn- und Arbeitsmarktpolitik hebt so unmittelbar das Ansehen Deutschlands in der Welt. Das muss es Ihnen wert sein, auch wenn Sie persönlich gerade nichts davon haben außer mehr Plackerei für weniger Geld bei längerer Arbeitszeit.

Nun mag das alles noch hingehen, selbst wenn es Ihnen nicht gefallen sollte. Sie müssen sich eben angewöhnen, das als Ganzes und als Komplex zu sehen. Das können viele in ihrem Drang nach Wohlstand nicht. Hier setzt die verderbliche Rolle der Werbung an. Man redet Ihnen und den Leuten ein, die unbelehrbar von dem Geld, was sowieso nicht für die Befriedigung ihrer Bedürfnisse reicht, die darüberhinaus davon sogar noch zu sparen versuchen, dass sie es ihrer Lebensqualität schuldig sind, unbedingt mehr zu kaufen, um glücklicher zu sein.

Diese Strategien der Werbung bringe ich Ihnen jetzt nicht im Detail. Das geht vom: *„Ohne das kannst du nicht gelebt haben"* über *„Das kannst du dir bestimmt nicht leisten, hol' es dir trotzdem"* bis zum eingeredeten Muss, weil man sonst sozial oder gesellschaftlich erledigt wäre.

Über Ratenkreditzahlungsangebote und die Gewährung von langfristigen Krediten mit zeitlich ausgesetztem Zahlungsbeginn wird so die nicht vorhandene Kaufkraft aus dem Nichts herbeigelockt. Bekommen Sie jetzt also einen Ratenkredit mit verspätetem Zahlungsbeginn für Irgendetwas einredet, dann lügt sich dieser bedauernswerte Mensch, der Ihnen das einredet, selbst in seine eigene Tasche, weil er davon träumt, was er von Ihnen nie kriegt. Nun könnten Sie ihn darüber aufklären, welchem Irrtum er da unterliegt und das ablehnen. Wenn Ihnen Ihre Frau allerdings sagt, dass sie aber gerade das haben will, was Sie sich nicht leisten können, dann nimmt sie Ihnen doch mit dem Wort „Kredit" allen Wind aus den Segeln. Da denken Sie nicht mehr, tun das und legen den Anbieter mit seinem eigenen Kreditangebot rein, weil Sie sonst vielleicht Ihre Frau los wären.

Es wurde auf die Art so manches Auto finanziert, auf Kredit studiert, manchmal sogar schon auf Kredit geheiratet, auf Kredit in den Urlaub gefahren und natürlich auch die Wohnung auf Kredit eingerichtet. Vom Haus rede ich gar nicht erst.

Man gibt also den Leuten, denen man das Geld unternehmerseitig erst für ihre Arbeit nicht geben wollte, weil das doch den Gewinn geschmälert hätte, nun über die Bank ohne sichere Gegenleistung zur unkontrollierten Verwendung. Dagegen steht nur Ihr Versprechen, die wider besseres Wissen abgenötigte Verpflichtung, es wieder zurückzuzahlen, und zwar mit Kreditzinsen. Dieses Geld, was mancher Unternehmer zusätzlich gesammelt hatte, um es über die Bank zu vermehren, diesen Gewinn, den er guten Gewissens zur weiteren Vermehrung den

Banken aufgedrängt hatte, die das wahrscheinlich gar nicht wollten, wurde so verballert. Die es ahnten haben es allerdings meist vorsichtshalber gleich auf den Kaimans oder anderen Inseln mit Steuervorteilen geparkt, aber eben nicht alle. Um es kurz zu machen: Einer, der bereit ist, sich für ihn für den Mindestlohn krumm zu machen, der ist für einen Geschäftsmann doch nicht kreditwürdig, aber anscheinend ist er das für die Bank.

So geht das eben dann daneben. Wenn man den Habenichtsen Geld anvertraut, dann ist es weg. Dass auf diese Art und Weise über den Zusammenbruch des Finanzsystems die Gleichheit der Besitzlosigkeit in manchen Ländern wiederhergestellt wird, glauben Sie doch bestimmt auch nicht. Es ist aber auch etwas dran, an der Vermutung, dass das die Rache der kleinen Leute am Kapital wäre, wenn sie aus der vom Kapital verursachten Besitzlosigkeit heraus Kreditbetrug begehen, weil ihnen sonst nichts mehr als Ausweg bleibt.

Die Banken haben davon gar nichts und sie verursachen es auch nicht. Die vermitteln das höchstens und sind am Ende nur das Messgerät, an dem man ablesen kann, dass das Kind wieder mal in den Brunnen gefallen ist. Dann dafür die Banken zu opfern, das ist dann genau so, als wenn ich dem Fernseher die Schuld am Programm geben würde. Da gewinnen Sie auch nichts, wenn Sie den zum Schrott abliefern. Die das Programm machen, interessiert das sowieso nicht.

Um Sie zu beruhigen, dass das in den höchsten Höhen der internationalen Wirtschaft auch nicht anders gemacht wird, nur noch ein Beispiel aus den Neunzigern des vorigen Jahrhunderts. Da hatten wir diese „new economy". Die war gekennzeichnet von einer beispiellosen Aufbruchsstimmung im wirtschaftlichen Bereich. Junge Leute, frisch von der Universität, wo sie sich ein paar neu klingende wirtschaftliche und finanzielle Merksätze verinnerlicht hatten, drangen da vor allem über einen Börsenboom stoßartig in Positionen vor, in denen sie an den Schalthebeln finanzieller Macht zu sitzen kamen. Mir ist da noch erinnerlich, wie das in den USA mit den riesigen Pensionsfonds für die Alterssicherung gelaufen ist. Um denen mehr Pep, sprich, eine höhere Rendite zu verpassen, holte man sich solche neuen Leute mit kreativen Ideen ins Boot. Die brachten nun Schwung in den Laden.

Die fackelten nicht lange und schichteten die auf langfristigen, womöglich noch auf Staatsanleihen geparkten Anlagen, mit niedrigen Zinsen dahin dümpelnden Riesenvermögen ganz rigoros um. Das Geld wurde zu höherem Zinssatz als dem, mit dem man sich bisher begnügte angeboten und die Wirtschaft stürzte sich förmlich darauf. Es schien zu funktionieren. So ein Pensionsfonds verfügt bekanntlich über Milliardenvermögen. Da werden auch das Großkapital und die Trusts munter. Die neuen Fondsmanager sahen sich plötzlich in der Rolle allseits umworbener Prinzessinnen wieder. Jeder wollte mit ihnen ins Geschäft kommen. Am Ende lief das dann so, dass sie sich bei der nächsten neu ausgeschriebenen Charge ihre Kunden selbst auswählten und ihnen auch die in immer höhere Regionen abdriftenden Bedingungen ganz eiskalt diktierten, zu denen sie ihnen das Geld geben würden.

Ein seriöses Nachrichtenmagazin schilderte die Situation einmal so: Da wird also der Chefmanager eines international agierenden Großkonzerns nach seiner zagen Anfrage förmlich einbestellt, um einen Kredit bewilligt zu kriegen. Er sitzt also, nachdem er pünktlich erschienen ist, allerdings vorher eine Woche auf diesen Termin warten musste, allein auf einem harten Stühlchen in einem sonst kahlen ungemütlichen Vorraum und wartet darauf, zur anberaumten Besprechung aufgerufen zu werden. Alle, die hier etwas zu sagen haben, kommen nacheinander auch, gehen aber an ihm vorbei schon mal in den Beratungsraum. Von ihm nimmt dabei niemand Notiz, obwohl er ein international und somit öffentlich bekannter Mann ist. Totale Ignoranz. Dann passiert nichts mehr. Man lässt ihn da im eigenen Saft schmoren. Das nagt zusätzlich an seinem Selbstbewusstsein. Da kann man automatisch bessere Konditionen durchdrücken, wenn der Vorgeladenen sich nach ausreichend verordneter Wartezeit, die man selbst derweil mit Computerspielen und dergleichen überbrückt, nicht mehr so groß dünkt.

Schließlich darf er auch mit hinein. Er wird über seinen Konzern erst einmal ganz von oben herab bis aufs Hemd ausgefragt, und dann diktiert man ihm die Bedingungen. Man verpasste ihm da erst ein Gefühl wie einst im Kindergarten, wenn er Abbitte tun musste, weil es wieder einmal in die Hosen gegangen war, und wenn man erst als Bettnässer entlarvt ist, dann ...

Das haben diese neuen Fondsmanager alles ihrem psychologischen Fingerspitzengefühl, ihrem Können, ihrem Fachwissen zu- und gutgeschrieben, und natürlich entsprechend vermarktet. Mich hat eigentlich nur gewundert, dass sich das diese Herren gefallen ließen, nacheinander so abgefrühstückt zu werden, und das vor allem so kommentarlos hin nahmen.

Als die große Blase dann platzte, wusste man plötzlich, warum das so war. Es wurde aber nicht an die große Glocke gehängt, sondern nur die gefeuert, die es verbockt hatten. Weil die in diesem Zusammenhang nebenbei mit entstandene Scheinblüte des „Neuen Marktes" gleich mit Wasser saufen ging, hat man dem die Schuld an dem ganzen Desaster angehängt. Die Meute hatte ihr Opfer, an dem sie sich abreagieren konnte, und den Rest beerdigte man unauffällig.

Diese Konzernchefs kochten da im Wartestübchen schon wie beabsichtigt im eigenen Saft, aber anders, als es sich dieses größenwahnsinnige Gelichter der Jungökonomen erträumt hatte. Diese Konzernbosse wussten, auf welch schwachen Finanzbeinen ihr Konzern schon damals meist stand. Der erste Irak-Krieg war vorbei und Clinton würde keinen neuen beginnen. Unter solchen Aspekten sind die Verdienstchancen nicht so prächtig, wenn zu wenig Nachschub geordert wird, ob es nun Rüstungsgüter für die eigene Armee oder Investitionsgüter, bzw. Waren zum Wiederaufbau der betroffenen Länder wären. Das SDI-Projekt Reagans lag schon auf Eis, weil die Russen keine Gefahr mehr darstellten und der Etat der NASA war auf Sparflamme gedreht. Das mit der Lewinsky-Affäre hatte auch nicht zur Amtsenthebung dieses verdammten Weicheies von Friedenspräsidenten Clinton geführt. Auf eine Unterstützung durch die Justiz war also in dieser Beziehung auch kein Verlass mehr. Diese Herren bibberten in diesen Wartezimmerchen einzig in der Hoffnung, dieses Geld bestimmt bewilligt zu bekommen. Die Konditionen waren ihnen sowieso egal. Die wären im Bedarfsfall noch weiter eingeknickt, um ihren Saftladen mit diesen Geldern aus der Altersabsicherung der Pensionsfonds über die nächsten Jahre zu retten. Als später alles zusammenbrach, war das Geschrei zwar groß, aber wer verschwendet denn heute daran noch einen unnützen Gedanken. Alles vergessen und längst vorbei. Inzwischen sind andere Sorgen viel größer.

Da liest man in der Zeitung immer so viel davon, die Bankmanager hätten das ganze Geld verzockt. Bei Gewinnen wären es die Gewinne der Bank und bei Verlust, schrien sie immer gleich nach dem Staat, damit er das mit Ihrem Steuergeld behebt und wieder ausgleicht. Das stimmt überhaupt nicht.

Ich habe da einen Experten, einen Bankfachmann, einen früheren Bankmanager gefragt, der hier wegen angeblicher Bewusstseinsspaltung auch mit einsitzt. Der war da auch ganz meiner Meinung. Wenn man nämlich die Sache genauer betrachtet, kommt ganz schnell heraus, wer eigentlich daran schuld ist. Das resultiert aus der Behauptung, dass die Banken pleite wären. Dass sie es nicht sein können, habe ich Ihnen schon lang und breit erklärt, weil sie doch nichts besitzen.

Ist nun das Geld über die Kreditlinie weg, dann meldet die Bank doch nur, dass Ihr Geld weg ist, was Sie da geparkt hatten, nicht etwa das der Bank. Der Verlust ist also nicht der Bank, sondern der Verlust der Geldanleger. Bankrott ist nicht die Bank, sondern Sie. Die Bank teilt Ihnen das nur auf diese Art mit. Wenn die Ihnen schreibt, dass Sie plötzlich pleite sein sollen, dann würde das viel zu viel Porto kosten, es auch noch allen Bankkunden mitzuteilen. Stellen Sie sich vor, allein das viele Papier für die Briefe und vielleicht kommt da auch mal einer davon weg. Da wären Sie auch, alleingelassen mit dieser Nachricht, stark suizidgefährdet. Eventuell kriegt auch jemand den Brief in die Hände, der das nicht wissen sollte. Da hätten Sie Ihren privaten Schufa-Eintrag weg. Da ist es schon besser, die Bank stellt ihre Zahlungsunfähigkeit als eine eigene ins Schaufenster, nimmt den schlechten Ruf für sich in Kauf und schützt Sie vor dieser Negativbeurteilung. Zumindest Sie wissen nun Bescheid, die Nachbarn brauchen es nicht zu wissen, dass es Sie betrifft, also Ihr Geld weg ist, und schließlich: Kommt Zeit, kommt Rat. Das mit der angeblichen Verstaatlichung der Verluste auf Kosten der Steuerzahler, das ist eine glatte Lüge. Die Verluste sind doch schon privat, weil es die der Anleger sind. Die Bank bettelt doch nur den Staat, Ihnen zu helfen. Begreifen Sie es endlich. Die angeblich pleite gegangene Bank kämpft dafür, dass der Staat Ihnen die zu viel gezahlten Steuern wieder zurückgibt. Natürlich an die Bank. Wenn die sich dann nicht mehr insolvent fühlt, dann ist Ihnen doch geholfen? Der Staat erstattet Ihnen somit großzügig Ihr Geld aus dem Steueraufkommen wieder zurück, indem er der Bank dieses Geld für Sie überlässt. Dass die Bank dann darauf aufpasst, dass es nicht wieder wegkommt, ist doch nur logisch. Sie würden es doch nur wieder anlegen, und sich wundern, dass es schon wieder weg wäre. Einer, also ich muss sagen, der hier wirklich den stursten Querkopp raushängen lässt, hat das nicht akzeptieren wollen. Er pochte unbedingt darauf, dass es den Bankmanagern schließlich frei gestanden hätte, das Kundengeld so anzulegen, dass es nicht verzockt würde. Dem haben wir den Marsch geblasen, aber ordentlich. An dieser Verwarnungsbeule, die er da abgegriffen hat, da hat er lange gekühlt. Wenn alle in einem Boot oder Schiff sitzen, verlangen Sie auch Garantien vom Kapitän, dass nichts passiert.

Um nicht von irgendwelchen Prozesshanseln dauernd bei seiner Arbeit gestört zu werden, gibt er die auch, wohl wissend, dass wir alle und auch er absaufen, wenn die Monsterwelle plötzlich und unerwartet kommt. Wer wollte denn unbedingt Boot fahren? Sie doch ... Man sollte den Spruch, dass man auf hoher See und vor Gericht sich immer in Gottes Hand befindet, vielleicht auch auf den Finanzmarkt ausweiten.

*

Ich könnte Ihnen da noch viel erzählen, aber ich merke schon, es langweilt Sie. Andererseits muss mir aber Beschäftigung suchen, um hier in dieser Klinik geistig zu überleben. Da erkläre ich Ihnen eben mal so die Welt. Wäre ich untätig, dann hätte ich schon lange durchgedreht. Was einem dann in der Psychiatrie droht, das können Sie sich selbst ausmalen. Mir hat schon gereicht, dass ich deshalb hier eingeliefert wurde, weil, wie ich schon erwähnte, schon vor dem Ausbruch der ganzen Finanzkrise einen Vorschlag zur Sanierung der Staatsfinanzen im Finanzministerium zum Vortrag bringen wollte. Ich kam gar nicht erst dazu, dem Finanzminister in den Hintern zu treten, weil er es rundweg ablehnte, sich von mir ansprechen zu lassen, so dass ich mich mit seiner Security herum prügeln musste.

Sie haben es wohl in der Bildzeitung gelesen. Ja, das war ich, und nun bin ich hier. Ich habe meinen Ideen zwar wider besseres Wissen abgeschworen, aber wie lange ich noch zur Beobachtung hier bleiben muss, das weiß ich nicht.

Meine Ausarbeitungen zur Rettung der deutschen Staatsfinanzen haben Sie ja vorher gelesen. Ja, das mit dem Adel. Da können Sie auch selbst beurteilen, ob ich zu Unrecht hier einsitze oder nicht, oder ob das alles, was ich Ihnen erzählt habe blanker Unsinn war.

Um noch einmal auf den Bankencrash zurückzukommen, nur mal so als gedankliche Hilfe: Solange das lief, wurde angeblich pausenlos seitens der Medien darauf herumgeritten, als gäbe es überhaupt nichts anderes mehr, während doch sonst die Medien immer von Meldungen über Fußball, Stars und Sternchen, die Schickeria, Kinderschänder und die neuesten Erfolge der Polizei in der Aufdeckung von Internethandel mit Kinderpornografie überquellen. Die Antiraucherkampagne der Bundesregierung, mit der die Drogenbeauftragte Eckkneipenbesitzer über die Ländergesetzgebung in den Konkurs zu treiben versuchte, war auf einmal nebensächlich und auch der internationale Terrorismus wahrscheinlich kaum noch existent. Selbst der Irak-Krieg gab nichts mehr her. Von der nuklearen Aufrüstung der Schwellenländer hörte ich auch nichts mehr. Es lässt sich kaum aufzählen, was plötzlich alles unwichtig geworden war, obwohl es in der Wirklichkeit rund um die Uhr ohne Pause weiterlief.

Merkwürdig erschien mir aber, dass ausgerechnet immer an den Wochenenden auch immer die große Katastrophe, der sich abzeichnende globale Bankrott nebensächlich wurde. Die Börsen waren geschlossen, die Banken auch. Die Tageszeitungen verplätscherten sonnabends noch den Nachhall des Freitags. Und dann: Sonntagsruhe. Alles holt Luft, um am Montag wieder loszuschlagen. Wie geht das? Irgendwie verstößt das für mich gegen den Grundsatz der Ernsthaftigkeit, der doch einer Katastrophe innewohnt. Hochwasser in einem Katastrophengebiet oder Waldbrand in Kalifornien, auch Erdbeben, das macht doch am Sonntag keine Pause. Taifune gibt es auch über das Wochenende.

Das mit dem Bankencrash, das erscheint mir so ungefähr wie die Kriegführung im Mittelalter. Nachts, an Sonntagen, vor Einbringung der Ernte, nach Ausrufung des Gottesfriedens und im Winter durfte nicht gekämpft werden. Wenn unsere Gesellschaft also schon soweit zivilisiert ist, dass sie Katastrophen nach dem Kalender regulieren und beliebig auf Zeit aussetzen kann, dann bringt sie es wohl auch zustande, diese selbst gemachten Katastrophen zu beheben. Es geht also nicht darum, alle Leute dazu zu überreden, ihr Geld lieber im Sparstrumpf unter der Matratze in Sicherheit zu bringen, sondern wieder längere Schließzeiten, meinetwegen auch mehrere Schließtage in der Woche für Banken und solche gefährdeten Institutionen wie die Börse einzuführen.

Ich habe da aber immer noch eine Frage. In Deutschland, schlug die Bundesregierung vor, den Banken Geld zu geben, damit sie weiter wirtschaften können. Und sie gab es ihnen sogar ziemlich schnell. Wieso sollen die denn weiter wirtschaften wenn sie doch nur immer im Auftrag der Wirtschaft und der Politik alles Geld verdaddeln müssen, was sie in die Hände kriegen? Das könnten die Politiker doch auch ohne Banken erledigen? Das war aber nicht meine Frage, weil das wohl schon aus gewohnheitsrechtlichen Gründen nicht mehr zu ändern ist.

Im Gegenzug übernahm aber nun der Bund Aktien dieser Banken als Sicherheit. Das wäre auf den ersten Blick zumindest eine Teilverstaatlichung. Irgendwie kommt man anscheinend nicht darum herum, weil sich wohl nichts anderes anbietet und die von uns so sehr bewunderten Amerikaner das so gemacht haben. Aber jetzt erklären Sie mir, was der Staat mit der Übereignung der Aktien einer Bank übernimmt. Eine Bank besitzt doch nichts. Die Sache mit dem Vertrauen, das ist gegessen, das können Sie mir nicht noch einmal bringen. Es muss also Hoffnung sein, was der Staat da kauft. Aber was ist das, Hoffnung?

Schon Kostolanyi hat gesagt, dass an der Börse nach der Angst die Panik kommt. Er hat aber auch gesagt, dass nach der Panik die Kapitulation kommt. Da hat man dann anscheinend ganz aufgegeben. Wer sich da nicht umbringt, hat noch Hoffnung und die ist doch die Vorstufe von Vertrauen in etwas, was man sich wider besseres Wissen wünscht, oder wie würden Sie das sehen? Hier beißt sich für mich die Katze, logisch betrachtet, immer wieder in den Schwanz.

Je tiefer man in eine Sache einzudringen versucht, umso weniger Substanz findet man. Das ging schon den Physikern so. Das Bollwerk Atom, das „Unteilbare" erwies sich plötzlich als eine mehr als windige Konstruktion. Die Objekte, aus denen es besteht, werden gerade jetzt auf Substanzhaltigkeit geprüft. Man weiß, dass sie sich uns gegenüber nicht mehr lange als Teilchen behaupten werden können. Die Experten sind schon lange der Überzeugung, dass unsere Welt nur ein Traum aus stehenden elektromagnetischen Wellen ist, der einmal unverhofft als substanzlose Strahlung verwehen wird. Was kann uns angesichts einer solchen Bankrotterklärung der Naturwissenschaft dann eigentlich dieses Gehampel und Gezappel ums Geld noch wirklich anhaben.

Wissen Sie, eins ist sicher: Die Welt besteht auch weiter, wenn sie bankrott ist und der nächste Crash kam auch, und der nächste steht ganz bestimmt schon vor der Tür, und er wird nicht der letzte sein. Das mit dem Crash, das wollen wir alle nicht hoffen, aber darauf vertrauen, dass er kommt, das können Sie felsenfest.

Man hat es in Europa und auch anderwärts nicht verstanden, dass in den USA nach dem großen Crash keine Panik eintrat und die Leute auch nicht versuchten, wie zur großen Weltwirtschaftskrise, ihr Geld bei der Bank abzuheben. Das war es angeblich, die dadurch herbeigeführte Zahlungsunfähigkeit der Banken, was damals 1929 den Zusammenbruch der Weltwirtschaft bewirkte.

Nein, die Leute leben da nach Aussage unparteiischer Beobachter ganz sorglos und friedlich, als ginge sie das alles nichts an und auch die Hunderte von Milliarden Dollar, welche man regierungsseitig den Banken als Sicherheit stellte, störten niemand.

Dabei ist das doch ganz einfach zu verstehen, weil dort in Amerika eine ganz andere Einstellung zu Besitz herrscht als in Europa. Die Leute sagen sich: Das Haus? Das gehört sowieso schon lange der Bank. Vom Auto sind doch erst eine oder zwei Raten bezahlt. Das ist beim Fernseher auch nicht anders. Wir haben jeder mehrere Kreditkarten, die fast alle überzogen sind. Erst wenn die nächste Abrechnung kommt, wissen wir genau, wie viele Schulden wir zu diesem Abrechnungszeitraum einmal hatten und dass es in der Zwischenzeit schon mehr sein müssen. Ob die Firma den Lohn pünktlich zahlt, oder schon pleite ist, weiß sowieso niemand. Wir haben Schulden bis über beide Ohren, aber der Öltank ist voll, wenn auch noch nicht bezahlt. Über diesen Winter kommen wir erst einmal. Was soll uns denn noch passieren? – Ja, wenn wir Geld hätten, dann müssten wir Angst haben, dass wir es verlieren, - aber so? – Warum sollten wir plötzlich in Panik verfallen? Schulden verfallen nicht. Bis jetzt ging es doch auch gut und: Kommt Zeit, kommt Rat. Gottvertrauen muss man haben. Das ist in Amerika eine fast uneinnehmbare Festung, die jedem Zuflucht bietet. Es steht doch auf jedem Dollarschein: *In God We Trust.* " Daran sollten Sie sich ein Beispiel nehmen. Mir hat man das jedenfalls so empfohlen und mehr wird uns in dieser Beziehung auch nicht möglich sein.

Um noch einmal auf meinen Vorschlag, die Sache mit der „Flash-Inflation" des Dollars zurückzukommen, das kann immer noch gemacht werden, wäre derzeitig aber noch etwas verfrüht. Es hat sich herausgestellt, dass noch mehr Leute an die Kongresstür zu klopfen begannen, um sich staatliche Sicherheiten im zwei und auch dreistelligen Milliardenbereich stellen zu lassen. Ich führe da nur die Autoindustrie und die Bauindustrie an. Da hat man sich wohl überlegt, das erst später zu machen. Erst wenn die USA beispielsweise bei 700 Billionen staatlichen Sicherheitsleistungen angekommen wäre, dann böte sich das gleiche Procedere an, wie in Deutschland 1923, nämlich die Abwertung um des Dollars 1:1.000.000.000.000 (Eins zu einer Billion). Streng genommen haben die USA vom jetzigen Stand her gesehen immer noch eine fast tausendfach höhere Sicherheitsreserve bevor sie so pleite wären wie Deutschland 1923. Sie sehen, man braucht überhaupt keine Panik zu haben bei einem solchen Sicherheitsfundament. Deutschland hat sich damals auch ziemlich schnell davon erholt. Wer sagt denn, dass man das nur so weit und nicht noch höher ausreizen könnte. Da könnte der Kongress noch drei Jahre lang an jedem Kalendertag 700 zusätzliche Milliarden staatliche Sicherheitsgarantien aussprechen, ehe er das ausgeschöpft hätte. Amerika ist groß und auch weit weg. Es wurde doch noch nie versucht. Haben Sie Vertrauen. Alles wird gut.

*

(Sollte es mir nicht gelungen sein, Sie von der Richtigkeit meiner Ausführungen zu überzeugen, ich Sie auch nicht zu überreden vermochte, das Eine habe ich sicher damit erreicht, dass Sie von diesem ganzen Quatsch jetzt bestimmt nichts mehr hören oder lesen wollen, weil Sie es einfach satt haben damit belästigt zu werden.)

Das war auch meine Absicht, und schließlich kann es mir egal sein, womit Sie ruhiggestellt sind. Die Hauptsache ist doch, dass Sie sich alles gefallen lassen, ganz gleich, was auch passiert. Ruhe bewahren. Und wenn der nächste Crash ansteht, dann erklärt Ihnen die Maus vielleicht auch noch genauer, wie das abläuft, wenn Bankmanager über Optionen, Leerverkäufe, Indexwetten, Warentermingeschäfte und artverwandte Spekulationen sich gegenseitig und ihre Kunden dazu bringen, Geld auf die gleiche Art zu verwetten wie man das beim Pferderennen macht, ohne dass ihnen jemand den Schwarzen Peter zuschieben kann und dabei auch kein Verdacht der fahrlässigen oder sogar schuldhaften Veruntreuung auf sie fällt.)

*

Das eine muss man allerdings den Banken, vor allem den Bankmanagern nachsagen und davon spreche auch ich sie bei allem guten Willen nicht frei: Dass man sie bei diesem Crash so an den Pranger stellt, das hätten sie wissen, sich vorher in Sicherheit bringen oder zumindest vorsorgen können, denn es ist ja nicht der erste Crash, den sie da hinlegen und der letzte wird es auch nicht sein. Sie werden sehen, beim nächsten Desaster passiert denen das nicht wieder.

Es könnte allerdings auch sein, dass sie sich daran gewöhnt haben, Sicherheitsleistungen des Staates als Schweigegeld zu bekommen. Das ist eine sehr lukrative Methode, sich mühelos auch privat mit Geld einzudecken. Falls das der Fall wäre, dann arbeiten sie bestimmt schon fleißig am nächsten Crash. Wie sich das in der letzten Zeit entwickelt, werde ich mit dieser meiner letzten Vermutung wohl ganz richtig liegen. Eine so lukrative Strategie, um ungestraft zu eigenem Reichtum zu kommen, von der lässt man nicht. Was interessiert einen denn da ein guter Ruf. Für den bekommt man doch nichts.

Das erinnert mich immer so an Kinderspiele. Die Bänker sind dabei gegen Provision Geld aus dem Fenster zu werfen und weil sie nur Provision bekommen, wenn sie Geld aus dem Fenster werfen, rufen sie natürlich nach immer mehr Geld, was man ihnen natürlich geben muss. Sie müssen schließlich von ihrer Provision leben.

Als man letztens erneut zur Bankenrettung aufforderte, weil man sonst nicht dafür garantieren könne, was sonst passiert, erinnerte ich mich an einen alten Witz:

Ein auf Schweinemast spezialisierter Bauer ruft eines morgens schweren Herzens seine ganzen Schweine zusammen und teilt ihnen unter Tränen mit: Die „Vegetarier haben geputscht und die Macht übernommen. Wir sind alle verloren." Sie werden es nicht glauben, aber die Schweine haben es ihm geglaubt und waren völlig verzweifelt, dass ihr geliebter Schlachthof plötzlich zugemacht und abgewickelt werden sollte.

Belehrung, betreffend die Definition, den ordnungsgemäßen Gebrauch und die korrekte Verwendung von Humor in Deutschland

Ein verfrühtes Nachwort

Ich glaube, dass Sie sich beim Lesen der vorangehenden Geschichten nun ausreichend amüsiert haben. Das sollten Sie auch, aber einmal muss ein Ende sein. Nun mal ein ernstes Wort: Schadenfreude und Spottlust müssen im Rahmen bleiben, weil sonst alles wegen des fehlenden Respektes vor der Autorität den Bach runter geht. Es ist schon schlimm, wenn aus dem Ernst der Versuche zur Weltverbesserung in der Praxis nur lauter Unsinn entsteht. Richten Sie Ihre Gedanken jetzt wieder auf Vernunft ein, so lächerlich es Ihnen auch vorkommen mag. Was jetzt kommt ist ernst gemeint und Sie nehmen das gefälligst auch ernst.

Wo kämen wir hin, wenn wir alles lächerlich nehmen wollten. Da wäre dem Unernst doch Tür und Tor geöffnet. Stellen Sie sich vor, die Leute würden über alle amtlichen Anordnungen, Bekanntmachungen und Veröffentlichungen lachen, statt sich mit ihnen zu befassen, geschweige denn, sie zu befolgen. Nehmen Sie Lächerlichkeit gefälligst ernst, wenn sie ihr ausgesetzt sind. Sie untergräbt Ihre Autorität und beschädigt sie meist unreparierbar. Da würde sonst am Ende doch die ganze schöne Gesellschaftsordnung zusammenbrechen. Wir haben es doch im Osten gerade hinter uns. Lächerlichkeit kann tödlich sein für Staaten, Systeme und Politiker. Ich bin froh, dass endlich wieder Ordnung herrscht. Hoffentlich stellt sie sich nicht erneut als eine lächerliche heraus. Humor ist eine sehr ernste Angelegenheit. Außerdem scheint er knapp zu sein. Kennen Sie viele Leute, die noch welchen haben? Sehen Sie ... Mit dem Spaß ist es auch nicht besser bestellt. Wie kommt das? Man hat diese Seite der Zivilisation nach ihrer Entstehung von der sich entwickelnden Regelungswut ausgenommen und so geglaubt, sie dem Belieben des Einzelindividuums überlassen zu dürfen. Nachdem der philosophische Nonsens in dem Satz gipfelte: *„Das Tier lacht nicht.“*, hat sich niemand mehr darum gekümmert. Nur der Mensch lache angeblich und das mache ihn erst zum Menschen. Basta.

Das läuft von alleine. Denkste ... Da lachen ja die Hühner. Wo sind wir schließlich gelandet? – Bei der Kommerzialisierung des Humors und bei der Comedy, beim Klamauk. Es weiß zwar keiner, was das eigentlich sein soll, aber wenn Ihnen irgendein hirnloser Blödsinn angeboten wird, egal über welchen der derzeitigen Medienkanäle und aus welcher Sicht (in Bezug auf die Gürtellinie), dann ist das bestimmt Comedy. Sollten Sie immer noch unsicher sein, dann merken Sie es an folgendem Anzeichen ganz sicher. Wenn Ihnen nämlich nach einer Weile das Lachen zum Halse heraus zu hängen beginnt, dann ist es ganz unzweifelhaft Comedy. Das wäre, wie ich hörte, heutzutage ein knallhartes Geschäft, was nichts mit Spaß zu tun hätte. Da dieser Zweig der Unterhaltung bereits auf einem Niveau angekommen ist, das bereits jede Sau versteht, und ich meine da nicht abwertend den Konsumenten, sondern wirklich das Individuum, aus dem Schnitzel gemacht wird, ist es höchste Zeit, das mit dem Humor, Spaß oder auch dem einfachen Lachen in geregelte Bahnen zu lenken, ehe größerer Schaden entsteht. Dabei gehe ich davon aus, dass Humor eine Kulturäußerung ist.

Ich bin gebürtiger Deutscher, wenn auch von Ost in West um gebürgert. Groß geworden bin ich auf alle Fälle auf ehemaligem Reichsgebiet im sozialistischen Größenwahn und nun angekommen im demokratischen. Selbst wenn ich wollte, könnte ich nicht aus meiner Haut und die ist deutsch und das heißt, von Sekundärtugenden geprügelt. Dazu gehört unter anderem Exaktheit in allen Dingen. Von da ist es nicht weit bis zur Prinzipienreiterei und Beweissucht, womit wir endlich bei der Wissenschaft gelandet wären. Die deutsche Wissenschaft hat schon viel für die Welt getan. Mir fällt da gerade lieber nichts ein. Insgesamt ist es ungeheuer viel und auch Ungeheuerliches darunter. Sie lässt nichts aus und auch auf geisteswissenschaftlichem Gebiet nicht. Man glaubt, dass das Thema Humor, Komik, Spaß und Lachen in die Zuständigkeit der Philosophie fiele, weil sich zu Anfang Aristoteles erstmals wissenschaftlich damit beschäftigt haben soll. Weit gefehlt. Das fällt in Deutschland unter Hirnforschung: „ *... nachdem man nun das Gehirn so freigelegt hat, nehme man eine sterile Pinzette und löse damit vorsichtig den von dem eben erzählten Witz an den Neuronen des vierten Quadranten im vorderen Stirnhirn erzeugten Gedankenknoten, welcher die Voraussetzung zur Erzeugung von Gelächter bildet und verbringe ihn nach entsprechender Präparierung auf den Objektträger für die elektronenmikroskopische Aufnahme und Dokumentierung ...* "

Nein, ganz so läuft das nicht, aber eben nur anders bescheuert ab. Eigentlich ist nicht die Forschungsmethodik, sondern das Ergebnis wichtig. Als Laie hat man nur manchmal Zugriff zu ernsthaft weiterverbreiteten allgemeinverständlichen wissenschaftlichen Erkenntnissen und dann auch nur aus populärwissenschaftlich gebrochener Sicht. „Der Spiegel" (9/2006) brachte es einmal auf den Punkt und er hat es auch später nicht widerrufen:

Witz ohne Hemmung: Wie das Lachen im menschlichen Gehirn entsteht
1. *Areale in Scheitel- und Stirnhirn, die für das Erkennen von Sprache und Sinnzusammenhängen zuständig sind, speichern den Witz, setzen die einzelnen Teile miteinander in Beziehung und versuchen die Pointe zu begreifen.*
2. *Ist der Witz verstanden, so meldet das Hirn dies an eine Region im Schläfenlappen, in der ein Regelkreis der Erheiterung in Gang gesetzt wird.*
3. *Dieser aktiviert eine im Stirnlappen beheimatete Kontrollregion, die normalerweise den Ausbruch von Gefühlen blockiert. Bei starker Reizung lockert sich diese Sperre.*

4. *Das so enthemmte Stirnhirn leitet nun an das Stammhirn den Befehl weiter, die Gesichtsmuskulatur zu bewegen: Das Lachen setzt ein.*

5. *Gleichzeitig setzt das mesolimbische Belohnungssystem Glückshormone frei und löst so das Gefühl des Vergnügens aus.*

(Die da mit abgedruckte Darstellung eines Gehirns erspare ich Ihnen. Das wissen Sie auch so, wie die aussieht. Im Zweifelsfall schauen Sie gefälligst in Ihren Anatomieatlas oder suchen nach der Spiegelausgabe im Internet.)

Hier nun die Übersetzung dieses geistigen Ergusses aus dem Populärwissenschaftlichen in eine umgangssprachlich verwertbare Form:

Der Text kommt. Er wird gespeichert. Er wird ernsthaft geprüft. Ist er ohne Sinn oder widersinnig, dann ist es ein Witz. Bei Diagnose: „Witz", wird der Befehl zur Erheiterung erteilt. Um sicher zu stellen, dass alles rechtens ist, erfolgt nochmalige Kontrolle und nur, wenn diese überwunden ist (weil man mit Gefühlen nicht spielt!), wird der Befehl zum Lachen genehmigt und auch erteilt. Nun läuft der physische Vorgang „Lachen" ab. Das ist aber dann nur noch etwas Mechanisches.

Man sieht: Das Lachen ist bis zu seinem genehmigtem demonstrativen Ausbruch in der Vorbereitung eine ernste Angelegenheit, die beim gut erzogenen Normalbürger zwar nicht amtlich erlassenen, allerdings eingeübten und festgefahrenen Regeln folgt. *(Hinweis für den beamteten Leser: Die verfassungsmäßigen Rechte für ihren Personenkreis sind im gesamten Ihnen vorliegenden Text gewahrt.)* Wie ernst das mit dem Lachen ist, ersieht man daraus, dass die erfolgreich durchbrochene Schranke der Gefühlsblockade nämlich als letzte Aktivität die Ausschüttung körpereigener Glückshormone bewirkt, um der aus wirtschaftlicher Sicht unerheblichen Bewusstseinskategorie „Vergnügen" Vorschub zu leisten, was einem Verstoß gegen das Betäubungsmittelgesetz gleichgesetzt werden müsste, weil Vergnügen insofern einen rauschhaften Zustand darstellt. Lachen am Lenkrad sollte deshalb unter Strafe gestellt werden, denn die aktive Teilnahme am Straßenverkehr unter Einfluss von Rauschmitteln ist eine juristisch relevante Angelegenheit und strafbar. Das hätten Sie wohl nicht so vermutet, aber es ist allemal besser, man weiß es, damit es einen nicht eiskalt und hinterrücks und amtlich erwischt. Vielleicht sitzt in irgendeinem Ministerium schon jemand über zweckmäßig unverständlicher Formulierung einschlägiger Gesetzesentwürfe. Wer weiß …

Dieser Raum ist momentan noch rechtsfrei. In wie weit die Angelegenheit verfassungsmäßiger Vorentscheidungen bedarf, ist auch noch ungewiss. Das Bundesverfassungsgericht soll sich schon mal warm anziehen, wenn es den entsprechenden Gesetzentwurf im Auftrag des Bundespräsidenten prüfen muss, gesetzt den Fall, dass eine Bürgerinitiative gegen die dieser vom Betäubungsmittelgesetz gestützten gesetzliche Verordnung: *„Schluss mit lustig"* eventuell eine entsprechende Verfassungsklage einreichen wird.

Das Lachen wird aber nicht nur durch „Witz" ausgelöst. Da gibt es auch noch „Kitzeln". (Das stand nicht mit im Spiegel. Sie haben das wohl vergessen zu recherchieren.) Da wird die Gefühlsblockade direkt angegangen. Da ersetzt der mechanische Reiz den umständlichen über den Geist und das Denken. Das ist jedoch nur von außerhalb auslösbar. Weshalb man nicht lacht, wenn man sich selbst kitzelt, ist wie folgt zu begründen: Weil ich selbst per Gehirn die Tätigkeit „Kitzeln" veranlassen muss, fehlt das Überraschungsmoment. Diese Art Reizauslösung über das Überraschungsmoment ist außerdem animalisch zu sehen und nicht zivilisationsbedingt. Der Reflex des „Zähne Zeigens" zwecks Gefahrenabwehr beim Tier ist beim Menschen als ein noch zu überwindendes Relikt zu betrachten, obgleich es als „Lächeln" bezeichnet wird und auch mit unter Humor verortet wird. Die Auslösung des instinktmäßigen Fluchtreflexes bei der Überraschung „Kitzeln" ist jedenfalls bewiesen, auch beim Tier. Das ist jedoch alles schwer vermittelbar, weil anzunehmen wäre, dass dann auch Tiere zum Lachen gebracht werden könnten, wenn man ihnen das mit der Flucht vermasselt. Es ist schließlich keine Intelligenzleistung dazu erforderlich. Unsere Wissenschaftler werden das noch erforschen. Es ist hier nicht von Belang, sollte aber nicht ganz außer Acht gelassen werden. Manche Albernheit, die Ihnen anfangs intellektuell nicht zugänglich erscheint ist solchen mechanischen Ursachen zuzuschreiben. Es ist jedenfalls weder unanständig, noch abwegig und deshalb selbst unter strengeren an den Humor angelegten Maßstäben tolerierbar.

Vom „Gefühl der Schadenfreude" her läuft das mit dem Lachen noch zwingender. Diese Form der Humorauslösung kann als wirklich reinste und unverstellteste, wirklich aufrichtige menschliche Hervorbringung betrachtet werden. Ich kann nicht über mich selbst schadenfroh sein, denn wenn ich etwas Lächerliches anstelle, ist es nur für die anderen ein „Witz". Dieser provoziert das „Auslachen", welches ich dann erleiden muss, bezeugt mir wiederum, Opfer geworden zu sein, bringt mich um den Genuss des Lachens und die Ausschüttung von körpereigenen Rauschmitteln. Deshalb auch oft die damit einhergehenden Wutausbrüche der Ausgelachten, die in diesem Fall einem Entzugsgefühl zugerechnet werden müssen, wobei wir schon wieder ungewollt bei der Drogenproblematik wären.

Bei angeblicher oder empfundener Lächerlichkeit einer Ausführung oder Tätigkeit, fehlt mir der Verstand, das zu begreifen. Da spielt auch der von anderen an mich angelegte Beurteilungsrahmen eine große Rolle und meine Rangordnung in der Hierarchie. Diese Art Gelächterauslösung bzw. deren Unterdrückung im Rahmen des sozialen Beziehungsgeflechtes setzt höhere Geistestätigkeit voraus, und zwar beim Betrachter, und wenn er auch mit lachen will, ebenso beim Verursacher. Hier möchte ich hinzufügen, dass dem Verursacher bei einem Minimum an Intelligenz eine nicht zu verachtende Möglichkeit zum Lernen, zur Verhaltenskorrektur geboten wird. Deshalb möchte ich die weitverbreitete

Annahme, Lachen sei immer Kontrollverlust über die eigenen Gefühle, stark anzweifeln. Das gilt nur für ungezwungene Kommunikation und auch da muss das willentlich gekoppelt sein.

Beweis: Wenn mein Chef einen Witz machte, selbst wenn es kein Witz war, habe nicht nur ich gelacht, sondern andere, deren Chef er auch war, haben auch mit gelacht, selbst wenn auch sie nicht verstanden hatten, was er da von sich gab. Das ist nicht witzig … Das ersetzte und ersetzt auch noch heute den gemeinsamen Kotau vor der plötzlich ausgelassenen leutseligen Macht, die imstande ist, Ihnen bei Nichtgefallen willkürlich wesentliche Grundlagen Ihrer Existenz zu entziehen, als da sind Arbeitsplatz, Beförderung, Gehaltserhöhung oder einen Geschäftsabschluss. Kurz gesagt, wenn Sie nicht das geforderte Gelächter abliefern, kann es für Sie existenzbedrohlich werden. Gelächter an unpassender Stelle, sofern man interaktiv hierarchisch in die jeweilige Situation eingebunden ist, kann infolge ungeahnter Weiterungen auch höchst gefährlich sein. Der o.g. Spiegel-Text enthält z.b. auch folgende Passage: *„… Und wenn wir den Witz kapiert haben, feuern wie bei gutem Sex oder einem Lottogewinn, die Nervenzellen im mesolimbischen Belohnungssystem."* Also, wenn wir angetreten waren, um dem „Witz" des Chefs unsere Referenz zu erweisen, da hat bei mir nichts gefeuert … Da konnte der Witz noch so schweinisch sein … Da war das Lachen ganz einfach eine Intelligenzleistung, gesteuert vom Selbsterhaltungstrieb im Rahmen des sozialen Beziehungsgeflechtes, und wenn er unbeabsichtigt Lächerliches von sich gab, dann bestand die von mir zu erbringende Intelligenzleistung in der strikten selbstkontrollierten Unterbindung des durch Neuronenfeuer ausgelösten Lachimpulses meines mechanisch gegen den Selbsterhaltungstrieb agierenden Gehirns. Kinder lernen Letzteres ganz automatisch mit dem Erlernen der Sprache und beim Umgang mit Anderen. Da merken sie bald das mit den Besonderheiten der hierarchischen Gesellschaft und den verschiedenen zu beachtenden Fettnäpfchen. Das ist das, was man später als intelligent bezeichnet. Lehren können Sie das nicht. Das muss von allein kommen. Die Gelegenheit, das zu lernen muss aber gegeben sein. Wer zu gut behütet und nach wissenschaftlich begründeten Erziehungsprogrammen abgerichtet aufwächst wird es nicht fühlen und auch nie erjagen.

Es gibt also verschiedenste Ursachen, welche beim Menschen Heiterkeit auslösen und dazu gehört auch manche Bissigkeit und auch manch rabenschwarzer Humor, sehr oft jedoch auch ernsthaft verzapfte Sachen, denen man es nicht ansieht, welcher hintergründige Humor da sogar manchmal amtlicherseits am Werke war. Die Grauzone, aus welcher der Humor seine Kraft schöpft ist bisher noch kaum genügend ausgelotet. Blättern Sie ruhig noch einmal zurück. Wenn Sie glauben, etwas nicht verstanden zu haben, weil Sie es zu absurd fanden, um es sich anzutun, dann prüfen Sie bitte, ob die Nervenzellen Ihres mesolimbischen Belohnungssystems auch ausreichend Munition zur Verfügung haben, oder ob vielleicht in einem Ihrer Stirnlappen ein miesepetriges Neuron gerade seinen schlechten Tag hat, nicht schalten will und die Gefühlsblockierung deshalb aktiviert bleibt, weil sie verklemmt ist. Nehmen Sie das Lachen ruhig ernst. Gott will auch etwas zu lachen haben. Da ist es wohl das Beste, wenn er die Menschheit sich selbst regieren lässt, um sich dann der Schadenfreude ganz ungezwungen hingeben zu können und ich vermute stark, dass er das auch so macht.

Sollten Ihnen die vorstehenden Geschichten etwas an Ihrer Realität vorbeigehen, dann denken Sie bitte daran, dass ich lachhaft fand, was Ihnen lächerlich, weil zu unbedeutend erscheinen mag: Die ganz kleinen Schweinereien des Alltages sind doch die wirklich großen Katastrophen der Menschheit, denn sie treffen meist den Einzelnen isoliert, und da findet sich selten jemand, der bereit ist, ihm zu helfen.

Nicht das Zerplatzen unseres ganzen Planeten im Feuersturm der entfesselten Nuklearkräfte ist der Weltuntergang. Dem Einzelnen reicht es schon, wenn er im Eisstrom sozialer Kälte erfriert, oder ungewollt in ein überliefertes traditionelles oder bürokratisches Regelwerk und damit in Zwangslagen gerät, aus denen er nicht mehr zu entrinnen vermag.

Sollten Sie trotzdem noch nichts mit meinen Geschichten anfangen können, dann prüfen Sie bitte, welche Art „Männel" Sie in dem Spiel sind, welches gerade läuft und wer Sie da mit seiner Würfelei am Laufen hält. Ist es die Rolle, welche ich vermute, dann tun Sie etwas dagegen. Es ist immer gut, die selbstbestimmte Übersicht zu behalten. Dazu ein Hinweis von einem, der es zu wissen glaubt, was in diesem Zusammenhang wichtig ist. Robert Sapolski, Professor an der Stanford University erteilte seinen Studenten folgenden Rat: *„Vermeiden Sie, in ärmliche Umstände geboren zu werden. Ist Ihnen dieser Fehler versehentlich unterlaufen, sollten Sie unverzüglich Ihren Status aufbessern."* Die genaue Gebrauchsanweisung, wie sie das anstellen sollten, vergaß er seinen Studenten jedoch mitzuteilen. Er fühlte sich wohl auch nur für die Klärung von Grundsatzfragen zuständig. Sapolsky hielt das wohl von seiner Warte her als fest in der Gesellschaft integrierter Lehrender für witzig. Humor ist also immer noch, wenn man trotzdem lacht. Versuchen Sie es. Was mich betrifft, ich habe es jedenfalls versucht, hier der Katze die Schelle umzuhängen.

Um der in der letzten Zeit in Deutschland so vehement um sich greifenden Jammersucht und Politikverdrossenheit auf die Spur zu kommen, weil sie auch mit Comedy nicht in den Griff zu kriegen ist, hat man eine Umfrage gestartet, um herauszubekommen, woran das liegt.

Die Frage lautete: *Liegt diese Geisteshaltung am fehlenden Wissen oder mangelndem Interesse der Bevölkerung an den auftretenden Problemen?*

Die Auswertung der Ergebnisse zeigte deutlich, woran man war:
Die Befragten wussten es nicht und es war ihnen auch völlig egal.

Auf der Suche nach der Gemeinsamkeit

Eine verzweifelte Angelegenheit

Es wird täglich, wenn auch nicht immer vordergründig, aber doch permanent in der deutschen Presse eine Diskussion am Laufen gehalten, die sich von der ewigen Suche und Schaffung von Unterschieden zwischen den Alt- und den Neubundesländern und den Unterschieden zwischen den Bewohnern dieser Gegenden ernährt. Das geht so weit, dass man, sobald man von den Einwohnern dieser auseinanderdiskutierten Landstriche spricht, sich sogar gegenseitig den Adelstitel unterschiebt. In den Altbundesländern nennt man Einwohner der Neubundesländer: *„Die von Drüben"*, und der Neubundesländer nennt seine Landsleute in den alten Bundesländer dann auch: *„Die von Drüben."* So gesehen besteht also keinerlei Unterschied zwischen ihnen und der Außenstehende könnte annehmen, dass es sich tatsächlich um Mitglieder einer einzigen großen Adelsfamilie handelt.

Welche Gründe die zwanghaft aufrechterhaltene Trennungssucht hat, kann unterschiedlich sein, aber im Endeffekt merkt man es immer an Folgendem: Wenn bei irgendeinem Gesetz, welches sich mit finanziellen Leistungen des Staates befasst die Höhe der Leistungen angegeben wird, ist immer eine Staffelung für West und eine für Ost festgelegt. Die an Neubundesbürger zu leistenden Zahlungen staatlicher Stellen sind immer niedriger als die gleiche Leistung für Altbundesbürger. Sogar die Wirtschaft profitiert davon. Auch dem Mittelständler ist es möglich, je nach Lage seiner jeweiligen Produktionsstätte die Lohnbedingungen individuell zu gestalten. Da sorgt schon die Aufteilung der bunten Republik Deutschland in Bundesländer dafür, und ob er seinen Leuten Tarif zahlen muss, das hängt nur davon ab, ob er da als Unternehmer organisiert ist oder nicht. An seinem Wohnsitz und Stammsitz seiner Firma im Altbundesgebiet steht er treu zu Unternehmensverband, Gewerkschaft und Tarifvertrag. Seine Filialen, die er sich im Beitrittsgebiet organisiert hat, müssen sich allerdings ohne behelfen, weil er nicht noch einmal in den dortigen Unternehmerverband eintritt. Da braucht er keine Mitgliedsbeiträge, auch keinen Tariflohn zu zahlen und spart sich auch sonst eine Menge Ärger mit den Gewerkschaften und anderen Institutionen.

Beim eingeforderten Geld ist das allerdings wieder anders. Ob nun die Miete, der Brotpreis oder Wasser, Gas, Elektrizität, oder Strafen, wie Bußgelder und Gebühren, in diesen Fällen ist die Preisnivellierung schon erfolgt. Man zahlt auch die Mehrwertsteuer in Ost wie West immer gleich. Da haben wir schon etwas gemeinsames, worauf der sogenannte Ossi allerdings gar nicht stolz ist, weil der Osten das gleichberechtigt aus dem kleineren Portmonee leisten muss. Lohn, Gehalt, Rente, das sind Sachen, die noch kein Gesamtdeutschland repräsentieren. Da sind wir insgesamt und vor allem die im Osten wahrscheinlich eher voll anerkannte Europäer, als dass man uns in Ost wie in West gegenseitig als gleichwertige Deutsche akzeptierte. Ich würde sogar Asylbewerbern abraten, sich in den neuen Bundesländern niederzulassen. Sie hätten da finanzielle Nachteile zu gewärtigen, die aber nichts mit Rassismus zu tun haben. Die Ossis sehen das ja schließlich für sich auch nicht als rassistische Diskriminierung an. Mir macht das nichts aus. Den Diskriminierungsparagraphen des Grundgesetzes, den schenke ich Ihnen gratis. Die es betrifft haben nur so eine Wut im Bauch, wenn Sie verstehen, was ich meine. Wer teilt uns denn eigentlich ein. Wer ist das, der uns das einredet mit dem Unterschied. Wenn uns das nicht der Fernseher und die Zeitung täglich eintrichtern würden, dann wüssten wir das doch gar nicht. Diese Meinungsmache ist eine sehr unterschiedliche. Bei der Regionalzeitung mag das noch hingehen, die muss zwangsläufig der Stimmung an den Stammtischen der Region etwas nachgeben, um die Abonnenten zu behalten. Aber wenn es dann sogar ohne triftigen Grund eine Klatsch-Illustrierte Ost gibt, die dem Ossi zum Beispiel die zweite Hochzeit des britischen Thronfolgers anders darzubieten versucht, als die entsprechende Klatsch-Illustrierte West das beim Wessi versucht, dann ist wohl beabsichtigte Bewusstseinsspaltung am Werk.

Was hat unsere gemeinsam gewählte Regierung und auch der Bundestag, wo Ossis und Wessis bunt durcheinander sitzen und man auch bei den Diäten und Amtsbezügen keine Unterschiede mehr macht, eigentlich davon, dass sie immer noch Ost und West getrennt beurteilen und behandeln? Hängt das damit zusammen, dass sie genau wie wir die gleichen Zeitungen lesen, in denen diese Spaltung zementiert wird, oder merken sie es schon nicht mehr? Vielleicht sollte man da ganz anders ansetzen, in höheren Ebenen, bei der Volkswirtschaft. Es heißt doch noch „Volkswirtschaft", trotz aller Bemühungen aus dem Begriff „Soziale Marktwirtschaft" das Wort „Sozial" zu entfernen? Jedenfalls ist sie keine „volkseigene" mehr, sondern eine weitgehend „privatisierte", um hier einmal das böse Wort „kapitalistisch" zu vermeiden.

Bert Brecht hat das in seinem Theaterstück von den Rundköpfen und den Spitzköpfen so schön darzustellen versucht. Da gibt es bei ihm in einer Gesellschaft, die unsere sein könnte, die reichen Rundköpfe und die armen Rundköpfe und ihnen stehen die reichen und die armen Spitzköpfe gegenüber. Es geht um alles Mögliche, um seine finanziellen, politischen und auch sonstigen Interessen aus jedem beliebigen Gegensatz dieser vier Gruppen heraus zu bedienen. Bösartig interpretiert, könnte man sagen, dass Brecht da herausarbeiten wollte, ob Blut fester bindet als beispielsweise Geld. Dazu möchte ich nichts aussagen, um nicht in einer ideologisch falschen Ecke zu landen. Wenn es aber um die nackte Existenz geht, so hat er es festgestellt, dann halten letztendlich immer die Reichen gegen die Armen zusammen. Die Nationalität ist ihnen da egal und auch die Interessen derer, die sie zu melken versuchen, sogar die Rasse. Auch wenn es da ab und zu zu ungeheuren geschichtlichen Katastrophen kommt, die das auszuhebeln scheinen, am Ende ist das immer so gewesen. Es kann also nichts mit der Kultur der Gemeinsamkeit zu tun haben, wie ich sie hier suche.

Heute würde Brecht übrigens seine Interessengruppen anders bezeichnen und es gäbe da in seinem Stück die reichen Wessis und die armen und auf der anderen Seite die reichen Ossis und die armen. Da es allerdings keine reichen Ossis gab, hätte seine Konstruktion bei der Wende theoretisch genau so nicht funktioniert, wie das dann in der Praxis gelaufen ist. Sollte jetzt noch jemand Unklarheiten haben und behaupten, dass die deutsche Einheit nur dadurch so schnell zustande kam, weil die entsprechenden westlichen Kapitalgruppen in diesem günstigen Moment sich den Osten und seine Industrie auf Grund des Fehlens einer Bevölkerungsschicht reicher Ossis unter den Nagel reißen wollten und konnten, dann sollte der sich schämen, den damals schwer an der deutschen Einheit rackernden Managern der westdeutschen Wirtschaft solche fiesen Sachen zu unterstellen. Schließlich schickte man dann alles, was man als unliebsame Konkurrenz im Osten vorfand, anschließend ganz selbstlos und ohne irgendwelche Angst vor Folgen ganz entschlossen in die Pleite. Bis auf die zähen Hunde, die sich dabei trotz aller Entbehrungen nicht haben platt machen lassen, wie beispielsweise die Handwerker und die Landwirtschaft, hat sich doch erwiesen, dass das doch alles nur Schrott war, was sich im Osten Industrie nannte. Nicht ein Wasserhahn, keine Steckdose, noch nicht einmal die kleinste Schraube waren schließlich nach den westlichen Vorschriften genormt oder zugelassen. Einfach alles normwidrig. Das wäre nie durch den bundesdeutschen TÜV gekommen, auch wenn es zehnmal funktioniert haben soll. Als ob man das nicht hätte schon vorher wissen können. Die sogenannte Wiedervereinigung ist doch sogar vertraglich ausdrücklich als Beitritt der DDR zur Bundesrepublik abgeschlossen und bezeichnet worden. Auch der entsprechende Artikel des Grundgesetzes erlaubte das ausdrücklich.

Dass bei dieser Aktion dann ein Absatzmarkt für die Überproduktion des Westens entstand, das war nun wirklich nicht zu vermuten. Es hätte schließlich den Ossis freigestanden das im Westen auch so zu machen. Das beweist, der Ossi bringt es nicht. Bei der Wirtschaft sollte man also die Wurzeln für die Einheit Deutschlands und auch die für Gemeinsamkeiten nicht suchen. Da finden Sie nur Interessengruppen, denen das Deutschtum mit seiner Gemeinsamkeit glatt am Arsch vorbeigeht. Dafür ist in der Betriebswirtschaftslehre kein Platz, weil sie das nicht braucht. Das wäre für die Wirtschaft auch gefährlich, solcher Folklore nachzugeben, wenn sie im großen Konzert des Weltmarktes weiter mitspielen will. Mit dem deutschen Volk hat das also nichts zu tun, weil die Wirtschaft etwas Objektives ist. Sie ist schon aus steuerlichen Gründen Staaten übergreifend und da passen solche folkloristischen und kulturellen Dinge wie der Gemeinsamkeitsbeweis für ein Volk schon gar nicht mit hinein.

Kein Wort mehr darüber. Das wiedervereinigte Deutschland ist jetzt aufgeteilt, nicht nur in Länder, sondern auch in Einflusssphären internationaler wirtschaftlicher Interessengruppen. So gesehen stellt es etwas dar, was von gemeinsamer Warte her als Einheit zu sehen ist, als Gesamtheit, aber eben nicht als Gemeinsamkeit der Individuen, wie einem das vorschwebt. In den Sphären der Wirtschaft gibt es das nicht. Die strebt aus dem Mief der demokratischen Enge von Nationalstaaten hinaus in die weite Welt der Globalisierung. Damit ich nicht als einsamer Spinner dastehe, der allein nach etwas sucht, was er sich einbildet haben zu wollen, die Gemeinsamkeit der Deutschen, verrate ich jetzt: Man hat sogar regierungsamtlich zumindest Länderweise nach deutschen Gemeinsamkeiten geforscht. Heraus kam dann das Ding mit der Leitkultur. Was steckte eigentlich hinter der Sache mit der „Deutschen Leitkultur"?

Schon die beim Entwurf für das „Zuwanderungsgesetz" zufällig losgetretene Debatte über den neu geschaffenen und erst sehr unverfänglich wirkenden Begriff der „Deutschen Leitkultur" hat es leider erwiesen: Das, was man zur Abgrenzung des sogenannten „Deutschtums" gegenüber Allem und Jedem als Gemeinsamkeit definieren wollte, das gibt es nicht. Die „Deutsche Leitkultur" als Begriff klingt sofort nach Bevormundung. „Deutscher Leithammel", „Deutsche Leitlinien", das assoziiert doch gleich die Vorstellung von der vom Leittier zwischen Koppelzäunen geführte Hammelherde. Das machen wir zwar alle gerne und auch mit gewisser Begeisterung, uns leiten und führen zu lassen, aber wir wollen es nicht gern erwähnt haben und schon gar nicht vorgeworfen bekommen. Als Ausweis deutscher Gemeinsamkeit kann man nun einmal die Sehnsucht nach einem festen Wertekanon und einem zugehörigen Messias nicht gelten lassen. Nicht in Deutschland. Ein für alle Mal, das hatten wir erst kürzlich, sogar nacheinander mehrmals und das in einem Jahrhundert. Das brauchen wir nicht schon wieder und damit basta. Das haben andere Länder und Völker schließlich auch. Das ist höchstens so etwas wie die Grippe. Die hat man auch regelmäßig und nacheinander. Deutschtum oder eine Voraussetzung dafür ist das nicht.

Weil sich so die Untersuchung nach der in den Griff zu bekommenden Gemeinsamkeit dann als überraschend ergebnislos herausgestellt hatte, empfand man das als ein Problem. Als anschließend als Notlösung beamtet Plakate mit den Köpfen wildfremder Leute ausgehängt wurden, auf denen stand: „Du bist Deutschland!", da hatte ich Vorbehalte. Da hätte zufällig auch mein Kopf mit ausgehängt werden können. Die

Leute hätten mich mit etwas identifiziert, was ich nicht gewollt hätte. Ich fühle mich nämlich nicht für den ganzen Mist verantwortlich, der da alle Tage über meinen Kopf hinweg von Staatswegen amtlich verzapft wird. Die Leute, deren Köpfe da ausgehängt waren, bestimmt auch nicht. Ich bin nur für meinen eigenen Mist verantwortlich. Dafür habe ich mir schließlich eine Regierung gewählt, dass kein Mist gebaut wird. Man hätte da die Köpfe der Regierung dafür nehmen sollen, sie aushängen und darunter schreiben: *„Das ist Deutschland!"* oder *„Der/die ist Deutschland."* Die Leute auf der Straße hätten es besser verstanden und vielleicht mit faulen Eiern oder Tomaten danach geworfen. Damit kriegt man Gemeinsamkeit zusammen, wenn auch eine vielleicht ungewollte.

Man hat zwar noch versucht, diesen Begriff der „Leitkultur" mittels moralischer Kategorien zu definieren und „Deutsche Tugenden" und „Deutsche Werte", ob sittlich oder moralisch in die Waagschale zu werfen. Zum Glück ist es nicht gelungen. Die „Deutschen Sekundärtugenden" waren schon vorher alleinstehend als ungeeignet verworfen worden, nachdem es sich nach Aussage eines bekannten deutschen Politikers herausgestellt hatte, dass man auf deren Grundlage nicht nur einen Staat oder irgendeine beliebige Institution lenken, sondern auch ein KZ betreiben kann, sie also allumfassend, sogar international und keinesfalls nur deutsch waren. Ich zähle die jetzt nicht auf.

Am Ende zog einer das Resümee aus der ganzen Debatte mit der Leitkultur und formulierte für sich: *„Ich bin stolz ein Deutscher zu sein, der nicht stolz ist ein Deutscher zu sein."* Da war die Katze aus dem Sack. Es ging um den Nationalstolz und sonst überhaupt nichts.

Die Tarnungsversuche mit dem Umbiegen in die sogenannte Vaterlandsliebe haben auch nicht geklappt, weil man in diesem Zusammenhang doch eigentlich gar keine deutschen oder kulturellen Gemeinsamkeiten gesucht hatte, sondern nur eine Messlatte für die Einwanderer, um ihnen vorzuschreiben, dass sie sich irgendwelchen Gegebenheiten anpassen müssen, falls sie nach Deutschland wollen.

Der deutsche Nationalstolz war aber auch schon als angebliche Ursache von zwei Weltkriegen ziemlich in Misskredit geraten und auch deshalb nicht verwendbar, weil man ihm dem Immigranten nicht abverlangen kann, solange er noch nicht dazugehört. Hätte der Einwanderer diese Tugenden und Werte, die man von ihm erwartete, schon von zu Hause mitgebracht, wäre das zwar sehr gut, denn er erwiese sich als passfähig zur nahtlosen Eingliederung nach Deutschland, aber dann sind seine Tugenden und Werte zwangsläufig keine der „Deutschen Leitkultur" zuzuordnenden, also nicht echt deutsch, wenn sie der Ausländer sowieso zu Hause in seinem Ausland auch hat. Ist doch logisch.

Auf diese Weise kommt man zu keinem Ergebnis. Ich behaupte, man griff bei der ganzen Angelegenheit zu kurz. Man hatte nicht geglaubt, dass die eventuell existierende Leitkultur sehr tief wurzelte, und hatte auch Angst, dass bei tieferer Prüfung Wurzeln sichtbar würden, wo sie keiner vermutete, geschweige denn wünschte. Heutzutage hat ja eigentlich niemand mehr Zeit für gründliches Denken. Es macht sich in einer Zeit, wo sich alles rechnen muss, nicht bezahlt.

Lesen Sie bitte trotzdem bei Friedrich Nietzsche in „Menschliches Allzumenschliches", Erster Band unter der Kapitelzahl 50. Die Sache mit dem „*Mitleid*", wo es herkommt, wie es sich äußert, was eigentlich dahintersteckt und wozu es missbraucht werden kann und auch wird. Es wird Ihnen kalt den Rücken hinunterlaufen, was ihren Emotionen zugrunde liegt und was für ein Schweinehund Sie in Wirklichkeit sind mit Ihren edlen Motiven. Nie wieder werden Sie, wenn Sie das gelesen haben, bei einer Spendenaktion öffentlich Ihren Namen genannt haben wollen, egal wie viel Sie gegeben haben. An diesen Pranger werden Sie sich nie wieder stellen. Seien wir froh, dass Nietzsche damals nicht den Begriff „*Leitkultur*" in seine philosophierenden Finger gekriegt hat.

Derartiges kann Ihnen beim Nachgraben nach den Wurzeln einer eventuell existierenden „Deutschen Leitkultur" ganz schnell auch passieren. Das Bemerkenswerteste an der ganzen Debatte ist den meisten Teilnehmern aber entgangen. Es wurde eisern um deutsche Werte als Basis gerungen und während man sonst, wie schon angeführt, bei der Rente, der Eigenheimzulage, dem Lohn oder Gehalt, dem Arbeitslosengeld, dem Wehrsold, der Sozialhilfe, Subventionen, usw. immer zuerst zwei Einteilungen machte und Ost und West unterschied, war das hier nicht einmal ansatzweise der Fall. Da war plötzlich Deutsch gleich Deutsch. Das hat mir sehr gefallen, ehrlich, wirklich ganz sehr.

Da spürte ich, wie mir der Atem der Einheit aus dem Blätterwald der deutschen Presse entgegenwehte. Schließlich ging es ja nicht um Geld. Es kostete ja auch nichts. Darauf, jeden auf das Grundgesetz schwören zu lassen, der einen deutschen Pass beantragt, hätte man früher kommen können. Das kostet doch nichts. In den USA machen das schon die Schulkinder jeden Morgen bei Unterrichtsbeginn, dieses Schwören auf die Verfassung. Es soll nicht gesundheitsschädlich sein, wenn auch nicht unbedingt notwendig.

Bei der ganzen Debatte fiel mir außerdem auf, dass bei diesem Komplex Kultur die Musik und die Malerei überhaupt nicht erwähnt wurden, keiner sich um Architektur kümmerte und von Ästhetik überhaupt nicht geredet wurde, wie von noch so vielen kulturellen Begriffen auch nicht. Es ging nur um irgendwelche Eigenschaften und Umgangsformen, kurz gesagt nur ums Gelaber, deutsch gesagt, um die Sprachregelung als Mittler und Handhabungswerkzeug.

Da hätte man wohl ganz gern angesetzt und es per Gesetz in die Knie gezwungen. Aber gerade Sprache, als das Ureigenste einer Kultur ist ein Ding, was sich nicht packen lässt, weil ständig und unkontrolliert in Entwicklung befindlich. Der Versuch der letzten Rechtschreibreform hat es erwiesen. Es gab so viele verschiedene Meinungen zur Schreibweise deutscher Sprache und so viele Gegner der Reform, die anders reformieren wollten, man hätte meinen können, jeder hätte eine eigene Anschauung davon. Setzen Sie mal diesen Ansatz auf das Deutschtum um. Schrecklich. Die deutsche Sprache ist zwar der Träger unserer Kultur, genau so, wie andere Sprachen die Träger der Kultur anderer Völker sind, aber eben leider und Gott sei es geklagt: unberechenbar. Selbst beim Gesetzestext, der beschlussamtlich unveränderbar erlassen wird, ist nicht immer klar, was er bedeutet. Beweis: Der Gegensatzkomplex, der vor Gericht deutlich wird, wenn Gesetzestext und anwaltlicher Vortrag, die Formulierungen der Anklageschrift, ihre Interpretation durch den Staatsanwalt und die verschiedenen Auffassungen der Richter und der ihnen beisitzenden Laienrichter bei einer angeblich juristisch völlig klaren Angelegenheit aufeinanderstoßen. Was dann der Betroffene dazu zu sagen hätte, der Angeklagte, der, der das dann eventuell aussitzen oder zumindest bezahlen oder abarbeiten muss, davon schweige ich lieber ganz.

Die deutsche Sprache ist das Ergebnis aus dem ständigen Aufeinanderwirken mehrerer einander ausschließender Ambitionen, auf sprachlichem Wege Tatsachen in einem subjektiv verfälschenden Sinn für sich zu verbiegen und Nutzen daraus zu ziehen. Sie ist: *„Die Kraft, die stets das böse will und stets das gute schafft."* Bei Goethe steht das. - Im Faust. – Ziemlich weit vorn. - Das makabre daran ist aber, da sagt es der Teufel von sich selbst. Das war wohl dann auch wieder nichts.

Irgendwann kriegt man es satt, auch dieses Gesuche nach der Gemeinsamkeit über die Leitkultur. Vielleicht liegt das daran, dass Kultur nur aus dem Zusammenwirken der Tätigkeit der einzelnen Träger dieser Kultur entsteht. Wer sagt denn, dass jeder ein Kulturträger sein muss? Wer berufen ist, der muss noch lange nicht auserwählt sein. Vielleicht fällt das Alltagsleben überhaupt nicht unter den Begriff der „Kultur", sondern nur solche Sachen wie Goethe, Schiller, Wieland, Grimm, Hegel, Fichte, Bach, Dürer, Beethoven, Cranach, Wagner, Kant, Luther, Gutenberg... Duden... Vielleicht auch noch all die nummerierten deutschen Kaiser ... Für unsere arbeitslose Spaß- und Wegwerfgesellschaft ist das alles schon ein bisschen lange her, auch vielleicht unverständlich, etwas hochtrabend und nur für gehobenere brotlose geistige Ansprüche verwendbar und zu gebrauchen. Da werden noch deutsche und germanische Tugenden gepredigt und verehrt und niemand wird behaupten, dass nicht schon damals irgendwelche Ideologien oder Ismen verfälschend hineingespielt haben.

Da fand ich es endlich, was man uns seit Jahrhunderten beizubringen versucht hat: Der Einzelne ist verantwortlich, sonst Niemand. Auf Herrscher und Regierungen ist sowieso kein Verlass. Selbstdisziplin tut Not. So wird euch solches alles zufallen ... Das Volk soll sich gefälligst zusammengehörig fühlen und sich immer so verhalten, dass es die Fehler der Obrigkeit wieder ausbügelt. Das ist das Kennzeichen deutschen Gemeingeistes:

„*... das moralische Gesetz in mir ... ... und kannst du selber kein Ganzes werden, als dienendes Glied schließ einem Ganzen dich an... ...was sollen wir glauben, was können wir wissen, was müssen wir tun ... ... sei untertan der Obrigkeit ... ... Dulce et decorum est pro patria mori ...*»*

Das letzte eventuell wohl doch nicht mehr mit aller Entschiedenheit, aber doch so zu verstehen: Immer und zu jeder Zeit bereit, ohne Vorwürfe und Klagen den Karren, der regelmäßig regierungsamtlich in den Dreck gefahren wird, immer wieder freudig unter persönlichem Einsatz herausziehen und wieder flott machen. Unaufgefordert! Die „Deutsche Leitkultur" ist etwas, was der Bundesbürger vielleicht überhaupt nicht braucht.

Stellen Sie sich vor, Sie sitzen im Restaurant und während sie auf das Essen warten, bohren Sie, weil das bestellte Pfannengericht erst in einer Viertelstunde fertig ist, ganz in Gedanken versunken in der Nase. Plötzlich kommt der Geschäftsführer vorbei und fährt Sie an: „*Halten Sie sich bitte an die deutsche Leitkultur!*" ... oder dasselbe als Hinweis-Tafel in der öffentlichen Toilette: „*HIER GILT DIE DEUTSCHE LEITKULTUR!*" Wurden Sie da noch wagen lautstark einen fahren zu lassen...? Sie lachen? Es gibt doch auch Parkplätze, wo steht: „*Hier gilt die deutsche Straßenverkehrsordnung,* " obwohl da niemand fährt und höchstens abgestellte Autos herumstehen.

Ich habe mal ein Schild an meinen Gartenzaun gehängt, auf dem sich der Bundesadler und der Satz befanden: „*Hier gilt das Grundgesetz!*" Von da an führten die ganzen Umweltsünder ihren Hund an der Leine und sie sahen sich erst vorsichtig um, ob auch keiner kommt oder sie vielleicht sieht, bevor sie „Fiffi" wie immer seinen Haufen an meinen Zaun setzen ließen ... Die waren vorher viel sorgloser ... Die hatten plötzlich irgendwelche Ängste vor dem Erwischtwerden. Bessern wollten sie sich aber nicht.

So kommen wir glaube ich auch nicht weiter ... Ich schäme mich nicht, dass ich es am Ende nicht zu einer einheitlichen Schlussfolgerung geschafft habe. Aber andere, selbst studierte Leute, haben es auch nicht vermocht. Mir bleibt demnach nur noch ein letztes Mittel, der Wechsel des Bezugsystems für meine Untersuchung.

Es ist doch beispielsweise nicht üblich, dass ein Ehepaar, welches vor den Traualtar tritt, beweisen muss, dass es zusammenpasst, sich vielleicht sogar liebt. Nicht einmal der Standesbeamte fordert in dieser Hinsicht Beweise. Nur bei der Scheidung, da braucht es den Beweis der Zerrüttung, ganz gleich, was man darunter verstehen mag. Da fährt dann ein juristischer Apparat auf, der Seinesgleichen sucht. Warum nicht auch schon bei der Hochzeit?

Nur weil wir Deutschen wiedervereinigt sind, braucht es doch keiner Definition von Gemeinsamkeiten als Begründung für diese Einheit. Es hat ja schließlich auch keiner derartigen Definition bedurft, um uns damals zu teilen. Das haben damals die Siegermächte ganz unbefangen ohne irgendwelche Skrupel oder Begründungen getan. Wir brauchen keine Auflistung von Gemeinsamkeiten. Wir benötigen keinen Beweis dafür, dass wir als Deutsche zusammengehören. Das einzige, was wir brauchen ist die gemeinsame Entschlossenheit, dem jederzeit auf die Finger zu klopfen, der aus an den Haaren herbeigezogenen Unterschieden Interessenkonflikte konstruieren will, um sie für sich oder andere gewinnbringend zu vermarkten, der uns die Zerrüttung einreden will und auf der Scheidung besteht. Das muss nicht nur der deutlich erkennbare Raffke sein. Das kann auch der Politiker sein, der am Gängelband der Lobby hängt, oder sonst einer, der das verteidigt, weil er damit Geschäfte zu machen versucht.

Wie finden Sie das eigentlich, wenn sich so viele Jahre nach der Wiedervereinigung Leute gegenseitig als „Ossi" oder „Wessi" zu beschimpfen versuchen, die es noch gar nicht wissen könnten, weil sie erst später geboren wurden? Die sind inzwischen sogar schon volljährig und man kann ihnen nicht mehr alles vorschreiben, was sie im Alltag so anstellen, aber wenn das so fest eingeprägt ist, woher mögen die das wohl haben? Erlebt haben sie es nicht. Könnte es sein, dass da irgendetwas falsch gelaufen ist? Wie konnten denn damals so viele darüber jubeln, wenn sie es gar nicht gewollt haben?

Also, die damaligen, die „echten Ossis", die haben das gewollt, auch wenn sie nicht geahnt haben, was ihnen da vielleicht blüht. Warum haben uns denn die damaligen, die „echten Wessis" das nicht rechtzeitig gesagt, dass sie das gar nicht beabsichtigt und schon gar nicht gewollt hatten, das mit der Einheit, selbst wenn auch sie nicht geahnt haben, wie das ausgeht? So viele können doch nicht gelogen haben, und dazu noch absichtlich mit Vorsatz. Denken Sie ab und zu daran …

Die meisten deutschen Märchen beginnen mit: „Es war einmal…" Neuerdings hat man sich allerdings allerseits auf Märchen geeinigt, welche mit dem Satz beginnen: „Es wird einmal sein…" Das hatten wir im Sozialismus schon einmal. Es hat sich anscheinend sehr bewährt und unsere Regierenden, auch die Wirtschaft haben das neuerlich übernommen. Das Volk weiß es nur noch nicht, dass das jetzt auch immer alles auch nur Märchen sind.

Georg Naundorfer
Die Arglosen in Ägypten
ISBN 978-3-8370-3784-5
Impressionen einer Reise mit wirklich allen Schikanen

Georg Naundorfer
Die hausbackene Diktatur
ISBN 978-3-8391-1430-8
Von politischen und anderen Schelmenstücken
Ein essayistischer Langzeitreport

Georg Naundorfer
Der Jesus von Nazareth des Judas Iskariot
ISBN 978-3-7347-3816-6
Eine Ermittlung auf den Spuren des Jesusjüngers Johannes

Georg Naundorfer
Die Geburt des Christentums
ISBN 978-3-7357-5755-5
Die Erfindung einer Religion
Eine spekulative Ermittlung auf den historischen Spuren der Apostel

Georg Naundorfer
Selbstverwirklichung mit Mann
ISBN 978-3-8370-9456-5
Eine mit Vorsicht zu genießender satirischer Ratgeber
für die moderne Frau

Weitere Bücher Georg Naundorfers im Buchhandel

Außerdem unter

www.georg-naundorfer.de
und im Internetbuchhandel